교부 문헌 총서

< 4 >

LEO MAGNUS
De Natale Domini et Epiphania Sermones

Translated with introduction and notes by
Hyeong-U Ri

© Benedict Press, Waegwan, Korea 1990

교부 문헌 총서 〈4〉
1990 초판 | 2005 4쇄
역주자·이형우 | 펴낸이·이형우
ⓒ 분도출판사
등록·1962년 5월 7일 라15호
718-806 경북 칠곡군 왜관읍 왜관리 134의 1
왜관 본사·전화 054-970-2400·팩스 054-971-0179
서울 지사·전화 02-2266-3605·팩스 02-2271-3605
www.bundobook.co.kr

ISBN 89-419-9031-9 04230
ISBN 89-419-9755-0 (세트)
값 15,000원

교부 문헌 총서 4

레오 대종
성탄·공현 강론집

이 형 우
역주

분도출판사

일러두기

1. 교부 문헌은 워낙 방대하므로, 번역·간행할 책은 기획 위원회에서 한국 실정을 고려하여 선정하되, 연대순이나 그리스 교부와 라틴 교부 등의 구별이 없이 준비되는 대로 일련 번호를 매겨 출간해 나간다.

2. 교부 문헌은 학문 연구에 기초 자료가 되므로, 본문 번역은 되도록 원문에 충실하게 하며, 중요한 문헌의 원문은 전부 또는 일부를 역문과 나란히 싣는다.

3. 독자의 이해를 돕기 위하여, 본문에 앞서 〈해제〉를 실어 저자의 생애와 당시의 문화 배경 그리고 각 저술의 특징과 신학 사상 등을 설명하고, 본문 아래에 약간의 각주를 단다.

4. 교부들의 이름을 비롯하여 고유명사는 되도록 원음에 가깝게 통일시킨다.

차 례

레오 해제 ··· 7

제 1 성탄 강론 ······· 31
제 2 성탄 강론 ······· 39
제 3 성탄 강론 ······· 55
제 4 성탄 강론 ······· 67
제 5 성탄 강론 ······· 83
제 6 성탄 강론 ······· 97
제 7 성탄 강론 ······· 111
제 8 성탄 강론 ······· 125
제 9 성탄 강론 ······· 139
제10 성탄 강론 ······· 149
제 1 공현 강론 ······· 165
제 2 공현 강론 ······· 173
제 3 공현 강론 ······· 183
제 4 공현 강론 ······· 195
제 5 공현 강론 ······· 211
제 6 공현 강론 ······· 225
제 7 공현 강론 ······· 237
제 8 공현 강론 ······· 247

성서 인용 색인 ·· 255

레오 대종
해 제

1. 생 애

　교회 역사 안에서 교종으로서 "magnus"(大; 위대한) 존칭을 받은 분은 성 레오 대종과 그 다음 1세기 반 후의 그레고리오 대종(†604)이 있을 뿐이다. 일반적으로 "magnus"란 명칭은 미래를 여는 어떤 사람에게 붙여지는 것이 상례이지만, 레오 교종의 경우에는 역사적으로 한 시대를 끝맺는 시점의 인물이라는 점에서 특이하다.
　레오가 로마의 주교, 즉 교종으로 재직했던 시대(440~461)는 역사적으로 매우 어려운 시대에 속한다. 로마 제국의 서방부인 서로마제국은 야만인들의 침입으로 붕괴 상태에 놓여 있었고, 동로마제국마저 이러한 침입을 막아낼 힘이 없었기 때문에 정치적인 불안은 물론 문화적·사회적 혼란에 처해 있었다. 한편 로마 제국의 국교가 되었던 그리스도 교회는 이러한 정치적인 불안 속에서 여러가지 이단 사상, 특히 그리스도론적·성삼론적 이단들로 어려움을 겪고 있었다. 레오 대종은 사도들로부터 전해 오는 정통교리의 원칙하에 전례적·교회 규율적 개혁을 주도하였고 가장 기본적인 교리인 그리스도의 육화, 하느님의 은총, 인간 자유 문제 등을 명확한 표현으로 정식화하였다. 특히 제4차 만국 공의회인 칼체돈 공의회(451)에 결정적인 역할을 함으로써 동·서 교회 안에 정통교리를 수호하고 확립했다는 것은 주지의 사실이다.

1. 교종 선출 전까지의 사료(史料)
　레오 교종 개인뿐 아니라 그 시대의 중요성에도 불구하고 그의 교종직 이전의 생애에 대한 명확한 사료가 극히 적다는 데에 우리는 놀라움을 금치 못한다. 레오 교종은 동방교회에서도 큰 공경을 받고 있는데, 희랍어로 된 전기에서도 그의 교종직 이전의 생애에 대한 자료가 빈약하며 또 그의 저서들에서도 자기 자신에 대해 거의 언급하고 있지 않기 때문이다. 우리가 직접 이용할 수 있는 사료는 역대 교종들을 소개하는 *Liber Pontificalis*[1]에 전해 오는 빈약한 소개와 그의 교종직 재임시에 사건들 중심으로 주고받은 서간들에 국한되어 있다.

그는 아마 토스까나(중부 이탈리아) 지방의 가문으로 4세기 말에 로마에서 태어난 것으로 추정된다.[2] 로마의 주교로 선출되기 전에 그는 그의 선임자들 밑에서 중요한 지위를 갖고 있었던 것이 분명하다. 이러한 사실은 다음의 몇 가지 사료들을 통해 입증된다. 요한 까시아누스는 자신의 저서 『네스토리우스를 거슬러, 주님의 육화』*(De incarnatione Domini contra Nestorianum)*의 서언[3]에서 레오의 간절한 요청에 의해 이 책을 저술하게 되었다고 밝히고 있다. 이 저서는 430년에 쓰여진 것으로 추정되는데, 따라서 콘스탄티노폴리스의 총주교였던 네스토리우스가 431년 에페소 공의회에서 단죄받기 전이다. 동방교회 안에서 생긴 문제였음에도 불구하고 그 위험성을 미리 간파한 레오는 이 오류로부터 서방교회를 보호하기 위해 까시아누스에게 이 이단적 오류를 분명히 밝히는 글을 쓰도록 요청한 것으로 보인다.[4]

둘째 사료는, 레오가 교종이 된 후에 한 서간에서 밝히고 있듯이,[5] 치릴루스가 431년 레오에게 편지를 보내어 다음과 같이 요청한 사실이다. 예루살렘의 주교가 빨레스띠나 전역에 대한 수위권을 행사하려 하는데 이러한 시도를 막기 위해 교종 식스투스 3세의 권위있는 경고를 얻어

---

1. *Liber Pontificalis*, ed. Duchesne, I, 236-241.
2. *Liber Pontificalis*, I, 238 참조.
3. *PL* 59,9 참조.
4. 까시아누스는 이 서언에서 레오를 "로마 교회의 영광이며 신적 봉사의 영광"이라고 칭송한다.
5. 서간 119,4 참조.

달라고 레오에게 요청하였다.

셋째 사료는, 440년에 아마 황제의 요청을 받은 레오는 에지오 장군과 알비누스 집정관 사이의 갈등을 중재하라는 미묘한 임무를 띠고 갈리아에 파견된 일이다. 원래 야만족 출신이었던 에지오는 로마 군인이 된 후에 군대의 실권자가 되었는데, 허약한 로마 조정에 대항하여 독자적인 행동을 취하기 시작하였다. 갈리아 지역의 집정관이었던 알비누스는 자기 휘하에 속해 있는 에지오의 이러한 행동 때문에 그와 충돌하게 되었다. 이 충돌은 비록 로마에서 멀리 떨어진 갈리아에서 일어난 일이었지만 당시 상황으로 보아 로마 제국 안에 심각한 문제로 발전할 위험이 있었는데 레오 부제는 이 어려운 정치적 사명을 자신의 인품으로 원만히 조정하였다.

그가 아직 갈리아에 있던 440년 8월 19일에 교종 식스투스 3세가 서거하였고 로마의 성직자단과 민중은 일치하여 레오 부제를 로마의 주교로 선출하였다.[6] 그는 로마로 돌아와 9월 29일에 주교로 성성되었고 베드로좌에 오르게 되었다. 그의 교종 선출은 새로운 로마 주교로서의 그의 역할을 예고해 주고 있었다.

2. 로마 주교로서의 레오 교종

레오는 무엇보다 먼저 로마의 주교로서의 책임을 의식하여 여러 측면에서 사목적인 활동에 주력하였다. 그는 성직자들과 신도들에게 정규적으로 강론을 하였고, 그리스도의 신비들에 관한 전례 거행을 교회 공동체 안에 생동감있게 도입함으로써 세례를 받은 신도들이 그리스도를 본받는 삶을 실제로 생활화하도록 노력하였다. 강론 25,1에서 암시하고 있듯이, 레오 교종 시대에 수많은 성인(成人) 입교자들이 있었으며 따라서 그는 예비자들을 위한 교리 교육뿐 아니라 기존 신자들의 신앙과

---

6. 강론 1,1 참조.

윤리생활의 개선을 위해 노력해야 했다.

한편 그는 교회의 으뜸으로서 여러 가지 이단들을 거슬러 교회의 정통교리를 수호해야 할 책임을 지고 있었다. 특히 레오 교종 당시에 로마는 물론 이탈리아 전역에 걸쳐 마니케오 이단이 교회 안에 나쁜 영향을 주고 있었다. 성 아우구스띠누스도 젊어서 한때 마니케오 이단에 심취했던 것은 그 유명한 예이다.[7] 마니케오 이단은 원래 페르시아의 마니에 의해 시작된 이교 계통의 종파였는데, 이원론적 기본 교리하에 그리스도교적 요소들을 많이 수용하고 있었기 때문에 그리스도 신도들이 쉽게 빠져들었다.[8] 모든 물질을 죄악시하는 그들은 그리스도의 육화를 부인하고, 인간 육신생활에 관한 일상 관습(결혼·의복·음식 등)을 파괴하는 등 위험이 컸다. 레오 교종은 그의 설교들에서 신도들에게 그들의 위험성을 명확히 밝히면서 그들을 교회의 원수, 육화의 반대자, 사도들로부터 전해 오는 신경을 파괴하는 자들이라고 부른다.[9] 또 신자들 사이에는 세례로 신앙고백을 하였음에도 불구하고 그들이 이교시절에 지키던 미신행위, 예를 들면 태양과 별들에 대한 숭배행위에 빠져드는 것을 보고 레오 교종은 이를 강력히 경고하면서 여러가지 전례 개혁을 시도하고 성사생활을 생활화하도록 권유하였다.[10] 또 그는 여러 대성당을 수리하고 새로운 성당들을 신축하였다.

한편 로마의 주교로서 레오 교종은 사목적인 활동 이외에 외교적인 문제에 개입하도록 요청받았다. 테오도시우스 황제의 사후(395) 로마제국의 분리는 서로마제국에 치명적인 타격을 가져오게 되었다. 동로마제국은 새로운 여건과 요구에 맞게 체제를 정비함으로써 천년간 계속될 수 있었으나, 서로마제국은 적응하지 못하고 시간을 낭비하는 사이

---

7. 아우구스띠누스는 자신의 『고백록』 3권 7—8장에서 이 점을 고백하고 있다.
8. 강론 9,4; 16,4-6; 24,4-5; 34,4-5 참조.
9. 강론 24,4 참조.
10. 강론 22,6; 27,4-5 참조.

에 북쪽의 야만인들의 침입으로 서서히 패망의 길을 걷고 있었다. 410년 고트족의 왕 아라리꼬에 의한 로마 약탈은 앞으로 계속될 파괴를 예고하였다. 어떤 이들은 이 약탈을 이교 신들의 숭배를 포기하게 한 그리스도교에 그 탓을 돌리고 있었는가 하면, 또 어떤 이들은 하느님의 벌로 보고 있었다. 이에 대해 성 아우구스띠누스는 413년부터 426년 사이에 쓴 그의 대작 『신국론』(De civitate Dei)에서 역사에 대한 신학적인 해설을 한 바 있다. 아우구스띠누스 사상에 깊이 영향을 받은 레오 교종은 로마의 그리스도교적 중요성을 인식하고 이를 강조하였다.[11]

451년 훈족의 아틸라 왕이 군대를 이끌고 갈리아에 침입해 들어갔으나 에지오 장군에 의해 퇴각해야 했다. 그가 다시 이탈리아에 쳐들어와 로마를 위협하자 로마 의회와 발렌티누스 3세 황제는 싸움하기보다는 그에게 화평을 청하기로 결정하였다. 레오 교종이 용감히 나아가 화평을 얻어내어, 아틸라는 진지를 거두어 돌아갔다. 우리는 아틸라 왕의 이러한 결정에 대한 역사적인 정확한 이유를 알 수 없고 다만 여러 가지 추측이 가능하다: 첫번째 로마 침략자였던 아라리꼬의 비참한 최후에 그도 겁을 먹었기 때문일까?; 혹은 에지오 장군이 로마를 도우러 올 것을 염려했기 때문일까? — 그러나 로마 의회는 사실 그에게까지 원군을 청할 정도로 비하되기를 원치 않았다 — ; 혹은 다른 어떤 기적적인 사건 때문에 그가 퇴각했는가? 역사적인 분명한 사실은 아틸라의 군대 앞에 전전긍긍하던 로마가 레오 교종의 중재로 약탈에서 해방되었다는 점이다. 일반 대중은 호전적인 아틸라 왕의 퇴각에 대해 레오 교종에 의한 기적적인 사건 때문이라고 상상하기에 이르렀다.[12]

4년 후에 다시 이와 비슷한 사건이 생겼다. 황제권 찬탈자 뻬트로니

---

11. 강론 82,2-3 참조.
12. 알렉산드로 알가르디(Alessandro Algardi)가 로마 베드로 대성당에 만든 거대한 대리석 부조에는 레오 교종이 아틸라 왕에게 하늘을 가리키고 있고, 성부와 성자께서 칼을 빼어 들고 아틸라 왕을 몰아내는 장면을 묘사하고 있다 (1650년 작품).

우스 막시무스가 에지오 장군과 발렌티누스 3세 황제를 살해하자 이탈리아의 정치 상황은 극심한 혼란에 빠지게 되었다. 이러한 와중을 틈타 반달족의 젠세리꼬는 455년에 서북 아프리카를 점령하고 그 여세를 몰아 이탈리아 반도에 상륙하여 로마로 진격해 오고 있었다. 사람들은 다시 레오 교종에게 의존할 수밖에 없었다. 레오 교종의 이번 중재는 앞의 중재만큼 성과를 거두지는 못했지만 최소한 로마 시를 방화와 살육에서 보호할 수 있었다. 레오 교종이 재직했던 시대는 이처럼 어려운 시대였다. 그는 교회의 으뜸으로서의 사목직을 수행할 의무뿐 아니라 어려운 정치적 상황을 타개하기 위한 그의 중재가 요청되었기 때문에 따라서 그의 권위는 더욱 높아지게 되었다.

461년 11월 10일 레오 교종이 별세하자 그의 시신은 베드로 대성당의 회랑에 안치되었고, 688년 6월 28일 교종 세르지우스 1세에 의해 다시 성당 내부에 안치되었는데 그의 묘비에 다음과 같이 적혀 있다: "Rugit et pavida stupuerunt corda ferarum Pastorisque sui jussa sequuntur oves"(사자가 포효하자 맹수들이 겁에 질리어 전전긍긍하였다. 양들은 목자의 명령에 따랐다).

3. 로마 주교와 다른 서방교회들과의 관계

레오 교종의 서간집은 5세기의 로마교회와 다른 교회들과의 관계를 생생히 보여주고 있다. 레오 교종의 활동은 모든 주교들에 대해 똑같은 방법으로 수행되지는 않았다. 로마의 주교는 우선 중남부 이탈리아, 즉 라지오, 움부리아, 토스까나, 깜빠니아, 루까니아, 아브루쪼, 뿔리에와 깔라브리아, 산니오, 뻬체노 그리고 세 개의 섬들, 즉 시칠리아, 사르뎅냐, 코르시까의 지역에 대한 대주교(Metropolita)였다. 둘째 차원으로 그는 이탈리아 전역에 대한 수석주교(Primatus)였고 서방교회 전체의 총주교(Patriarcha)였다. 셋째 차원으로 그는 또한 동방과 서방의 보편 교회에 대한 수위권을 갖고 있었다. 따라서 로마의 주교는 이 세 가지 차원에 따라 개입하게 되는 내용과 대응방법이 달랐다.

레오 교종은 인근 교구들의 교회 규율적인 문제들에 자주 개입하였다. 그의 많은 서간들이 이를 입증하고 있다. 예를 들면, 깜빠니아, 삐체노, 토스까나 지방의 주교들에게 사제서품 지원자의 선정에 대한 교회 규정을 환기시키면서 노예 신분의 사람은 먼저 자유를 얻고 난 다음에야 서품될 수 있다고 강조하고 있다.[13] 또 그는 교회 규정에 정해진 시기 외에 세례성사와 신품성사를 베푼 시칠리아의 주교들을 꾸짖고 있다.[14]

이탈리아의 나머지 지역의 주교들과의 관계는 주로 신앙과 교리 문제에 관한 것이었다. 레오 교종은 북부 이탈리아의 모든 주교들에게 에우티케 이단에 관한 그의 서한 *Tomus ad Flavianum*에 서명할 것을 요구하였다.[15] 또 그는 파문받은 이단자들이 교회와 화해(reconciliatio)하기에 앞서 자기 잘못에 대해 공적 고백을 하도록 지시하였다.[16] 아퀼레이아의 니체투스 주교는 당면하고 있는 몇 가지 어려운 문제들에 대해 레오 교종에게 문의하였다:[17] 첫째, 훈족의 감옥에 여러 해 동안 수감되어 있던 기혼자들이 다시 돌아왔지만 그동안 그들의 아내들은 남편들이 죽은 줄로 믿고 이미 다른 사람과 재혼한 상태인데 어떻게 해결해야 하는가?; 둘째, 한동안 이단에 빠졌던 신자가 교회에 돌아오면 다시 세례를 받아야 하는가?; 셋째, 이단자들로부터 세례받은 사람이 교회에 들어오려 하면 어떻게 해야 하는가? 이러한 실제적인 문제들에 대해 레오 교종은 다음과 같이 대답했다: 첫째 경우, 그들의 부인들은 본 남

---

13. 서간 94, *PL* 54,942 참조. 레오 교종의 서간들은 Migne의 *Patrologia Latina(PL)* 54권에 수록되어 있으며, 위의 54 뒤에 나오는 숫자는 해당 쪽을 말한다. 이후부터는 서간 번호 다음 콤마와 함께 직접 쪽 수를 적도록 한다.
14. 서간 5,610 참조.
15. 서간 98 참조.
16. 서간 1,593; 2,597 참조.
17. 서간 159,1135 참조.

편에게 되돌아와야 하고, 이를 거부하면 파문받아야 한다. 둘째 경우에는, 자기 잘못에 대한 합당한 속죄행위를 한 다음 용서의 표시로 주교의 안수를 받는 것으로 충분하다. 셋째 경우에는, 안수를 통한 성령께 청원하는 기도로 그를 교회에 받아들일 수 있으니, 그는 세례의 정식(定式)으로 세례를 받기는 하였지만 성화되지 못했기 때문이다.

우리는 레오 교종이 갈리아, 스페인, 아프리카의 주교들과도 이와 비슷한 형태의 편지들을 주고받은 예를 많이 볼 수 있다. 서방교회의 총주교로서 레오 교종은 정통교리를 공고히하며 이단에 대해 공동 대처하고 교리에 관계되는 실제적인 문제에 해답을 주는 역할을 해 왔다. 그리고 이러한 그의 역할은 다른 교회들로부터 인정을 받아 왔다.

4. 동방교회들과의 관계: 교종의 수위권

로마교회와 동방교회들과의 관계는 정통신앙 안에 보편적인 일치(communio fidei)의 차원에서 전개되었다. 그 당시 동방교회에는 안티오키아의 총주교, 알렉산드리아의 총주교 그리고 콘스탄티노폴리스의 총주교가 있었는데, 동방교회의 세 총주교좌와 서방교회의 총주교인 로마교회와의 관계가 역사적으로 어떻게 전개되었는지 알아볼 필요가 있다. 레오 교종은 처음에 알렉산드리아의 디오스꾸루스 총주교와 원만한 관계를 유지하였으며, 그에게 보낸 한 편지에서 로마교회의 수위권을 확언하였다.[18] 또 그는 그 위치의 중요성이 점차 높아져 가는 콘스탄티노폴리스의 플라비아누스 총주교와도 우호관계에 있었다. 그러나 동방교회들과의 이러한 평화는 오래 유지될 수 없었다.

콘스탄티노폴리스에서 에우티케의 모노피지스 설, 즉 단성론(單性論) 이단이 발생하였을 때 교종은 이 문제를 조정하기 위해 테오도시우스 황제, 뿔케리아 황후, 플라비아누스 총주교, 교종 사절이었던 율리아누

---

18. 서간 9,824 참조.

스 그리고 많은 주교들과 서신왕래를 하였다. 에우티케 이단이 발생하면서부터 칼체돈 공의회 이후까지 이에 대해 거론된 그의 서간이 약 90편에 이른다는 사실을 보아 이 문제가 그 당시 동·서 교회에 얼마나 큰 현안 문제였는지를 짐작할 수 있다. 이 단성론은 콘스탄티노폴리스의 플라비아누스 총주교와 같은 도시의 에우티케 수도원장 사이의 개인적인 의견 대립으로 국한되어 있었던 것이 아니라 이미 431년 에페소 공의회에서 단죄받은 네스토리우스 이단과 연관되어 있었기 때문에 동방교회 전체에 중대한 관심사가 되었다.[19] 알렉산드리아의 총주교 치릴루스의 설을 추종하였던 에우티케는 네스토리우스 이단을 너무 열렬히 반대한 나머지, 그리스도의 신성과 인성 두 성이 육화로 인해 일치된 후에는 하나의 성으로 변해 버렸다는 소위 단성론을 주장하기에 이르렀다. 그런데 서방교회가 단성론에 대해 관심을 갖게 된 계기는 다름 아닌 에우티케 자신 때문이었다. 그는 레오 교종에게 네스토리우스 이단을 경계할 것을 촉구하면서 자신의 주장을 전해 주었기 때문이다.

레오 교종은 에우티케의 설에 직접적인 지지를 유보한 채 여러 경로를 통해 동방의 주교들에게 이 문제에 대해 자세한 내용을 확인하기 시작하였다. 448년 11월 에우티케는 콘스탄티노폴리스 지역 주교회의에서 단죄받았다. 그러자 에우티케는 또다시 교종에게 자신이 부당하게 단죄받았음을 주장하면서 지원을 호소하였다.[20] 레오 교종은 플라비아누스 총주교에게 이처럼 중요한 교의적인 문제에 대해 자기에게 아무런 연락이 없었음을 탓하면서 자세한 진상을 속히 알려줄 것을 요청하였다.[21] 총주교는 드디어 두 개의 편지를 통해 교종에게 진상을 세세히 알리면서 이 문제는 이미 해결되었으니 또 다른 공의회를 개최할 필요가

---

19. 네스토리우스 이단과 에우티케 이단의 생성 과정과 핵심 내용에 대해서는, 아우구스트 프란츤, 『교회사』(최석우 역), 분도출판사 1982, 102-105를 참조하라.
20. 서간 21,713 참조.
21. 서간 23,731 참조.

없을 것으로 생각한다고 전하였다.²² 그러나 테오도시우스 2세 황제는 새로운 공의회를 원하였고, 교종에게 이에 동의해 줄 것을 요청하였다. 교종은 황제에게 자신은 로마 시의 위험한 정치적 상황 때문에 공의회에 직접 참석할 수 없는 대신 3명의 대표를 보낼 것을 약속하였다. 449년 6월 13일에 교종은 플라비아누스 총주교에게 그리스도의 육화에 대한 신학적인 논술인 저 유명한 「플라비아누스에게 보낸 교의 서한」 (Epistola dogmatica ad Flavianum)을 보냈는데 이 서한을 흔히 Tomus ad Flavianum이라고도 부른다.²³ 그는 또한 자신의 대리자인 율리아누스²⁴와 그외 중요한 인물들²⁵ 그리고 공의회²⁶ 앞으로 편지를 썼다.

에페소에 모인 주교들 사이에는 음모와 강압이 난무하였다. 공의회의 사회는 알렉산드리아의 디오스꾸루스 총주교가 맡았는데, 공의회 앞으로 보낸 교종의 서한이 읽혀지지 않았고 「플라비아누스에게 보낸 교의 서한」도 인정되지 않았으며 더 나아가 에우티케를 단죄하였던 42명의 주교들에게 투표권이 거부되는 사태까지 일어났다. 결과는 에우티케의 설이 받아들여지고 플라비아누스 총주교는 단죄받고 면직당하였다. 교종이 파견한 3명의 대표들은²⁷ 발언할 수 없었으며 수도자들과 군인들의 폭력에 의해 회의장 밖으로 내쫓기게 되었다. 이 중에 힐라리우스 한 명만이 피신하여 로마로 돌아오는 데 성공하였다. 교종은 공의회로부터 아무런 소식이 없자 플라비아누스 총주교에게 독촉하는 9편의 편지를 연달아 써 보냈지만 그는 이미 면직되어 귀양중에 있었다. 공의회에서 도망해 온 힐라리우스로부터 자세한 소식을 전해 들은 교종은 에

---

22. 서간 22,723; 26,743 참조.
23. 서간 28,755.
24. 서간 34,801; 35,803.
25. 서간 30,786; 32,795.
26. 서간 33,797.
27. 3명의 대표는, 뽀쭈올리의 율리우스 주교, 레나투스 사제, 힐라리우스 부제이다.

에페소 공의회를 "군도 종교회의"(郡盜宗敎會議: non judicio sed latrocinio)[28]라고 규정하고 플라비아누스 총주교를 복직시키고 에우티케를 단죄하며 새로운 공의회를 개최할 것을 요구하였다.[29] 또한 그는 플라비아누스 총주교에게 위로의 편지를 쓰고,[30] 콘스탄티노폴리스 신도들에게는 신앙에 항구하며 플라비아누스 총주교에게 충실할 것을 촉구하는 편지를 썼다.[31]

그 사이에 테오도시우스 2세 황제가 말에서 떨어져 갑자기 사망하자 새로 황제가 된 마르치아누스는 에페소 회의를 무효화하고 플라비아누스 총주교의 명예를 회복함과 동시에 새로운 공의회를 개최할 것을 선언하였다. 451년 10월 8일에 칼체돈에서 공의회가 개최되었으며 레오 교종의 서간(Tomus ad Flavianum)에 따라 에우티케의 단성론이 이단으로 단죄되고 에페소 회의를 주도했던 알렉산드리아의 디오스꾸루스 총주교는 면직되었다. 칼체돈 공의회는 사실 레오 교종의 가르침을 그대로 수용하였으며, 초기 4대 공의회 중에 가장 큰 공의회였고, 오늘의 성삼론과 그리스도론을 확정짓는 공의회로 인정받게 된 것이다.

그런데 공의회의 결정 중에 제28조(canon 28)는 문제를 안고 있었다. 동로마 제국의 수도인 콘스탄티노폴리스의 총주교는 로마의 주교와 동등한 품위를 가진다는 내용이었다. 교종의 대표들은 이 조항에 반대하였으나 통과되었다. 교종은 제28조를 제외한 공의회의 다른 결정들을 인정하였으며,[32] 이 조항에 대한 그의 반대 이유는 니체아 공의회의 결정에 충실해야 한다는 것이었다.[33] 어떤 주교들은 제28조가 로마 주교좌

---

28. 서간 95 참조.
29. 서간 43—46은 테오도시우스 황제와 뿔케리아 황후에게, 서간 47은 데살로니카의 아나스타시우스 주교에게, 서간 48은 율리아누스 주교에게 보냈다.
30. 서간 49,841.
31. 서간 50,841.
32. 서간 114,1027.
33. 서간 105,1000; 104,993; 106,1005; 107,1009; 119,1029 참조.

의 권리들을 손상하지 않는다고 여기고 있었다. 그래서 동로마 제국의 수도가 된 콘스탄티노폴리스의 주교에게 상응한 예우를 해야 된다는 단순한 의미에서 쉽게 결정되었던 것 같다. 그러나 레오 교종은 이 결정이 안고 있는 위험을 인식하면서 주교좌의 권위는 그 도시의 크기나 중요성에서 오는 것이 아니라 사도적 전통에서 오는 것이며, 로마 교회는 베드로 사도에 의해 세워진 주교좌임을 강조하였다. 어쨌든 제28조의 결정은 레오 교종이 예견하였듯이 동·서 교회의 대립과 분열의 한 이유가 되었던 것이 역사적인 사실이다.

2. 저 서

로마 공동체와 전체 교회에 대한 사목적인 염려로 충만해 있던 레오 대종은 서간과 강론에 있어 풍부한 유산을 우리에게 남겨 주었다. 그의 강론들과 공식 문헌적인 성격을 띠고 있는 서간들은 라띤 문학사에 중요한 위치를 차지하고 있다. 그 시대의 교종들 중에서는 대부분의 강론이 전해져 오는 유일한 교종이며, 그의 서간집은 그레고리오 대종 이전까지 가장 광대한 것이다.

우리는 그의 저서들을 통해 당시의 교회 역사, 신학, 그리스도교적 영성을 생생히 접할 수 있다. 그의 서간과 강론들은 문학적인 측면에서 보아서도 정교하고 운율적인 문체, 적절한 언어구사, 정확하고 선명한 내용 전달 등으로 뛰어나다. 그의 이러한 문체는 그 풍부한 내용과도 조화를 이루고 있다.

1. 서간

레오 대종의 서간집에는 173편의 서간이 수록되어 있는데, 그중에서 143개는 그가 쓴 서간이고 나머지 30개는 다른 이들로부터 받은 것으로서 약 20년(442~460) 사이에 쓰여진 것들이다. 그의 서간들이 상당히 많이 보존되어 온다는 사실은 그의 교종 재직 동안 그리고 그후에 이 서간들에 대한 사람들의 관심이 컸었다는 것을 입증해 준다.

레오 자신도 보편적인 성격을 띠고 있는 서간들의 전파에 주의를 기울였다. 그 가장 좋은 예로, 에우티케 이단을 거슬러 칼체돈 공의회에 결정적인 역할을 했으며 전 제국 안에 유포되었던 제28편 서간*(Tomus ad Flavianum)*을 들 수 있다. 전 교회 안의 신앙의 일치(communio fidei)에 심혈을 기울이고 있던 그는 449년에 콘스탄티노폴리스의 플라비아누스 총주교에게 이 편지를 보내고 난 다음, 갈리아와 스페인의 모든 주교들에게 에우티케 문제에 관계되는 모든 문헌들을 보냈다. 그리고 같은해 그는 로마 지역 주교회의에 참석한 모든 주교들에게도 이 문헌들을 전해 주었는데, 이것이 레오 대종의 서간집의 기원이 된 듯하다. 사실 6세기에, 칼체돈 공의회를 지지하기 위한 교의신학적인 목적으로 72편의 그의 서간들의 모음집이 편집되었는데 이것을 *Collectio Ratisbonensis*라 부른다. 그 외에 *Collectio Thessalonicensis*(6세기), *Collectio Arelatensis*와 *Collectio Avellana*(6세기) 등이 있다. 18세기 중엽에 발레리니 두 형제는 이러한 서간집들과 그외 다른 문헌들에 삽입되어 있던 서간들을 모아 173개의 서간들로 된 서간집을 출간하였다.[1]

2. 강론

A. Chavasse가 1973년에 CChL 138-138A에 출판한 레오 대종의 강론은 97편(Ballerini에 따르면, 96편)인데,[2] 레오 시대의 로마 전례 주년에 따라 배분되어 있다. 여기에는 성탄 강론(10편), 주의 공현 강론(8편),

---

1. P. et H. Ballerini, *Sancti Leonis magni romani pontificis opera*, 3 vol., Venezia, 1753~1757.
2. Antonius Chavasse, *Sancti Leonis magni romani pontificis tractatus septem et nonaginta, Brepols* (Corpus Christianorum series Latina 138-138A), 1973.

부활밤 강론(2편), 승천 강론(2편), 성신강림 강론(3편), 사순시기 강론(12편), 성주간 강론(19편), 성신강림의 단식 강론(4편), 9월의 단식일 강론(9편), 12월의 단식일 강론(9편), 집회소(collecta) 강론(6편), 성 베드로와 바울로 축일 강론(3편), 성 로렌조 축일 강론(1편), 교종 등극 기념일 강론(5편) 등이 있다.

Chavasse의 편집은 전통적인 분류를 그대로 따르고 있는데, 우선 전례 순서(9월 29일부터 9월 단식일까지)에 따라 같은 부류의 강론들을 모으고, 같은 부류의 강론들은 연대별로 나열하였다. 9월 29일은 레오 대종의 교종 등극 기념일이며 이 날을 기점으로 강론 순서가 시작되는데, 따라서 교종 등극 기념일 강론 5편이 강론 제1편에서 5편까지 위치하고 있다. 강론 순서 배열의 이 두 가지 기준은 현대인들에게 매우 복잡하게 보이는 것이 사실이지만, 레오 대종과 그의 협조자들이 강론집을 편집하던 때부터 사용하던 방법이다.[3]

레오 대종의 강론집은 그후 교회 안에서 전례적인 용도로 자주 이용되어 왔으며, 그의 강론집의 종류는 강론 숫자만큼이나 엄청나게 불어났다. 그러나 그의 강론집은 전례적인 용도 이전에 먼저 교의신학적인 성격을 띤 두 개의 모음집으로 시작되었다. 첫번째 강론집은 재임 초기 5년간(440~445)의 강론들을 내포하고 있는데 특히 로마의 마니케오 이단과 아르스의 힐라리우스와의 논쟁을 포함하고 있다. 저 유명한 *Tomus ad Flavianum*에는 이 첫째 강론집 안에 있는 반(反)마니케오 이단에 대한 7개 강론이 인용되어 있다. 둘째 강론집은 아마 454년 이후에 편집된 것으로 보이며 특히 에우티케 이단을 반박하는 내용의 강론들이 포함되어 있다. 그후 600년경에 이 두 개의 강론집이 하나로 묶여져 편집되었다.

---

3. A. Chavasse는 *CChL* 138에서 218쪽의 긴 해제를 쓰면서 문헌에 대해 광범위한 연구결과를 제시하고 있다. 특히 CLXXIX와 CXCIV 쪽에 있는 강론들의 연대표를 참조하라.

전례적 용도나 교의신학적 목적과는 달리 또 다른 형태의 모음집이 있었는데, 교회 규율에 관계되는 교회법적 성격을 띤 그의 서간과 강론들을 묶은 모음집이 있었다.

이처럼 복잡하게 여러 곳에 산재되어 있던 레오 대종의 강론들은 Chavasse의 끈질긴 연구의 덕택으로 정리되어 편집되었으니, 97편의 강론의 저자성과 정확한 본문 비판본(textus criticus)이 확립된 것이다.

3. 성탄·공현 강론

우리는 이 책에 레오 대종의 주의 성탄 강론 10개(강론 제21~30편)와 주의 공현 강론 8개(강론 제31~38편) 도합 18개의 강론을 싣는다. 역사적으로 볼 때, 성탄 대축일이 교회 안에 공식적으로 도입된 것은 4세기 중엽이다. 부활 대축일의 빠스카 신비는 아주 초기 교회로부터 풍부히 개진되었던 반면 성탄의 신비는 레오 대종의 강론들을 통해 비로소 발전되었다는 점에서 그의 성탄 강론들이 갖는 중요성이 매우 크다 하겠다. 또한 우리는 그의 성탄 강론들이 그리스도론 논쟁에 관계되는 제3차 공의회인 에페소 공의회(431)와 제4차 공의회인 칼체돈 공의회(451)와 시대적으로 연관되어 있다는 점을 염두에 두어야 한다.

레오 대종의 강론들의 배열에 대해 앞에서 언급하였듯이, 두 가지 기준에 따라 성탄 강론 10개가 연달아 나오고 그다음 주의 공현 강론 8개가 나오는데 독자들의 이해를 돕기 위해 다음과 같은 연대표를 만들어 보았다.

연도	성탄 강론	공현 강론	연도	성탄 강론	공현 강론
440년	제21편		……		
441년	제22편	제31편	450년	제26편	
442년	제23편	제32편	451년	제27편	제36편
443년	제24편	제33편	452년	제28편	제37편
444년	제25편	제34편	453년	제29편	제38편
445년		제35편	454년	제30편	

위의 도표에서 염두에 두어야 할 점은, 440년은 레오가 로마의 주교로 성성된 해라는 점과, 보존되어 있는 강론들은 11년(440~445; 450~454)간의 것들이라는 점이다. 그 당시에 강론은 주교의 중요한 임무였다는 점을 감안하면, 446년부터 449년까지와 455년부터 460년까지의 강론들이 빠져 있으며, 위의 11년 사이에도 4개의 강론이 빠져 있음을 짐작할 수 있다.

같은 성탄 신비에 대해 18편의 강론들, 그것을 세분하여 성탄 대축일에 대해 10편, 그리고 주의 공현 대축일에 대해 8편의 강론들을 한꺼번에 접할 수 있다는 것은 주님의 육화의 신비를 이해하는 데 우리에게 큰 도움이 된다. 사실 우리는 마태오 복음 1—2장과 루가 복음 1—2장에 묘사되어 있는 성탄에 대한 이야기를 낭만적이고 목가적인 기분으로 읽고 있으며, 빠스카의 신비처럼 신비적인 차원에서 묵상하는 면이 크게 부족한 것이 사실이다. 강론에는 그 특성상 듣는 이들의 여건과 시대적인 상황이 크게 작용하는 것이 사실이지만, 1500년이 훨씬 지난 오늘의 우리에게도 그의 쉬우면서도 생생한 웅변, 신비에 대한 명쾌한 제시, 우리의 생활 개선에 대한 날카로운 권고는 심금을 울린다. 비록 당시의 마니케오 이단, 에우티케 이단 등 여러 가지 이단들에 대한 언급이 있지만, 그것들이 과거의 일만으로 국한되지 않고 오늘날 우리 안에도 그와 비슷한 이단적인 요소들이 있다는 점을 생각할 때 도움이 될 것이다. 다만 역자로서 성인의 훌륭한 문체를 잘 살리지 못했다는 죄책감이 앞선다.

3. 성탄의 신비

1. 성탄 대축일과 주의 공현 대축일의 기원

주의 성탄과 공현 두 축일은 원래 하나의 같은 목적을 지닌 같은 축일이었다. 하느님의 말씀의 육화는 동방교회와 서방교회에서 서로 다른 이름하에 다른 날짜에 경축되었다. 즉, 서방교회는 12월 25일에 주의 성탄 대축일을 지냈던 반면, 동방교회에서는 1월 6일에 주의 공현 대축일로 지냈다. 그후 두 축일이 한교회 안에서 구별되어 경축되기 시작한 것은 4세기 말과 5세기 초 사이의 일이었다.

로마교회에서 12월 25일 성탄 대축일을 지내게 된 것은 336년경이다. 아프리카 교회도[1] 거의 같은 시기에 성탄 대축일을 지냈다는 것은 성 아우구스띠누스의 문헌을 통해 알 수 있다. 4세기 말에는 북이탈리아에서도 성탄 축일이 정착되어 대축일로 경축되었다. 그리고 거의 같은 시기에 안티오키아에서도 로마에서 유래된 성탄 대축일을 12월 25일에 지내고 또 동방교회의 고유한 주의 공현 대축일을 1월 6일에 지냈다.[2]

로마에서 성탄 축일을 지내게 된 데는 여러 가지 이유가 작용하였다. 12월 25일은 예수님이 탄생한 역사적인 날이 아니지만 로마교회가 이 날을 주의 성탄 축일로 정한 것은 "무적의 태양의 탄일"(Natalis solis invicti)이라는 이교 축제를 제압하려는 사목적인 이유 때문이었다.[3] 태양숭배는 그 당시의 로마 이교 사이에 널리 유포되어 있었으며, 낮의 길이가 길어지기 시작하는 동지를 기해 큰 축제를 지냈다. 교회는 신도들로부터 이러한 미신적인 축제를 멀리하며, 그 대신 온 인류를 비추는 참된 빛이신 그리스도의 탄생을 묵상하도록 유도하기 위해 이 날을 주의 성탄 대축일로 제정한 것이다. 여기에 4~5세기에 있었던 그리스도론적 이단들을 단죄한 공의회들이 그리스도의 참다운 신성과 참다운 인성이 육화의 신비를 통해 한 위격 안에 결합되었음을 강조함으로써

---

1. 여기서 말하는 아프리카 교회란 칼타고 교회를 중심으로 한 지금의 서북 아프리카 교회를 뜻한다. 떼르뚤리아누스, 치쁘리아누스, 알노비우스, 락탄시우스, 아우구스띠누스 등 뛰어난 신학자들을 배출한 이 아프리카 교회는 로마 교회와 긴밀한 관계를 맺고 있었다.
2. 요한 크리소스토무스가 386년 12월 25일에 행한 성탄 강론(*PG* 49,351-362)에서 이미 10년 전부터 안티오키아 교회에서 성탄 축일을 지내게 되었다고 증언하고 있다.
3. 강론 22,6 참조.

성탄 대축일의 신비와 의미를 더욱 발전시키는 계기가 되었다. 레오 대종의 성탄 강론들은 이러한 발전에 가장 큰 공헌을 하였다.

2. 레오 대종의 강론들에 나타난 성탄의 신비

"그리스도의 탄생의 신비"(sacramentum nativitatis Christi)라는 표현으로 요약되는 레오 대종의 성탄 강론들은 그 당시의 다른 강론들에 비해 비교적 짧은 편이지만 풍부하고 심오한 내용을 신도들에게 전해 주고 있다. 교의적인 측면, 신비적인 측면 그리고 교훈적인 측면이 조리있게 제시되어 있다. 먼저 복음서에 나오는 여러 가지 역사적인 사건, 예를 들면 동정녀 마리아에게 가브리엘 대천사의 탄생 예고, 잉태와 출산, 천사들에 의해 목자들에게 전해진 기쁜 소식 그리고 천상군대의 찬미노래 등이 제시된다. 그다음 이러한 사건들의 배후에 내포되어 있는 핵심 신학이 뒤따르는데, 그것은 죄로 인해 타락한 인간을 구원하고 하느님의 아들의 육화를 통해 인류의 영적 아름다움을 복원시키시기로 작정하신 하느님의 자비인 것이다.

복음서에 묘사된 여러 사건들이 성탄 신비의 가시적인 부분이라 한다면, 신비의 핵심과 본질은 하느님의 말씀의 유일한 위격 안에서 그분의 신성과 인성이 결합한 것이다. 이때문에 성 레오는 성탄을 "연약한 인간 본성과 일치된 전능한 신적 본성의 신비"[4]라고 말한다. 하느님의 아들의 인간적인 출생에서부터 출발하여 성부께로부터 나신 그분의 영원한 출생에로 올라간다. 이 두 가지 출생은 서로를 필요로 한다. 왜냐하면 그분의 인간적인 출생에서 일어났던 놀라운 일들은 그분의 형언할 수 없는 영원한 출생에 대한 표지가 되기 때문이다. 그래서 레오 대종은 성자의 영원한 출생에 대해 자주 언급하고 있는 것이다. 이 놀라운 신비의 목적은 인류를 구원하는 것이며, 따라서 근본적으로 구원의

---

4. 강론 23,2.

신비이며,[5] 이를 통해 인간에게 "화해의 은총"이 주어진다.[6]

그런데 한편 죄는 인간을 하느님의 원수로 만들어 버렸다. 인간이 무죄한 상태에 있었을 때 하느님은 인간에게 친구처럼 말씀을 건네셨고, 그를 양아들처럼 사랑하셨으며, 인간이 당신 영광 안에 동참하기를 원하셨다. 그러나 죄가 끼어든 이후 하느님과의 친교가 깨어지고 인간은 영원히 지속될 선을 모두 상실해 버렸다. 하느님의 모상으로 창조된 인간은 이로써 내적 아름다움을 더럽히게 되었고, 자신의 숭고한 품위를 죄의 노예로 추락시킨 것이다. 인간은 죄로 유인하는 악마에게 자기 자유의지를 가지고 스스로 종속됨으로써 모든 희망을 상실했고 자기 힘으로는 이 노예 상태에서 벗어날 수 없게 되었다.[7] 성 레오는 인간의 이 비참한 상태의 원인을 설명하기 위해 원죄에 대해 자주 언급한다.[8] 인간의 비참한 상태는 인간의 죽음으로 형상화된다. 원래 하느님의 모상대로 창조되어 불사불멸의 존재였던 인간이 죽어야 한다는 사실 자체는 죽음의 창시자인 악마의 노예로 전락했다는 것을 의미한다.

그러나 하느님은 인간 안에 하느님의 모상을 복원시킬 분을 세상에 보내심으로써 당신 자비를 보여주셨다. 그런데 하느님은 이 복원을 "정의의 법"[9]에 따라 하시기를 원하셨으니, 패배한 인간이 스스로 종살이의 굴레에서 벗어나야 한다. 그렇지만 보통 인간은 이 투쟁에서 도저히 승산이 없으므로 신성을 지니신 하느님의 말씀이 친히 인간이 되시어 인류를 대표해 이 싸움에 임하셨다. 우리는 여기서 재미있는 논리전개를 엿볼 수 있다. 신성과 인성을 지니신 구세주께서 악마와 직접 대적하신 것이 아니라 악마가 인간을 죄로 유인했던 그 속임수를 역이용하

---

5. 강론 25,5 참조.
6. 강론 22,5 참조.
7. 강론 23,3; 24,2; 25,5; 28,3 참조.
8. 강론 22,1; 24,2; 27,6; 28,3 참조.
9. 강론 21,1; 22,1; 28,3 참조.

셨다. 성자 그리스도께서는 당신의 신성을 감추시고 비천한 아기로 태어나셨는데, 악마는 이 아기가 보통 다른 아기들과 같은 아기인 줄만 알았고, 후에 인간에 대한 자신의 전제권인 죽음을 그분에게도 행사했다. 그러나 무죄한 그분은 악마에 종속된 분이 아니었기 때문에 악마는 그의 월권행위의 탓으로 전인류에 대한 지배권마저 상실하게 되었다는 것이다.[10] 이러한 논리전개는 현대인들에게 동화적인 이야기로 들리겠으나, 이것은 고린토 전서 15장에 나오는 바에 따라 그리스도께서 당신의 죽음과 부활로 인간의 죽음에 대해 승리하셨다는 빠스카의 신비에 그 기초를 두고 있다. 그리스도의 부활은 그분의 죽음을 전제로 하는데 이 죽음은 인간이 되신 그분의 육화를 전제로 하는 것이다. 여기서 육화의 신비는 결국 빠스카의 신비와 밀접히 연결되며 따라서 구원의 신비에 전제조건이 되는 것이다.

레오 대종은 육화의 신비 안에 교회의 탄생, 성사적인 재생, 그리스도인의 초자연적 생명을 포함시킨다. 왜냐하면 그리스도께서 잉태되실 때 동정녀 마리아를 감싸주셨던 성령께서 이제는 교회를 잉태하며 세례의 물을 성화시키기 때문이다.[11] 성탄이 주는 영적인 결실은 신도들의 윤리적인 생활을 통해서 얻어진다. 세례성사를 통한 재생과 구원의 은총을 생활화하며, 순결한 생활태도와 하느님과 이웃에 대한 사랑 그리고 넘치는 내적 평화를 가지고 자기 마음 안에 계신 성령을 보존함으로써 얻어지는 것이다. 내적 평화는 주님의 탄생을 목자들에게 알리던 천사들에 의해 선포된 선물이다.[12] 이렇게 살아갈 때 우리는 "영원한 왕의 진영에서 승리의 월계관을 받게 될 것이며, 신실한 사람들에게 약속된 부활이 (우리를) 들어높여 하늘나라에 한몫 끼게"[13] 할 것이다.

---

10. 강론 22,3-4 참조.
11. 강론 21,3; 23,3; 24,3.5; 25,5; 26,2; 29,1 참조.
12. 강론 29,1 참조.
13. 강론 22,5.

주의 공현 축일에 거행되는 신비는 성탄의 신비와 매우 밀접히 연관되어 있으며, 구체적으로 말하자면, 같은 신비가 먼저 완성되고 후에 공적으로 드러난 것이다. 사실 이 날은 신앙 안에 우리의 첫 열매가 축복을 받고 모든 민족이 불림을 받기 시작한 날이며, 하느님의 형언할 수 없는 자비가 공적으로 드러난 날이다.[14] 하느님은 신비로운 빛을 가진 그 별을 통해 동방박사들을 부름으로써 모든 민족을 부르신 것이다.

이 부르심의 은총은 지금도 온 세상에 흩어져 있는 교회 안에서 실현되고 있다. 왜냐하면 그리스도께서는, 동방의 박사들이 바친 세 가지 선물들의 상징을 통해 참된 하느님, 참된 왕, 참된 인간이심이 고백되셨듯이,[15] 오늘날에도 매일 교회 안에서 당신의 부르심을 받은 신도들로부터 이 사실들이 선포되기 때문이다. 그 당시 헤로데의 형상 안에서 난동을 부렸던 악마는, 갓 개종하여 아직 신앙의 어린이들인 신도들을 지금도 박해하며 방해하고 있다. 그러나 그 별의 빛은 언제나 완전한 믿음, 열렬한 사랑, 굳은 희망으로 신도들의 마음과 일상생활을 비추고 있다. 그리스도를 진정으로 따르는 사람은 하느님께 이르는 길을 발견하기 위해 지상의 것보다 천상의 것을 열망해야 하는 것이다.

---

14. 강론 33,5 참조.
15. 강론 31,2; 33,2; 34,3 참조.

성탄·공현 강론집

레오 대종

XXI
INCIPIT DE NATALE DOMINI
(440)

1. Salvator noster, dilectissimi, hodie natus est, gaudeamus. Neque enim locum fas est esse tristitiae, ubi natalis est vitae, quae consumpto mortalitatis timore, ingerit nobis de promissa aeternitate laetitiam. Nemo ab huius alacritatis participatione secernitur, una cunctis laetitiae communis est ratio, quia Dominus noster, peccati mortisque destructor, sicut nullum a reatu liberum repperit, ita liberandis omnibus venit. Exultet sanctus, quia propinquat ad palmam. Gaudeat peccator, quia invitatur ad veniam. Animetur gentilis, quia vocatur ad vitam.

Dei namque Filius, secundum plenitudinem temporis quam divini consilii inscrutabilis altitudo disposuit, reconciliandam auctori suo naturam generis adsumpsit humani, ut inventor mortis diabolus per ipsam quam vicerat vinceretur. In quo conflictu pro nobis inito, magno et mirabili aequitatis iure certatum est, dum omnipotens Dominus cum saevissimo hoste, non in sua maiestate, sed in nostra humilitate congreditur. obiciens ei eamdem formam eamdemque naturam, mortalitatis quidem nostrae participem, sed peccati totius expertem.

---

* "성탄 강론" 앞에 붙어 있는 일련 번호는 역자가 붙인 것이다.
** 소제목들은 독자들의 이해를 돕기 위해 역자가 임의로 붙인 것이다.
1. "거룩한 사람"이란 세례를 받아 성별된 신자를 말한다.
2. 여기서 앞의 "죽음"은 인류의 공동 운명을 말하며, 뒤의 "죽음"은 그리스도의 구원적인 죽음을 말한다. 창세기 3장에 나오는 인간 범죄의 배후 조종자로서 악마의 역할을 암시하며, 이로써 악마는 인간 죽음의 창시자(inventor)이며 동시에 승리자가 되었다. 그러나 그리스도의 부활을 통해 인간이 영원한 생명을 얻게 되었는데, 이 부활은 필연적으로 그분의 죽음을 전제하기 때문에 그리스도의 죽음이 악마의 노획물인 인간의 죽음에 대해 승리했다고 말할 수 있다. 한편 하느님의 아들께서는 죽으실 수 없지만 인간 본성을 취하심으로써 죽으실 수 있으셨다. 즉, 여기서 빠스카의 신비와 육화의 신비가 잘 조화되어 있다.

강론 제21편
제1 성탄 강론*
(440년)

주님의 탄생이 주는 만민의 기쁨**

1. 친애하는 형제 여러분, 오늘 구세주께서 탄생하셨으니 우리 모두 기뻐합시다. 우리에게 죽음의 공포를 없애 주시고 영원한 기쁨을 약속하신 생명의 탄생일에 슬픔이 자리하는 것은 당치 않은 일입니다. 이 기쁨에 동참하는 데 제외된 사람은 아무도 없을 것이니 만민이 다 같이 기뻐해야 할 하나의 공통된 이유가 있기 때문입니다. 죄와 죽음의 승리자이신 우리 구세주께서는 죄에서 자유로운 사람이 아무도 없음을 보시고 만민을 해방시키시러 오신 것입니다. 당신이 거룩한 사람[1]이라면 기뻐하십시오. 당신은 월계관에 가까이 가고 있기 때문입니다. 당신이 죄인이라면 기뻐하십시오. 당신은 죄사함을 받기 위해 초대받았기 때문입니다. 당신이 이교도라면, 그래도 용기를 내십시오. 당신은 생명에로 불림을 받았기 때문입니다.

예정된 때가 찼을 때, 하느님의 깊고 헤아릴 수 없는 계획에 따라 하느님의 아들께서 인류를 창조주와 화해시키기 위해 인간 본성을 취하셨습니다. 이로써 죽음의 창시자인 악마는 전에 승리했던 그 죽음을 통해서 이제 패배할 것입니다.[2] 전능하신 주님께서 우리를 위하여 시작하신 이 싸움에서 위대하고 기묘한 정의의 법[3]으로 싸우셨으니, 가장 잔인한 적을 당신의 엄위로써가 아니라 우리의 비천함 안에서 맞이해 싸우셨습니다. 그분은 우리와 같은 조건, 즉 우리의 죽음의 본성에 동참하셨지만 어떠한 죄에도 빠지는 일 없이 적을 맞이해 싸우셨습니다.

---

3. "정의의 법": 전능하신 하느님과 악마 사이의 싸움은, 그 승부 면에서 악마가 하느님의 대결 상대가 도대체 될 수 없으므로, 주님은 당신의 전능(엄위)을 가지고 싸우신 것이 아니라 인간 본성(비천함) 안에서 당신의 무죄한 죽음을 통해서 패배당했던 인간의 죽음에 대해 승리했다는 뜻이다.

Alienum quippe ab hac nativitate est, quod de omnibus legitur: *Nemo mundus a sorde, nec infans cuius unius diei si sit vita eius super terram.* Nihil in istam singularem nativitatem de carnis concupiscentia transiit, nihil de peccati lege manavit. Virgo regia davidicae stirpis eligitur, quae sacro gravidanda fetu divinam humanamque prolem prius conciperet mente quam corpore. Et ne superni ignara consilii ad inusitatos paveret effectus, quod in ea operandum erat a Spiritu sancto, conloquio discit angelico. Nec damnum credit pudoris Dei genitrix mox futura. Cur enim de conceptionis novitate desperet, cui efficientia de Altissimi virtute promittitur? Confirmatur credentis fides etiam praeeuntis adtestatione miraculi, donaturque Elisabeth inopinata fecunditas, ut qui conceptum dederat sterili, daturus non dubitaretur et virgini.

2. Verbum igitur Dei, Deus Filius Dei, qui *in principio erat apud Deum, per quem facta sunt omnia et sine quo factum est nihil,* propter liberandum ab aeterna morte hominem factus est homo, ita se ad susceptionem humilitatis nostrae sine diminutione suae maiestatis inclinans, ut manens quod erat adsumensque quod non erat, veram *servi formam* ei *formae* in qua Deo Patri est aequalis uniret, et tanto foedere naturam utramque consereret, ut nec inferiorem consumeret glorificatio, nec

---

4. 욥기 14,4-5(70인역).
5. 레오 대종은 여기서 동정녀를 "하느님의 어머니"(Dei genitrix; Θεοτόκος)라고 분명히 표현함으로써 네스토리우스 이단을 반박하고 있다.
6. 요한 1,3.
7. 필립 2,6-7 참조. "종의 형상"과 "하느님의 형상"에서 "형상"(forma)은 "본질" 혹은 "본성"의 의미로 사용되고 있다. 따라서 인성과 신성을 뜻하며, 두 가지 본성이 결합되신 그리스도 안에 신성은 상위의 본성, 인성은 하위의 본성이다.

이 탄생은, 모든 사람에 대해 "아무도, 세상에 하루만 산 갓난아이라도 죄 없는 사람은 없다"고 말한 사실에 전혀 해당되지 않습니다. 이 유일한 탄생에는 어떠한 육의 정욕도 전수되지 않았으며 어떠한 죄의 법칙도 스며들지 않았습니다. 다윗 왕족의 출신인 동정녀가 간택되어 거룩한 아기를 잉태하셨는데, 몸으로보다 먼저 마음으로 하느님이며 인간이신 아들을 잉태하셨습니다. 지존하신 분의 뜻을 아직 깨닫지 못했던 동정녀는 예기치 못했던 수태를 두려워하지 않으셨고, 성령께서 자기 안에 역사하신다는 사실을 천사와의 대화를 통해 비로소 알게 되었습니다. 동정녀는 하느님의 어머니[5]가 되는 것이 정결의 손상을 입는 것이라고 생각하지 않으셨습니다. 지존하신 분의 능력으로 아기를 잉태하게 된다는 약속을 받으신 분께서 그 수태의 기묘한 방법에 대해 왜 의심하셨겠습니까? 이미 돈독했던 동정녀의 믿음은 앞서 말한 기적이 실증되자 더욱 강화되었으며, 또 예기치 못한 수태가 엘리사벳에게도 이루어졌을 때, 동정녀는 아이를 낳을 수 없었던 사람에게 수태케 하신 분께서 자기에게 그 은혜를 베풀어 주실 것을 의심하지 않게 되었던 것입니다.

성탄 신비의 놀라운 구원 경륜

2. 그러므로 하느님의 말씀이시고 하느님 자신이시며, "태초부터 하느님 곁에 계셨고 만물이 그분을 통해 생겨났고 그분 없이 생겨난 것이 하나도 없는"[6] 그 하느님의 아들께서 인간을 영원한 죽음으로부터 구원하시기 위하여 인간이 되셨습니다. 그분은 당신의 엄위를 손상시키지 않고 우리의 비천함을 취하시기 위해 당신 자신을 낮추셨습니다. 즉, 그분은 원래 당신 자신의 것에 머물러 계시면서 동시에 자신의 것이 아니었던 것을 취하심으로써 종의 참 형상을 하느님 아버지와 동등한 당신의 형상[7]에 일치시키신 것입니다. 그분은 이렇게 두 개의 본성을 결합시키셨는데 그분의 영광이 하위의 본성을 흡수해 버리지 않았

superiorem minueret adsumptio. Salva igitur proprietate utriusque substantiae et in unam coeunte personam, suscipitur a maiestate humilitas, a virtute infirmitas, ab aeternitate mortalitas, et ad dependendum conditionis nostrae debitum, natura inviolabilis naturae est infusa passibili, Deusque verus homo verus in unitatem Domini temperatur, ut quod nostris remediis congruebat, *unus* atque idem *Dei hominumque mediator* et mori posset ex uno et resurgere posset ex altero. Merito virgineae integritati nihil corruptionis intulit partus salutis, quia custodia fuit pudoris editio veritatis.

Talis ergo, dilectissimi, nativitas decuit *Dei virtutem et Dei sapientiam Christum,* qua nobis et humanitate congrueret et divinitate praecelleret. Nisi enim esset Deus verus, non afferret remedium, nisi esset homo verus, non praeberet exemplum. Ab exultantibus angelis nascente Domino *Gloria in excelsis Deo* canitur, et *pax in terra bonae voluntatis hominibus* nuntiatur. Vident enim caelestem Hierusalem ex omnibus mundi gentibus fabricari, de quo inenarrabili divinae pietatis opere quantum laetari debet humilitas hominum, cum tantum gaudeat sublimitas angelorum?

3. Agamus ergo, dilectissimi, gratias Deo Patri, per Filium eius, in Spiritu sancto, qui *propter multam caritatem suam qua dilexit nos, misertus est nostri, et cum essemus mortui*

---

8. 1디모 2,5 참조.
9. 1고린 1,24.
10. 루가 2,14.
11. "성자를 통하여(per) 성령 안에서(in) 성부께"라는 성삼론적 표현은 신약성서와 교회의 전례 기도문에 자주 나오는 정식(定式)으로서 구세사 안에 성삼위의 역할과 상호 관계를 말하는 대표적인 표현이다.

고, 또 취해진 본성이 상위의 본성을 감소시키지도 않았습니다. 그러므로 이 두 개의 본성은 본래의 특성을 간직한 채 하나의 위격 안에 결합되었습니다. 우리의 인간 조건에 딸려 있는 빚을 지불하기 위하여 손상될 수 없는 본성이 수난받을 본성에 들어오셨고, 참 하느님이시며 참 인간이신 그분께서 주님의 한 위격 안에 조화를 이룬 것입니다. 이것은 우리 인간을 치유하기 위해 필요하였으니, 하느님과 인간 사이의 유일한 그 중재자께서[8] 한편으로 죽으실 수 있었고 다른편으로는 부활하실 수 있었기 때문입니다. 한편 창조주의 탄생으로 인해 동정녀의 완전한 동정성이 조금도 손상되지 않았다는 점을 마땅히 밝혀 두어야 합니다. 왜냐하면 이 진실을 밝히는 것은 그분의 정결을 지켜 드리는 일이기 때문입니다.

친애하는 형제 여러분, 그러므로 이 탄생은 "하느님의 힘이며 하느님의 지혜"[9]이신 그리스도께 합당한 것이었으니, 이 탄생을 통해 인성으로는 우리와 같은 분이시지만 천주성으로는 우리를 초월하십니다. 만일 그분이 참된 하느님이 아니셨다면 우리를 치유하시지 못하셨을 것이며, 참된 인간이 아니셨다면 우리에게 모범을 보여 주지 못하셨을 것입니다. 그러므로 천사들이 주님의 탄생을 기뻐 용약하며 "하늘 높은 곳에는 하느님께 영광"이라 노래하고, "땅에서는 선한 뜻을 가진 사람들에게 평화"[10]를 선포합니다. 그들은 천상 예루살렘이 세상의 모든 민족들로 이루어지는 것을 보고 있습니다. 겸손한 사람들은 하느님의 자비에 의해 이루어지는 이 형언할 수 없는 일을 보고 얼마나 기뻐하고 있으며, 천상의 천사들 역시 얼마나 즐거워하고 있겠습니까?

새로운 피조물로서의 생활

3. 친애하는 형제 여러분, 우리는 성자를 통하여 성령 안에서 하느님 아버지께[11] 감사드립시다. 하느님은 "그 크신 사랑으로 우리를 사랑하셨고 우리에게 자비를 베푸셨으며, 죄를 지어 죽었던 우리를 그리스도와

peccatis, convivificavit nos Christo, ut essemus in ipso nova creatura novumque figmentum. *Deponamus* ergo *veterem hominem cum actibus suis,* et adepti participationem generationis Christi, carnis renuntiemus operibus. Agnosce, o christiane, dignitatem tuam, et divinae consors factus naturae, noli in veterem vilitatem degeneri conversatione recidere. Memento cuius capitis et cuius sis corporis membrum. Reminiscere quia erutus *de potestate tenebrarum, translatus* es in Dei *lumen* et *regnum.* Per baptismatis sacramentum *Spiritus sancti* factus es *templum,* noli tantum habitatorem pravis de te actibus effugare et diaboli te iterum subicere servituti, quia *pretium* tuum sanguis est Christi, quia in veritate te iudicabit, qui misericorditer te redemit, Christus Dominus noster.

함께 다시 살려 주셔서"[12] 이제 우리는 그분 안에서 새로운 창조물, 새로운 작품이 되었습니다.[13] 그러므로 우리는 옛 인간과 그 행실들을 벗어 던집시다.[14] 이제 우리는 그리스도의 탄생에 참여할 자격을 얻게 되었으니[15] 육신의[16] 행실들을 끊어 버립시다. 그리스도 신자 여러분, 여러분의 고귀함을 의식하십시오. 여러분은 하느님의 본성을 나누어 받았으니, 지난날의 비천한 생활로 되돌아가려 하지 마십시오. 여러분은 어떠한 분을 머리로 모시고 있고 여러분 자신이 어떠한 몸의 지체들인지를 기억하십시오.[17] 여러분은 흑암의 권세에서 벗어나 하느님의 광명의 나라로 옮겨졌음을 다시 생각해 보십시오.[18] 여러분은 세례의 성사를 통해 성신의 궁전이[19] 되었으니, 그처럼 고귀한 손님을 사악한 행위로 내쫓아 버리고 스스로 다시 악마의 종으로 돌아가려 하지 마십시오. 왜냐하면 당신 피로 여러분의 몸값을 치렀으며[20] 여러분을 자비로이 속량하신 우리 주 그리스도께서 진리 안에서 여러분을 심판하실 것이기 때문입니다.

---

12. 에페 2,4-5.
13. 에페 2,10 참조.
14. 에페 4,22; 로마 6,4; 골로 3,8; 히브 12,1 참조.
15. "그리스도의 탄생(generatio)에 참여할 자격"은 신도들이 세례성사를 받음으로써 얻어지며, "세례성사"를 "재생"(regeneratio)의 성사라고 부른다. 그리스도의 탄생에서 하느님의 아들께서 인간이 되셨던 반면, 인간은 세례를 통해 하느님의 아들이 된다. 그리스도의 탄생에서 성령이 마리아 안에 역사하셨듯이 세례성사에서 같은 성령이 교회 안에 역사하시며 하느님의 수많은 사녀들을 낳게 하신다.
16. 바울로의 신학에 따라 "육신"(caro) 또는 "육적"(carnalis)이란 표현은 인간 육체를 말하는 것이 아니라 하느님께 반대되는 나쁜 경향들을 뜻하며, 이에 대칭되는 표현인 "영"(spiritus) 혹은 "영적"(spiritualis)이란 표현은 하느님께 향하는 좋은 경향들을 뜻한다.
17. 1고린 6,15 참조. 여기서 신비체 신학을 말한다. 즉, 그리스도는 머리이며 세례받아 하느님의 자녀가 된 우리 모두는 그 지체들이다.
18. 골로 1,13 참조.
19. 1고린 6,19 참조.
20. 1고린 6,20 참조.

XXII
ITEM ALIUS DE NATALE DOMINI
(441)

1. Exultemus in Domino, dilectissimi, et spiritali iocunditate laetemur, quia inluxit dies redemptionis novae, praeparationis antiquae, felicitatis aeternae. Reparatur enim nobis salutis nostrae annua revolutione sacramentum, ab initio promissum, in fine redditum, sine fine mansurum. In quo dignum est nos sursum erectis cordibus divinum adorare mysterium, ut quod magno Dei munere agitur, magnis Ecclesiae gaudiis celebretur.

Deus enim omnipotens et clemens, cuius natura bonitas, cuius voluntas potentia, cuius opus misericordia est, statim ut nos diabolica malignitas veneno suae mortificavit invidiae, praeparata renovandis mortalibus pietatis suae remedia inter ipsa mundi primordia praesignavit, denuntians serpenti futurum *semen mulieris* quod noxii *capitis* elationem sua virtute contereret, Christum scilicet in carne, Deum hominemque significans, qui natus ex Virgine violatorem humanae propaginis incorrupta nativitate damnaret. Nam quia gloriabatur diabolus hominem sua fraude deceptum divinis caruisse muneribus, et inmortalitatis dote nudatum duram mortis subisse sententiam, seque in malis suis quoddam de

---

1. 여기서 "신비"로 번역된 "sacramentum"은 레오 대종이 폭넓게 자주 사용하는 단어이다. "mysterium"과 "sacramentum"은 서로 밀접히 연관되어 있지만 차이도 없지는 않다. "sacramentum"은 감추어진 초월적인 것을 가시적인 실재를 통해 나타내 보이며 동시에 실재로 실현시키는 것을 말한다. 따라서 성 레오는 이 단어를, 그리스도의 생애의 신비들, 구약의 성스런 예식들 그리고 그리스도께서 제정하셨으며 교회 안에서 일반적으로 일컬어지는 성사들을 가리키는 의미로 폭넓게 사용한다. 이에 비해 "mysterium"은 감추어져 있던 것이 계시된 것으로서 가시적인 요소가 배제된 신비 그 자체를 말하는 의미로 사용되고 있다. 사실 번역에 있어 두 단어를 명확히 구별하기가 어렵기 때문에 혼용되기도

강론 제22편

제2 성탄 강론
(441년)

육화의 신비 안에 감추어진 하느님의 구원 계획

1. 친애하는 형제 여러분, 우리 모두 주님 안에서 용약하고 영적인 즐거움으로 기뻐합시다. 새로운 구원의 날, 예로부터 준비되어 온 날, 영원한 행복의 날이 밝아 왔기 때문입니다. 태초부터 약속되었고 마침내 실현되었고 영원히 계속될 우리 구원의 신비가[1] 전례 주기에 따라 우리에게 다시 돌아왔습니다. 이 날 우리는 마음을 드높여 하느님의 신비를 경축함이 마땅하니, 교회는 하느님의 크신 업적이 우리 안에 실현되도록 큰 기쁨을 갖고 이를 거행합니다.[2]

하느님은 전능하시고 인애로우신 분이시며 그분의 본성은 선하심이요, 그분의 뜻은 능력이며, 그분의 일은 자비입니다. 사악한 악마가 시기심의 독으로 우리를 죽음에 종속시키자 즉시 하느님은 죽음에 처해 있는 인간을 소생시키시기 위해 태초부터 마련해 두신 당신 자비의 약을 처방하셨습니다. 여자의 후손이 사람들을 해치려고 쳐들고 있는 뱀의 머리를 자기 힘으로 쳐부술 것이라고 하느님은 뱀에게 예고하셨습니다.[3] 그 후손은 하느님이시며 동시에 인간이신 분, 즉 육화하신 그리스도를 뜻합니다. 흠 없는 탄생으로 동정녀에게서 태어나신 그분은 전 인류의 파괴자를 단죄하실 것입니다. 사실 악마는 자기의 속임수에 속아넘어간 인간이 하느님의 은혜와 불사불멸의 특은을 박탈당하고 가혹한 죽음의 선고를 받은 것을 보고는 자기의 불행한 신세와 같은 신세

하였으며, 단지 세례성사나 성체성사 등을 명백히 의미할 때는 구별하여 번역하였다.
2. 구원의 신비가 교회의 전례를 통해 현실화됨을 뜻한다.
3. 창세 3,15; 묵시 12,1 참조.

praevaricatoris consortio invenisse solacium, Deum quoque, iustae severitatis exigente ratione, erga hominem quem tanto honore condiderat, antiquam mutasse sententiam, opus fuit, dilectissimi, secreti dispensatione consilii ut incommutabilis Deus, cuius voluntas non potest sua benignitate privari, primam pietatis suae dispositionem sacramento occultiore compleret, et homo diabolicae iniquitatis versutia actus in culpam contra Dei propositum non periret.

2. Advenientibus ergo temporibus, dilectissimi, quae redemptioni hominum fuerant praestituta, ingreditur haec mundi infima Iesus Christus Filius Dei, de caelesti sede descendens, et a paterna gloria non recedens, novo ordine, nova nativitate generatus. Novo ordine, quia invisibilis in suis visibilis est factus in nostris, incomprehensibilis voluit comprehendi, ante tempora manens esse coepit ex tempore, universitatis Dominus servilem formam obumbrata maiestatis suae dignitate suscepit, inpassibilis Deus non dedignatus est homo esse passibilis, et inmortalis mortis legibus subiacere.

Nova autem nativitate generatus est, conceptus a virgine, natus ex virgine, sine paternae carnis concupiscentia, sine maternae integritatis iniuria, quia futurum hominum Salvatorem talis ortus decebat, qui et in se haberet humanae substantiae naturam, et humanae carnis inquinamenta nesciret. Auctor enim Deo in carne nascenti Deus est, testante arch-

---

4. "새로운 탄생"(nova nativitate)과 "새로운 상태"(novo ordine)란 표현은, 하느님이신 성자께서는 원래 성부께로부터 나신 분이신데, 인성을 취하여 육화하심으로써 "새로운 탄생"을 갖게 되셨으며, 이로써 인간의 조건 안에서 "새로운 상태"에 계시게 되셨음을 말한다. 따라서 아래에 열거되어 있는 대비는 신성을 갖고 계신 그분과 육화하신 다음의 그분의 상태를 묘사하고 있다.

에 떨어진 동료 범죄자가 생겼다고 자랑하고 있습니다. 또 악마는, 하느님께서 그처럼 영예로이 창조하신 인간에게 주신 옛 섭리를 엄정한 정의의 법칙에 따라 바꾸게 되었다고 자랑하고 있습니다. 친애하는 형제 여러분, 그러나 당신 뜻에서 선하심을 저버릴 수 없으신 불변의 하느님께서는 은밀한 구원 계획과 감추어진 신비를 가지고 당신 자비의 첫번째 계획을 완성시키실 필요가 있었습니다. 그래서 하느님은 당신의 의도와는 반대로 사악한 악마의 계략에 넘어가 죄에 떨어진 인간이 멸망하지 않도록 하실 필요가 있었습니다.

그리스도 탄생의 새로움

2. 친애하는 형제 여러분, 그러므로 인류의 구원을 위해 예정된 때가 이르자 하느님의 아들, 예수 그리스도께서 이 세상의 밑바닥에 들어오셨습니다. 그분은 성부의 영광에서 떠나지 않으신 채 천상 어좌에서부터 내려오시어 새로운 탄생을 통하여 새로운 상태로[4] 태어나셨습니다. 이 새로운 상태로 인해 그분은 당신의 본성상 보이지 않는 분이시지만 우리의 본성 안에서 가시적인 분이 되셨습니다. 무한하신 분께서 공간 안에 한정되기를 원하셨으며, 시간이 있기 전부터 계시던 분께서 시간 안에 계시기 시작하셨고, 만물의 주께서 당신 엄위의 영광을 감추시고 종의 형상을 취하신 것입니다. 고통받으실 수 없으신 분께서 수난받는 인간이 되셨고, 죽으실 수 없으신 분께서 죽음의 법에 종속되기를 마다하지 않으셨습니다.

그분 탄생의 새로움이란, 육적인 아버지의 정욕이 없이, 그분 어머니의 동정성을 손상시키지 아니하신 채로 동정녀에게 잉태되시고 동정녀에게서 탄생하셨다는 점입니다. 왜냐하면 이러한 탄생이야말로 장차 인류의 구세주가 되실 그분께 어울리는 일이기 때문입니다. 그분은 당신 안에 인간 본성을 취하셨지만, 인간 육신의 더러움에 물들지 않으셨습니다. 사실 하느님은 육신 안에 태어나신 그 하느님에게 조물주가 되셨

angelo ad beatam Mariam quia *Spiritus sanctus superveniet in te, et virtus Altissimi obumbrabit tibi, ideoque quod nascetur ex te sanctum, vocabitur Filius Dei.*

Origo dissimilis, sed natura consimilis, humano usu et consuetudine, quod credimus, caret, sed divina potestate subnixum est, ut virgo conceperit, virgo pepererit, virgo permanserit. Non hic cogitetur parientis conditio, sed nascentis arbitrium, qui sic homo natus est, ut volebat et poterat. Si veritatem quaeris naturae, humanam cognosce materiam; si rationem scrutaris originis, virtutem confitere divinam. Venit enim Dominus Iesus Christus contagia nostra auferre, non perpeti, nec succumbere vitiis, sed mederi. Venit ut omnem languorem corruptionis et universa ulcera sordentium curaret animarum. Propter quod oportuit ut novo nasceretur ordine, qui novam inpollutae sinceritatis gratiam humanis corporibus inferebat; oportuit ut primam genetricis integritatem nascens incorruptio custodiret, et conplacitum sibi claustrum pudoris et sanctitatis hospitium virtus divini Spiritus infusa servaret, quae statuerat deiecta erigere, confracta solidare, et superandis carnis inlecebris multiplicatam pudicitiae donare virtutem, ut virginitas, quae in aliis non poterat salva esse generando, fieret et in aliis imitabilis renascendo.

---

5. 앞의 "하느님"은 성부를 뜻하며 뒤의 "하느님"은 성자를 뜻한다. 즉, 성부께서 성자의 인성의 창조주이시라는 뜻이다.
6. 루가 1,35.
7. 여기서 "기원"은 그리스도의 신성을 의미하며, "본성"은 인성을 뜻한다.

으니,[5] 대천사가 복되신 동정녀에게 증언하시기를, "성령께서 너에게 내려오시고 지극히 높으신 분의 힘이 감싸 주실 것이니, 그러므로 너에게서 태어나실 거룩한 아기를 하느님의 아들이라 부르게 될 것이다"[6]라고 하셨습니다.

그분의 기원은 우리와 다르지만 그분의 본성은 우리와 같습니다.[7] 동정녀가 잉태하셨고 동정녀가 동정성을 간직한 채 아들을 낳으셨다는 사실은 우리가 생각할 수 있는 통상적인 경험에서는 있을 수 없는 일이지만 하느님의 권능으로 된 일입니다. 이 탄생에서 낳으신 분의 조건을 생각할 것이 아니라 태어나신 분, 즉 사람으로 태어나시기를 원하셨으며 또 그렇게 하실 수 있으셨던 분의 뜻을 생각해야 합니다. 만일 여러분이 그분의 참된 본성을 찾는다면 인간적인 물체를 보게 될 것입니다. 그러나 만일 그분 육화의 근원을 탐구한다면 하느님의 능력을 고백하게 될 것입니다. 주 예수 그리스도께서는 죄로 인해 더럽혀진 것을 없애러 오셨지 우리가 죄에 떨어지는 것 자체를 없애러 오신 것이 아닙니다. 그분은 죄에 종속되러 오신 것이 아니라 그것을 치유하러 오신 것입니다. 그분은 더러운 영혼들의 타락과 상처로 인해 고통받는 모든 사람들을 치유하러 오셨습니다. 이때문에 모든 사람에게 흠 없는 완전함의 새로운 은총을 주실 분께서 새로운 상태로 태어나셔야 했습니다. 태어나실 분의 완전성은 어머니의 본래의 동정성을 그대로 지켜 드리고, 그 어머니 위에 내려오신 성령의 능력은 정결의 보루와 성덕의 거처를 깨끗이 보존할 필요가 있습니다. 이 성령의 능력은 넘어진 것을 세워 일으키고, 파괴된 것을 온전하게 하며, 육신의 유혹을 극복할 정결의 힘을 풍성히 주셨습니다. 그래서 다른 사람들 경우에는 출산을 통해 온전히 보존할 수 없었을 동정성이 다른 사람들 안에서도 영적인 재생을[8] 통해서는 받을 수 있는 목표가 되게 하였습니다.

---

8. 여기서 "영적인 재생"은 세례성사를 뜻한다.

3. Hoc ipsum autem, dilectissimi, quod Christus nasci elegit ex Virgine, nonne apparet altissimae fuisse rationis, ut scilicet natam humano generi salutem diabolus ignoraret, et spiritali latente conceptu, quem non aliud videret quam alios, non aliter crederet natum esse quam ceteros? Cuius enim similem cum universis advertit naturam, parem habere arbitratus est cum omnibus causam, nec intellexit a transgressionis vinculis liberum, quem ab infirmitate mortalitatis non invenit alienum. Verax namque misericordia Dei, cum ad reparandum humanum genus ineffabiliter ei multa suppeterent, hanc potissimum consulendi elegit viam, qua ad destruendum opus diaboli non virtute uteretur potentiae, sed ratione iustitiae. Nam superbia hostis antiqui non inmerito sibi in omnes homines ius tyrannicum vindicabat, nec indebito dominatu premebat, quos a mandato Dei spontaneos in obsequium suae voluntatis adlexerat. Non itaque iuste amitteret originalem dediticii generis servitutem, nisi de eo quod subegerat vinceretur. Quod ut fieret, sine virili semine editus est Christus ex virgine, quam non humanus coitus, sed Spiritus sanctus fecundavit. Et cum in omnibus matribus non fiat sine peccati sorde conceptio, haec inde purgationem traxit, unde concepit. Quo enim paterni seminis transfusio non pervenit, peccati se illic origo non miscuit. Inviolata virginitas concupiscentiam nescivit,

---

9. 그리스도의 육화의 신비가 악마에게 숨겨져 있었다. 이 사실에 근거하여 초대 교부들은 그리스도의 구원 행위와 악마의 권리 남용 사이에 재미있는 여러 비유들, 예를 들면 함정, 올가미, 낚시 바늘 등의 비유를 사용하였다. 악마는 예수 그리스도께서 보통 인간인 줄로 믿고 있었기 때문에, 십자가상의 죽음에까지 그분을 박해하였고 권한을 남용하였는데, 그리스도는 무죄한 분이셨기 때문에 그의 지배에 속하는 분이 아니었다. 따라서 악마는 그리스도에게 지나치게 권리를 남용한 탓으로 전 인류에 대한 지배권마저 상실하게 되었다는 논리이다.

10. 여기서 레오 대종은 이러한 하느님의 구원 행위가 필요불가결한 조건이 아님을 암시한다. 하느님은 당신 능력으로 인간의 죄를 그냥 사해 주실 수 있으셨지만, 정의에 따른 보상의 법칙을 따르셨다는 것이다. 즉, 보통 인간은 자기 죄에 대해 합당한 보상을 하여 속죄받을 수 없으므로, 육화하신 성자께서는 악마가 인류에 대해 권리를 갖게 되었던 것과는 정반대의 방법으로 인간을 구원하셨다는 것이다.

메시아 비밀

3. 친애하는 형제 여러분, 그리스도께서 동정녀에게서 태어나시기로 작정하신 그 사실 자체가 차원 높은 이유 때문이라는 점을 드러내지 않겠습니까? 구세주께서 인간을 위해 태어나신다는 사실을 악마로 하여금 알아채지 못하게 하기 위해서 영적인 잉태로 숨기셨습니다. 그래서 그분은 다른 사람들과 다를 바 없이 보이셨으며, 다른 사람들과 다를 바 없이 태어나신 것처럼 믿게 한 것입니다. 사실 악마는 그분의 본성이 다른 모든 사람들의 것과 비슷한 줄로 알고 다른 모든 사람들처럼 단죄받았다고 여겼습니다. 악마는 그분이 죄의 사슬에 얽매여 있지 않다는 사실을 깨닫지 못하였고, 죽음의 약점에 예속되어 있지 않다는 것을 발견하지 못했습니다.[9] 진실하시고 자비로우신 하느님은 말할 수 없이 수많은 방법들을 사용할 수 있었겠지만 가장 강력한 이 길을 택하셨으니, 악마가 성취해 놓은 것을 분쇄하기 위해서 당신 능력을 사용하기보다는 정의의 기준에 따르기 위해서였습니다.[10] 교만한 옛 원수는 아무 근거 없이 모든 인간 위에 자기의 전권을 주장한 것은 아니었습니다. 하느님의 계명에서 벗어나 자기 뜻의 유혹을 자진해서 따라간 인간들에 대해 그는 불법적으로 권한을 행사한 것이 아니었습니다. 따라서 악마는 자기가 먼저 정복한 자로부터 정복당하지 않는 한 패배한 인간을 종살이시킬 처음의 권한을 합법적으로 잃지 않았을 것입니다. 이것을 실현하기 위해서 그리스도는 남자의 도움 없이 동정녀에게서 나셨으며, 인간적인 결합에 의해서가 아니라 성령에게서 잉태되신 것입니다. 모든 어머니들은 죄의 흠 없이 아기를 잉태하지 못하지만, 이 동정녀는 잉태한 바로 그 사실에서 깨끗함을 얻은 것입니다. 이 잉태는 남자의 도움 없이 이루어진 일이기 때문에 거기에 원죄가 끼어들 수 없습니다. 손상되지 않은 그녀의 동정성은 정욕을 몰랐으며, 오직 당신의 육신을 도구로 바치셨습니다. 어머니로부터 취한 주님의 인간 본성에는 죄가 없습니다. 종의 형상으로 태어나셨으나 종의 조건에 얽매이

substantiam ministravit. Adsumpta est de matre Domini natura, non culpa. Creata est forma servi sine conditione servili, quia novus homo sic contemperatus est veteri, ut et veritatem susciperet generis et vitium excluderet vestustatis.

4. Cum igitur misericors omnipotensque Salvator ita susceptionis humanae moderaretur exordia, ut virtutem inseparabilis a suo homine Deitatis per velamen nostrae infirmitatis absconderet, inlusa est securi hostis astutia, qui nativitatem pueri in salutem humani generis procreati, non aliter sibi quam omnium nascentium putavit obnoxiam. Vidit enim vagientem atque lacrimantem, vidit pannis obvolutum, circumcisioni subditum et legalis sacrificii oblatione perfunctum. Agnovit deinceps solita incrementa pueritiae, et usque in viriles annos de naturalibus non dubitavit augmentis. Inter haec intulit contumelias, multiplicavit iniurias, adhibuit maledicta, obprobria, blasphemias, convicia, omnem postremo in ipsum vim furoris effudit, omnia temptamentorum genera percucurrit, et sciens quo humanam naturam infecisset veneno, nequaquam credidit transgressionis exortem, quem tot documentis didicit esse mortalem. Perstitit ergo inprobus praedo et avarus exactor in eum qui nihil ipsius habebat insurgere, et dum vitiatae originis praeiudicium generale persequitur, *chirographum* quo nitebatur excidit, ab illo iniquitatis exigens poenam, in quo nullam repperit culpam. Solvitur itaque letiferae pactionis malesuada conscriptio, et per iniustitiam plus petendi, totius debiti summa vacuatur. Fortis ille nectitur vinculis suis et omne commentum maligni in caput ipsius

---

11. 루가 2,12 참조.
12. 루가 2,21-24.
13. 루가 2,40.52 참조.
14 골로 2,14 참조.

지 않으셨습니다. 왜냐하면 이 새 인간은 옛 인간과 밀접히 연결되어 있으면서도, 한편으로는 우리의 참모습을 취하셨지만 다른편으로는 옛 원죄에서 벗어나셨기 때문입니다.

4. 그러므로 전능하시고 자비로우신 구세주께서 인성을 취하신 시작을 이렇게 조정하셨으니, 신성의 능력을 당신의 인성과 분리시키지 않으셨고 우리 연약함의 너울로 당신 자신을 감추셨습니다. 그래서 간교한 원수는 인류 구원을 위해 태어나신 이 아기를 다른 모든 아기들과 같이 지배할 수 있다고 안심하고 믿을 정도로 착각하게 된 것입니다. 그 원수는 아기가 보채며 우는 것을 보았고, 강보에 싸여 있으며,[11] 할례를 받고, 율법에 정해진 대로 봉헌 예물을 바치는 것을 보았습니다.[12] 그 다음 원수는 그 아기가 소년기의 통상적인 발육을 하는 줄로 알았고,[13] 성년(成年)이 되기까지 자연적인 성장을 하고 있다는 것을 의심하지 않았습니다. 이러는 사이에 그 원수는 그분께 능욕을 주고 모욕을 배가시키고, 저주와 치욕과 모독과 비방을 사용하였습니다. 그리고 마침내 그분에게 온 힘을 다하여 분노를 터뜨렸고 온갖 종류의 유혹을 다 시도하였습니다. 그 원수는 자기 독으로 그분의 인성을 중독시킨 줄로 알았고, 수많은 증거를 근거로 해 죽을 존재라고 여겼던 그분이 원죄에 종속되지 않는 분이라는 사실을 조금도 생각지 못했습니다. 그래서 이 사악한 약탈자이며 철저한 강탈자인 그는 자기와는 아무 공통된 것이 없는 그분을 계속 공격하였습니다. 한편 악마는 일반 사람들에게 통하는 원죄의 선고를 가지고 그분에게 집행하려 하였습니다. 그러나 그자는 근거로 내세웠던 빚문서의[14] 한계를 넘어섰으니 아무 죄도 없으신 분에게 죄의 처벌을 요구했기 때문입니다. 납득될 수 없는 요구를 했기 때문에 죽음의 조항이 들어 있는 간악한 빚문서가 무효화되었고, 지나친 요구를 했던 그 불의 때문에 모든 빚이 탕감된 것입니다. 강하신 분을 자기 사슬로 묶어 두려 했기 때문에 사악한 자의 모든 간계가 그의 머리에서부터 분쇄된 것입니다. 세상의 우두머리가 포박되자 잡아

retorquetur. Ligato mundi principe, captivitatis vasa rapiuntur. Redit in honorem suum ab antiquis contagiis purgata natura, mors morte destruitur, nativitas nativitate reparatur, quoniam simul et redemptio aufert servitutem, et regeneratio mutat originem, et fides iustificat peccatorem.

5. Quisque igitur christiano nomine pie et fideliter gloriaris, reconciliationis huius gratiam iusto perpende iudicio. Tibi enim quondam abiecto, tibi extruso paradisi sedibus, tibi per exilia longa morienti, tibi in cinerem et pulverem dissoluto, cui iam non erat spes ulla vivendi, per incarnationem Verbi potestas data est, ut de longinquo ad tuum revertaris auctorem, recognoscas parentem, liber efficiaris ex servo, de extraneo proveharis in filium, ut qui ex corruptibili carne natus es, *ex* Dei *Spiritu renascaris,* et obtineas per gratiam quod non habes per naturam, ac si te Dei *filium* per *spiritum adoptionis* agnoveris, Deum *Patrem* audeas nuncupare.

Malae conscientiae absoluto reatu, ad caelestia regna suspires, voluntatem Dei facias divino fultus auxilio, imiteris angelos super terram, inmortalis substantiae virtute pascaris, securus adversus inimicas temptationes pro pietate confligas, et si caelestis militiae sacramenta servaveris, non dubites te in

---

15. 마태 12,29; 마르 3,27; 루가 11,21-22 참조.
16. "재생"(regeneratio)은 세례성사를 의미하며, 이로써 인간은 출신 성분이 달라졌음을 뜻한다.
17. 로마 1,17; 갈라 3,11; 히브 10,38 참조.
18. 창세 3,23-24 참조.
19. 창세 3,19 참조.
20. 로마 8,15 참조.
21. 성체성사를 명백히 암시한다.

두었던 세간들도 빼앗기게 되었습니다.[15] 원죄의 오염에서부터 깨끗하여진 인간 본성은 본래의 영예를 되찾았고, 죽음이 죽음으로 파멸되었으며, 탄생이 탄생으로 복원되었습니다. 이와 동시에 구원을 통해 죄의 종살이가 청산되었으며, 재생을 통해 그 기원이 바뀌어졌으며,[16] 믿음을 통해 죄인이 의화된 것입니다.[17]

구원받은 그리스도인의 삶의 방향

5. 그러므로 그리스도 신자의 이름을 정성되고 성실하게 자랑하려는 사람은 누구나 합당한 판단력을 갖고 이 화해의 은총을 잘 묵상해 보아야 합니다. 전에 타락하여 이미 낙원에서부터 쫓겨났던 당신,[18] 오랜 귀양살이 후에 죽어야 할 당신, 재와 먼지로 와해되어야 하며[19] 아무런 삶의 희망도 없던 바로 당신에게 말씀께서 강생하셔서 이런 특은을 베풀어 주셨습니다. 당신은 멀리 떠나 있던 당신의 창조주께로 되돌아가게 되었고 그분을 아버지로 깨닫게 되었으며 종의 신분에서 자유인이 되었고, 타인의 신세에서 아들의 지위로 높여진 것입니다. 그래서 썩을 육신에서 태어난 당신은 하느님의 영에 의해 새로 태어나고, 당신의 본성으로는 감히 엄두도 낼 수 없는 것을 은총을 통해 얻게 되었습니다. 의자(義子)로 삼아 주시는 성령을 통해 당신은 하느님의 아들임을 깨닫게 되고, 그래서 하느님을 감히 아버지라 부르게 된 것입니다.[20]

사악한 양심외 죄에서 벗어나게 된 당신은 이제 하늘 나라를 열망하십시오. 하느님의 도우심에 힘입어 하느님의 뜻을 실천하고, 천상에 있는 천사들을 본받으십시오. 불사불멸의 능력을 주는 양식을[21] 받아 먹으며, 원수의 유혹에 대항하여 경건한 믿음으로써 안전하게 싸워 이기십시오. 또 천상 군대로서의 선서[22]를 잘 지키기만 한다면, 영원한 왕의

---

22. 원문에는 "천상 군대의 sacramenta"로 되어 있는데, 여기서의 "sacramenta"는 "서약" 혹은 "선서"의 뜻을 갖고 있으며, 특히 세례성사 때 고백하고 약속한 윤리적 내용을 암시하는 듯하다.

castris triumphalibus regis aeterni pro victoria coronandum, cum te resurrectio piis parata susceperit in regni caelestis consortium provehendum.

6. *Habentes ergo tantae spei fiduciam,* dilectissimi, *in fide qua fundati estis, stabiles permanete,* ne idem ille temptator, cuius a vobis dominationem Christus exclusit, aliquibus vos iterum seducat insidiis, et haec ipsa praesentis diei gaudia fallaciae suae arte corrumpat, inludens simplicioribus animis de quorumdam persuasione pestifera, quibus hic dies sollemnitatis nostrae, non tam de nativitate Christi, quam de novi, ut dicunt, solis ortu videtur honorabilis. Quorum corda vastis tenebris obvoluta, et ab omni incremento verae lucis aliena sunt. Trahuntur enim adhuc stultissimis gentilitatis erroribus, et quia supra id quod carnali intuentur aspectu, nequeunt aciem mentis erigere, ministra mundi luminaria divino honore venerantur. Absit ab animis christianis impia superstitio prodigiosumque mendacium. Ultra omnem modum distant a sempiterno temporalia, ab incorporeo corporea, a dominatore subiecta, quae etsi mirandam habent pulchritudinem, adorandam tamen non habent deitatem. Illa ergo virtus, illa sapientia, illa est colenda maiestas, quae universitatem mundi creavit *ex nihilo,* et in quas voluit formas atque mensuras terrenam caelestemque substantiam omnipotenti ratione produxit. Sol, luna et sidera sint commoda utentibus, sint speciosa cernentibus, sed ita ut de illis gratiae referantur auctori, et adoretur Deus, qui haec condidit, non creatura, quae servit.

---

23. 2고린 3,12; 골로 1,23 참조.
24. 이교 시대의 로마는 12월 25일에 무적의 태양의 탄일 축제를 지냈는데 종교 해방 후 교회는 이 이교 축제를 그리스도의 성탄일로 대체했다. 레오 대종 시대에도 무지한 신도들 사이에 이교 축제의 습성이 남아 있었고 특히 마니케오 이단자들은 자기들의 이단을 위해 이 습성을 교묘히 이용하였다. 아래의 강론 24, 4 참조.
25. 2마카 7,28 참조.

진영에서 승리의 월계관을 받게 될 것이며, 신실한 사람들에게 약속된 부활이 당신을 들어높여 하늘 나라에 한몫 끼게 하리라는 점을 의심하지 마십시오.

6. 친애하는 형제 여러분, 여러분은 이런 희망에 찬 확신을 갖게 되었으니 여러분이 뿌리를 두고 있는 그 믿음에 항구하십시오.[23] 그래서 그리스도 때문에 여러분에 대한 지배권을 박탈당했던 그 유혹자가 또 다시 온갖 계략으로 여러분을 유인하지 못하도록 해야 하며, 그의 거짓된 꾐에 넘어가 오늘의 이 기쁨을 잃는 일이 없도록 하십시오. 또 그 유혹자가 매우 순박한 사람들을 위험한 감언이설로 유혹하여 우리의 이 축제일이 주님의 성탄 때문이 아니라 새로운 태양의 탄생[24]을 공경하는 날이라고 여기게 하는 일이 일어나지 않도록 해야 합니다. 이런 사람들의 마음은 짙은 암흑에 싸여 있으며, 참된 빛 안에 성장하려는 노력에서부터 거리가 먼 사람들입니다. 그들은 육체의 눈으로 감지하는 것 위에 있는 것에 정신을 집중시킬 수 없으며, 세상을 위해 봉사하고 있는 별들에게 하느님께 드릴 예배를 바치고 있기 때문에 외교인들의 어리석은 오류에 끌려 다니고 있는 것입니다. 그리스도 신자들은 이러한 불경스런 미신과 끔찍한 오류를 멀리해야 합니다. 시간적인 것은 영원한 것과는 전혀 다르며, 육체적인 것은 비육체적인 것과 다르며, 지배받는 피조물은 이를 지배하는 창조주와는 전혀 다릅니다. 비록 이런 것들이 찬탄할 만한 아름다움을 지니고 있다 하더라도 공경받을 만한 신성을 갖고 있지는 못합니다. 그러므로 세상 만물을 무에서부터 창조하셨고,[25] 원하시는 모양과 크기에 따라 지상의 것과 천상의 것을 전능한 말씀을 통해 만들어 내신 분의 그 능력과 그 지혜와 그 엄위를 공경해야 합니다. 해와 달과 별들은 그것을 이용하는 우리에게 유익한 것들이며, 보기에 아름다운 것들일 따름입니다. 그래서 우리는 그것들에 대해 창조주께 감사드려야 합니다. 그것들을 창조하신 하느님을 흠숭해야 하는 것이지 그분이 사용하시는 피조물을 흠숭해서는 안됩니다.

Laudate igitur Dominum, dilectissimi, in omnibus operibus eius atque iudiciis. Sit in vobis indubitata credulitas virgineae integritatis et partus. Reformationis humanae sacrum divinumque mysterium sancto atque sincero honorate servitio. Amplectimini Christum in nostra carne nascentem, ut eumdem Deum gloriae videre mereamini in sua maiestate regnantem, qui cum Patre et cum Spiritu sancto manet in unitate deitatis in saecula saeculorun. Amen.

친애하는 형제 여러분, 그러므로 여러분의 모든 업적과 섭리 안에서 주님을 찬미하십시오. 동정녀의 완전성과 동정녀의 출산에 대해 의심하지 말고 믿음을 가지십시오. 인류 구원의 성사와 하느님의 신비를 공경하고 하느님께 거룩하고 신실한 예배를 바치십시오. 우리의 육신 안에 태어나신 그리스도를 받아들임으로써 엄위를 갖고 다스리시는 영광의 하느님을 합당히 만나뵐 수 있도록 하십시오. 그분은 성부와 성신과 함께 한 천주로서 영원 무궁히 계십니다. 아멘.

XXIII
ITEM ALIUS DE NATALE DOMINI
(442)

1. Nota quidem sunt vobis, dilectissimi, et frequenter audita, quae ad sacramentum pertinent sollemnitatis hodiernae, sed sicut inlaesis oculis voluptatem affert lux ista visibilis, ita cordibus sanis aeternum dat gaudium nativitas Salvatoris, quae a nobis numquam est tacenda, licet non sit, ut dignum est, explicanda. Non enim ad illud tantummodo sacramentum, quo Filius Dei consempiternus est Patri, sed etiam ad hunc ortum, quo *Verbum caro factum est,* credimus pertinere quod dictum est: *Generationem eius quis enarrabit?* Deus itaque Dei Filius, par atque eadem de Patre et cum Patre natura, universitatis Creator et Dominus, totus ubique praesens et omnia totus excedens, in ordine temporum quae ipsius dispositione decurrunt, hunc sibi diem quo in salutem mundi ex beata Maria nasceretur elegit, integro per omnia pudore generantis. Cuius virginitas sic non est violata partu, ut non fuerat temerata conceptu. *Ut impleretur,* sicut ait evangelista, *quod dictum est a Domino per Esaiam prophetam: Ecce virgo concipiet in utero et pariet filium et uocabitur nomen eius Emmanuhel, quod interpretatur: Nobiscum Deus.*

Hic enim mirabilis sacrae Virginis partus vere humanam vereque divinam una edidit prole naturam, quia non ita pro-

---

1. 이사 53,8(70인역). 레오 대종은 이 성서 구절을 다른 강론에서도 여러 차례 인용하는데, 70인역에서 번역된 라띤어 불가따본을 사용했기 때문에 히브리어에서 직접 번역된 현대 성서 번역본과는 차이가 있다. 이와 비슷한 예는 다른 성서 인용구에서도 찾아볼 수 있다. 우리말 성서 공동 번역이 얼마나 잘된 번역이냐 하는 것은 다른 문제다.

2. 요한 1,14.

강론 제23편
제3 성탄 강론
(442년)

그리스도 탄생의 무류성과 완전성

1. 친애하는 형제 여러분, 여러분은 오늘 축일의 신비에 관해 이미 여러 차례 들어서 잘 알고 있으리라 믿습니다. 그러나 가시적인 빛이 건강한 눈에 즐거움을 주는 것처럼 구세주의 탄생은 건강한 마음에 영원한 기쁨을 줍니다. 우리는 이 탄생을 합당하게 다 설명할 수는 없지만 그렇다고 그냥 침묵한 채 지나쳐 버릴 수는 없습니다. "누가 그분의 탄생을 이야기하리오?"라는 성경 말씀은 하느님의 아들께서 성부와 같이 영원하시다는 신비뿐 아니라 또한 "말씀이 사람이 되셨다"고 증언된 이 탄생에 관해서도 말하고 있다고 우리는 믿고 있습니다. 그러므로 하느님의 아들은 하느님이시며 동시에 성부로부터 나시고 성부와 함께 동등한 한 본성을 지니신 분이시며, 어느 곳에서나 온전히 현존하시며 모든 것을 완전히 초월하시는 분이십니다. 그분은 당신의 섭리에 따라 움직이는 시간의 질서 안에서 이날을 택하셔서 세상 구원을 위해 복되신 마리아에게서 태어나셨는데, 당신 어머니의 동정성을 온전히 보존하셨습니다. 마리아의 동정성은 잉태로 인해 손상되지 않았던 것은 물론이고 출산을 통해서도 깨어지지 않았습니다. 복음사가가 전하는 바와같이, "주께서 이사야 예언자를 시켜 '동정녀가 잉태하여 아들을 낳으리니, 그 이름을 임마누엘이라 하리라' 하신 말씀이 그대로 이루어졌으며, 임마누엘은 '하느님께서 우리와 함께 계시다'는 뜻입니다."[3]

거룩한 동정녀는 이 출산을 통해, 참된 인간 본성과 참된 신성을 함께 지니신 아드님을 낳으신 것입니다. 이 두 개의 본성은 각기 고유한

---
3. 마태 1,22-23; 이사 7,14.

prietates suas tenuit utraque substantia, ut personarum in eis posset esse discretio, nec sic creatura in societatem sui Creatoris adsumpta est, ut ille habitator et illa esset habitaculum, sed ita ut naturae alteri altera misceretur. Et quamvis alia sit quae suscipitur, alia vero quae suscipit, in tantam tamen unitatem convenit utriusque diversitas, ut unus idemque sit Filius, qui se, et secundum quod verus homo est Patre dicit minorem, et secundum quod verus Deus est Patri profitetur aequalem.

2. Hanc unitatem, dilectissimi, qua Creatori creatura conseritur, intellegentiae oculis cernere caecitas arriana non potuit, quae Unigenitum Dei eiusdem cum Patre gloriae atque substantiae esse non credens, minorem sibi finxit Filii deitatem de his quae ad *formam* sunt referenda *servilem,* quam idem Filius Dei ut ostendat in se non discretae neque alterius esse personae, sic cum eadem dicit: *Pater maior me est,* quemadmodum cum eadem dicit: *Ego et Pater unum sumus.*

In forma enim servi, quam nostrae reparationis causa in saeculorum fine suscepit, minor est Patre, in forma autem Dei, in qua erat ante saecula, aequalis est Patri. In humilitate humana *factus ex muliere, factus sub lege,* in maiestate divina manens Deus Verbum, per quod facta sunt omnia. Proinde qui in forma Dei fecit hominem, in forma servi factus est homo,

---

4. 이 부분은, 특히 그리스도 안에 두 개의 위격(persona) 혹 두 종류의 아들을 주장했던 네스토리우스 이단을 거슬러 교회의 가르침을 분명히 하고 있다.
5. 요한 14,28 참조.
6. 요한 10,30 참조.
7. "종의 형상"(forma servilem)은 필립 2,7에 따라 그리스도의 인간 본성, 즉 인성을 나타낸다.
8. 요한 14,28.
9. 요한 10,30.
10. 갈라 4,4 참조.

특성을 지니고 있지만, 여기에 위격들의 구별이 있을 수 없습니다.⁴ 한편 피조물이 자신의 창조주에 의해 취해져서 그분과 일치되었는데, 하나는 주인이고 다른 하나는 숙소라는 의미에서가 아니라, 한 본성이 다른 본성과 결합되는 방식으로 이루어진 것입니다. 즉, 받아들이는 본성이 받아들여진 본성과 서로 다르지만, 두 가지 본성이 완전한 일치를 이룬 것입니다. 그래서 그분은 참된 인간으로서는 아버지보다 아래에 계시다고 말할 수 있지만,⁵ 참된 하느님으로서는 성부와 동등한 분이라고 고백할 수 있는 유일하시고 동일한 아드님이십니다.⁶

성부와 동등하시면서도 하위에 계시는 그리스도

2. 친애하는 형제 여러분, 눈먼 지성을 가진 아리우스 이단자들은 창조주께서 피조물과 결합된 이 일치를 깨달을 수 없습니다. 이때문에 그들은 하느님의 독생 성자께서 성부와 같은 영광과 같은 본성을 갖고 계시다는 점을 믿지 않고, 종의 형상⁷에 적용되는 것들을 근거로 대면서 성자의 신성이 하위의 것이라고 고집하고 있습니다. 그러나 유일한 하느님의 아들께서는, 인성이 당신 안에 구별되는 또 하나의 위격을 이루지 않으며, 그렇다고 해서 다른 위격에 속하지도 않는다는 것을 보여주시기 위해 "아버지께서는 나보다 더 위대하시다"⁸고 말씀하셨는가 하면, 또 "나와 아버지는 하나다"⁹라고 말씀하셨습니다.

이 마지막 시대에 와서 우리의 구원을 위해 취하신 종의 본성으로 말하면 그분은 아버지보다 못하시지만, 신적 본성으로 말하면 그분은 영원으로부터 계시며 아버지와 동등하십니다. 그분은 인간의 비천함 안에서 여자의 몸에서 태어나시고 율법의 지배를 받으셨지만,¹⁰ 신적 엄위 안에서는 "만물이 그분을 통해 생겨난"¹¹ 바로 그 하느님의 말씀으로 계십니다. 따라서 하느님의 본성 안에서 인간을 창조하셨던 분이 종의

---

11. 요한 1,3.

sed utrumque Deus de potentia suscipientis, utrumque homo de humilitate suscepti. Tenet enim sine defectu proprietatem suam utraque natura, et sicut formam servi Dei forma non adimit, ita formam Dei servi forma non minuit. Sacramentum itaque unitae cum infirmitate virtutis, propter eamdem Dei hominisque naturam, minorem Patre dici Filium sinit, Deitas autem, quae una est in Trinitate Patris et Filii et Spiritus sancti, omnem opinionem inaequalitatis excludit. Nihil ibi habet aeternitas temporale, nihil natura dissimile, una illic voluntas est, eadem substantia, par potestas, et non tres dii, sed unus Deus, quia vera et inseparabilis est unitas, ubi nulla potest esse diversitas. In integra igitur veri hominis perfectaque natura verus natus est Deus, totus in suis, totus in nostris. Nostra autem dicimus, quae in nobis ab initio Creator condidit, et quae reparanda suscepit. Nam illa quae deceptor invexit, et homo deceptus admisit, nullum habuerunt in Salvatore vestigium, nec quia communionem humanarum subiit infirmitatum, ideo nostrorum fuit particeps delictorum. Adsumpsit formam servi sine sorde peccati, humana provehens, divina non minuens, exinanitio enim illa qua se invisibilis visibilem preabuit, inclinatio fuit miserationis, non defectio potestatis.

---

12. 아래에 전개되는 논리는 그리스도의 신인 속성 교환(神人屬性交換: communicatio idiomatum)에 근거를 두고 있다. 그리스도 안에 신성과 인성이 한 위격 안에 서로 밀접히 결합되어 있기 때문에 한 본성의 속성이 다른 본성의 속성에 적용되어 언급될 수 있다는 것이다. 따라서 "하느님이 수난을 받으

본성 안에서 인간이 되셨습니다. 그런데 받아들이는 본성의 능력으로서는 하느님이시며, 받아들여진 본성의 비천함으로서는 인간이십니다.[12] 이 두 가지 본성은 각기 속성을 상실하지 않은 채 그대로 보존하며, 하느님의 본성이 종의 본성을 제거하지 않는 것처럼 종의 본성도 하느님의 본성을 축소시키지 않습니다. 그러므로 연약한 인간 본성과 일치된 전능한 신적 본성의 신비는, 인간의 본성 때문에 성자가 성부보다 하위이시다고 말할 수 있습니다만, 성부와 성자와 성신의 성삼위 안에 공유하는 한 천주성으로는 차등의 어떠한 추측도 배제합니다. 성삼위의 영원성에는 시간적인 어떠한 것도 존재하지 않으며, 그 본성에 어떠한 차등도 없습니다. 성삼위 안에는 오직 하나의 의지와 같은 본성과 동일한 능력이 있을 뿐이며, 세 분의 하느님이 계신 것이 아니라 한 분의 하느님이 계실 뿐입니다. 거기에는 분리될 수 없는 참된 일치가 있기 때문에 어떠한 차이도 있을 수 없습니다. 참 하느님께서 참 인간의 온전하고 완전한 본성 안에 태어나셨기 때문에 당신 본성 안에서도 완전하시고 우리의 본성 안에서도 완전하십니다. 여기서 말하는 우리의 본성이란, 창조주께서 태초에 우리 안에 창조하신 그 인간 본성이며, 그것을 구원하기 위해 친히 취하신 본성입니다. 구세주 안에는 거짓말쟁이 악마가 끌어들인 것 그리고 이에 속아넘어간 인간이 받아들인 것의 어떠한 자취도 없습니다. 그분은 우리 인간의 연약함을 함께 나누어 받으셨지만 우리의 죄에 동참하시지는 않으셨습니다. 그분은 죄 외에는 종의 형상을 모두 취하심으로써 인간 본성을 높이셨지만 그렇다고 해서 당신의 신적 본성을 감소시키지는 않으셨습니다. 보이지 않는 분이 당신 자신을 비우심으로써 가시적인 인간이 되셨는데, 이는 그분의 자비에서 나온 낮추심이었지 이로써 그분의 전능을 잃어버리신 것은 아닙니다.

시고 죽으셨다"고 말할 수 있는가 하면, 성모님을 "하느님의 어머니"(Θεοτόκος)라 할 수 있는 것이다.

3. Ut ergo ad aeternam beatitudinem ab originalibus vinculis et a mundanis revocaremur erroribus, ipse ad nos descendit, ad quem nos non poteramus ascendere, quia etsi multis inerat amor veri, incertarum tamen opinionum varietas fallacium daemonum decipiebatur astutia, et falsi nominis scientia in diversas conpugnantesque sententias humana ignorantia trahebatur. Ad auferendum autem hoc ludibrium, quo captivae mentes superbienti diabolo serviebant, non sufficiebat doctrina legalis, nec per solas cohortationes propheticas poterat natura nostra reparari, sed adicienda erat veritas redemptionis moralibus institutis, et corruptam ab initio originem novis renasci oportebat exordiis. Offerenda erat pro reconciliandis hostia, quae et nostri generis socia, et nostrae contaminationis esset aliena, ut hoc propositum Dei, quo peccatum mundi in Iesu Christi placuit nativitate ac passione deleri, ad omnium generationum saecula pertineret, nec turbarent nos, sed potius confirmarent mysteria pro temporum ratione variata, cum fides qua vivimus, nulla fuerit aetate diversa.

4. Cessent igitur illorum querelae, qui impio murmure divinis dispensationibus obloquentes, de dominicae nativitatis tarditate causantur, tamquam praeteritis temporibus non sit inpensum, quod in ultima mundi aetate sit gestum. Verbi enim incarnatio hoc contulit facienda, quod facta, et sacramentum salutis humanae in nulla umquam antiquitate cesavit. Quod

---

13. 인류의 원조 아담의 범죄로 타락한 인간은, 새로운 조상이 되신 그리스도 안에서 새로 태어나야 한다는 뜻이다. 여기서 로마 5,12-21에 나오는 아담과 그리스도와의 대비가 암시되어 있다.
14. 신앙의 기본 내용은 구약에서나 신약에서나 달라지는 것이 아니라 항상 계속 보존되며 단지 구약에서 약속된 것이 신약에 와서 실현되며, 아래의 4장에서 강조하듯이 하느님의 신비가 계시를 통해 더욱 밝혀지고 완성된다는 것이다.

육화의 필요성

3. 그분은 원죄의 사슬과 이 세속의 오류에서부터 우리를 영원한 행복에로 다시금 불러 주시기 위해 친히 우리에게 내려오셨습니다. 비록 여러 사람들에게 진리에 대한 애착이 있다 하더라도 악마의 간교한 거짓에 의해 여러 가지 불확실한 학설들에 속아넘어 갔던 우리는 그분께 스스로 올라갈 수 없었습니다. 무지한 인간은 그릇된 지식에서 나온 여러 가지 상반된 주장들에 끌려 있었습니다. 사람들의 마음을 사로잡아 종살이하게 했던 교만한 악마의 이러한 장난을 없애기 위해서는 율법의 가르침만으로 충분하지 않았고, 예언자들의 충고만으로 우리의 본성이 복원될 수 없었습니다. 윤리적인 제도에 구원의 진리가 첨부될 필요가 있었고, 처음부터 타락된 기원이 재생으로 새로이 시작될 필요가 있었습니다.¹³ 하느님과 화해를 이루기 위해서는 우리와 같은 본성이면서도 우리의 죄와는 거리가 먼 희생 제물이 바쳐져야 했습니다. 이것은 예수 그리스도의 탄생과 수난을 통해서 세상의 죄를 없애시려 하신 하느님의 뜻이 모든 세대에 걸쳐 영원히 실현되기 위해서입니다. 신비들은 시대의 필요에 따라 멋대로 변형되어 우리를 혼란시켜서는 안되고 오히려 우리를 확고하게 해주어야 합니다. 왜냐하면 우리가 기초를 두고 생활하고 있는 신앙은 어떠한 시대에도 달라져서는 안되기 때문입니다.¹⁴

육화의 영원한 효력과 이에 대한 신앙

4. 그러므로 하느님의 구원 사업을 거슬러 마구 지껄여 대며 불평하는 자들의 비난을 막아야 합니다. 주님의 탄생이 늦어진 것에 대해, 그들은 마치 이 마지막 시대에 성취된 것이 그전 시대에는 계획되지 않았던 것인 양 트집을 잡고 있습니다. 그러나 하느님의 말씀의 육화는 이미 이루어 놓은 것을 지금도 계속 이루어 놓고 있으며, 또 인류 구원의 신비가 과거에도 적용되지 않은 시대가 없습니다. 사도들은 예언자

praedicaverunt apostoli, hoc adnuntiaverunt et prophetae, nec sero est impletum, quod semper est creditum. Sapientia vero et benignitas Dei hac salutiferi operis mora capaciores nos suae vocationis effecit, ut quod multis signis, multis vocibus, multisque mysteriis per tot fuerat saecula nuntiatum, in his diebus evangelii non esset ambiguum, et nativitas Salvatoris, quae omnia miracula omnemque humanae intellegentiae erat excessura mensuram, tanto constantiorem in nobis gigneret fidem, quanto praedicatio eius et antiquior praecessisset et crebrior. Non itaque novo consilio Deus rebus humanis, nec sera miseratione consuluit, sed a constitutione mundi unam eamdemque omnibus causam salutis instituit. Gratia enim Dei, qua semper est universitas iustificata sanctorum, aucta est Christo nascente, non coepta, et hoc magnae pietatis sacramentum, quo totus iam mundus impletus est, tam potens etiam in suis significationibus fuit, ut non minus adepti sint qui illud credidere promissum, quam qui suscepere donatum.

5. Unde cum manifesta pietate, dilectissimi, quantae in nos divitiae divinae bonitatis effusae sint, quibus ad aeternitatem vocandis, non solum praecedentium exemplorum utilitas ministravit, sed etiam ipsa veritas visibilis et corporalis apparuit, non segni neque carnali gaudio diem dominicae nativitatis celebrare debemus. Quod digne et intellegenter fiet a singulis, si meminerit quisque cuius corporis membrum sit, et cui capiti coaptatum, ne sacrae aedificationi discors compago non haereat.

---

15. 하느님의 구원 계획의 일관성과 영원성의 원칙에 따라 구약의 사람들("약속된 바를 믿었던 사람들")은 시간에 상관없이 신약의 사람들("성취된 것을 받아들인 사람들")과 같이 구원의 은총을 받을 수 있다는 논리이다.
16. 1고린 3,9; 에페 2,19-22 참조.

들이 앞서 예고했던 것을 설교했습니다. 그러니 항상 믿어 왔던 것을 가지고 너무 늦게 이루어졌다고 말할 수 없습니다. 지혜롭고 인자하신 하느님은 우리가 당신의 부르심에 더욱 잘 따를 수 있도록 하기 위해 이 구원 사업을 연기하신 것입니다. 이 연기의 목적은, 여러 세기를 통해 수많은 표징들과 수많은 예언들과 수많은 신비들을 통해 예고되었던 것이 이 복음의 시대에 와서는 모호한 점이 없도록 하기 위해서였습니다. 모든 기적과 모든 인간 이성을 초월하는 구세주의 탄생은 그분에 대한 과거의 예언이나 실현된 어떠한 사실들보다 더 확고한 믿음을 우리 안에 자라게 했습니다. 따라서 하느님께서 인간사에 대해 새로운 계획을 따로 세우셨거나 당신 자비를 너무 늦게 베푸신 것이 아니라 이미 천지창조 때부터 모든 이를 위한 유일하고 동일한 구원의 원칙을 세우셨던 것입니다. 모든 성도들을 항상 의화시켜 왔던 하느님의 은총이 그리스도의 성탄을 통해 더욱 증가된 것이지 그때야 비로소 시작되었던 것이 아닙니다. 온 누리를 가득 채우고 있는 이 큰 사랑의 신비는 그 예형들에 있어서도 효력이 있습니다. 따라서 약속된 바를 믿은 사람들도 성취된 것을 받아들인 사람들에 못지않은 은총을 받았습니다.[15]

경건한 성찬 축제 거행

5. 친애하는 형제 여러분, 자비로우신 하느님의 얼마나 큰 부가 우리 안에 내려졌습니까! 영원한 생명에로 부르시기 위해 앞서 모범들을 우리에게 보여 주셨을 뿐 아니라 이제는 진리 자체이신 분이 친히 가시적인 육체를 지니시고 나타나셨습니다. 그러니 우리는 주님의 성탄을 무관심이나 세속적인 기쁨으로 경축할 것이 아니라 경건한 신앙고백으로 경축합시다. 만일 우리 각자가 어떤 몸의 지체이며 또 어떤 머리에 결합되어 있는지를 기억한다면, 이 축일을 합당하고 이치에 맞게 경축하게 될 것이며, 이 성스러운 건물에 어울리지 않는 돌로 결합되어 있지는 않을 것입니다.[16]

Considerate, dilectissimi, et secundum inluminationem Spiritus sancti prudenter advertite, quis nos in se susceperit, et quem susceperimus in nobis, quoniam sicut factus est Dominus Iesus caro nostra nascendo, ita et nos facti sumus corpus ipsius renascendo. Ideo et *membra Christi,* et *templum sumus Spiritus Dei,* et ob hoc beatus Apostolus dicit: *Glorificate, et portate Deum in corpore vestro.* Qui formam nobis suae mansuetudinis et humilitatis insinuans, ea nos virtute imbuit qua redemit, ipso Domino pollicente: *Venite ad me, omnes qui laboratis et onerati estis, et ego vos reficiam. Tollite iugum meum super vos, et discite a me quia mitis sum et humilis corde, et invenietis requiem animabus vestris.* Suscipiamus ergo regentis nos veritatis non grave nec asperum iugum, et simus eius humilitatis similes, cuius gloriae volumus esse conformes, ipso auxiliante et perducente nos ad promissiones suas, qui secundum magnam misericordiam suam potens est et nostra peccata delere, et sua in nobis dona perficere, Christus Dominus noster, qui vivit et regnat in saecula saeculorum. Amen.

친애하는 형제 여러분, 생각해 보십시오. 여러분은 성신의 비추심을 받아 어떤 분이 우리를 당신 자신 안에 받아들이셨으며 또 우리는 우리 안에 어떤 분을 모셨는지를 지혜롭게 깨달아야 합니다. 사실 주 예수께서 탄생하심으로써 우리와 같은 인간이 되셨듯이 우리도 재생의 성사를 통해 그분의 몸이 된 것입니다. 그러므로 우리는 그리스도의 지체들이며[17] 성신의 궁전입니다.[18] 이때문에 복되신 사도께서 "여러분은 여러분의 몸 안에서 하느님께 영광을 드리고 그분을 지니고 다니십시오"[19]라고 말씀하셨습니다. 주님은 당신의 온유함과 겸손의 모범을 우리에게 심어 주셨고 우리를 구원하신 그 능력을 우리 안에 가득 채워 주셨습니다. 주께서 친히 이렇게 약속하셨습니다: "고생하며 무거운 짐을 지고 있는 사람은 모두 다 나에게로 오너라. 내가 너희를 편히 쉬게 하리라. 나는 마음이 온유하고 겸손하니 내 멍에를 메고 나에게 배워라. 그러면 너희의 영혼이 안식을 얻을 것이다."[20] 그러므로 우리는 우리를 인도하는 진리의 멍에를 받아들입시다. 그 멍에는 무겁지 않고 힘들지 않습니다. 우리는 그분의 영광에 동참하고자 원하고 있으니, 그분의 겸손을 본받는 사람이 됩시다. 당신의 크신 자비로써 우리의 죄를 없애 주실 능력을 갖고 계시며 우리 안에 당신의 선물들을 완성시켜 주시는 우리 주 그리스도께서 우리를 도와 주시고 당신 약속에로 인도하실 것입니다. 그분은 세세에 영원히 살아 계시고 다스리십니다. 아멘.

---

17. 1고린 6,15 참조.
18. 1고린 6,19 참조.
19. 1고린 6,20.
20. 마태 11,28-29

XXIV
ITEM ALIUS DE NATALE DOMINI
(443)

1. Semper quidem, dilectissimi, diversis modis multisque mensuris humano generi bonitas divina consuluit, et plurima providentiae suae munera omnibus retro saeculis clementer inpertiit, sed in novissimis temporibus omnem abundantiam solitae benignitatis excessit, quando in Christo ipsa ad peccatores misericordia, ipsa ad errantes veritas, ipsa ad mortuos vita descendit, ut Verbum illud coaeternum et aequale genitori in unitatem deitatis suae naturam nostrae humilitatis adsumeret, et Deus de Deo natus, idem etiam homo de homine nasceretur. Promissum quidem hoc a *constitutione mundi,* et multis significationibus rerum atque verborum semper fuerat prophetatum, sed quantam hominum portionem figurae illae et mysteria obumbrata salvarent, nisi longa et occulta promissa adventu suo Christus impleret, et quod tunc paucis credentibus profuit faciendum, innumeris iam fidelibus prodesset effectum? Iam ergo nos non signis neque imaginibus ad fidem ducimur, sed evangelica historia confirmati, quod factum credimus, adoramus, accedentibus ad eruditionem nostram propheticis instrumentis, ut nullo modo habeamus ambiguum, quod tantis oraculis scimus esse praedictum.

Hinc enim est quod Abrahae Dominus ait: *In semine tuo benedicentur omnes gentes.* Hinc David promissionem Dei prophetico spiritu canit dicens: *Iuravit Dominus David, et non*

---

1. 창세 3,15; 에페 1,4 참조.
2. 앞의 강론 23,4 참조.
3. 창세 22,18. 그외 아브라함에 대한 축복은 창세 12,3; 18,18; 26,4 참조.

강론 제24편

제4 성탄 강론
(443년)

그리스도 안에 예언들의 성취

1. 친애하는 형제 여러분, 선하신 하느님은 여러 가지 모양과 많은 방법으로 인류를 항상 보살피셨고, 과거의 모든 세대에 걸쳐 당신 섭리에서 나온 수많은 선물들을 너그러이 베푸셨습니다. 그런데 그리스도를 통해서 죄인들에게 자비를, 방황하는 자들에게 진리를, 죽은 이들에게 생명을 내려 주신 이 마지막 시대에 와서는 그분의 자비가 그 풍요로움에 있어 통상적인 정도를 훨씬 넘어섰습니다. 한 천주성 안에 성부와 같이 영원하시며 동등하신 하느님의 말씀께서 우리의 비천한 본성을 취하셨으며, 하느님으로부터 나신 하느님께서 인간으로부터 인간으로 태어나신 것입니다. 이것은 천지창조 때부터 이미 약속된 것이며,[1] 여러 가지 사건과 말의 예표들을 통해 항상 예고되어 왔던 것입니다.[2] 그러나 만일 그리스도께서 오셔서 오랫동안 가려져 있던 약속들을 성취시키지 않았더라면, 상징들과 감추어져 있던 신비들은 인류의 일부분만 구원하였을 것입니다. 구원은 성취되기를 고대해야 했던 시대에는 소수의 사람들에게 유익했지만, 성취된 지금에는 수많은 신도들에게 유익하지 않습니까? 우리는 더이상 표지나 예표에 의지하여 믿음을 갖게 되는 것이 아닙니다. 우리는 복음서의 이야기를 통해 확실한 사실로 믿는 바를 기도합니다. 더 나아가 예언자들의 증언들이 우리를 깨우쳐 주고 있으니 그처럼 많은 예언들로 미리 예고되었음을 알고 있는 사실에 대해서 우리는 어떠한 의문도 가질 필요가 없습니다.

이때문에 주께서 아브라함에게 "모든 민족이 네 후손 안에서 축복을 받으리라"[3] 말씀하셨습니다. 이때문에 다윗은 예언의 영을 받아 하느님의 약속을 노래하며 이렇게 말했습니다: "주님은 다윗에게 맹세하시며,

frustrabitur eum: De fructu ventris tui ponam super sedem meam. Hinc idem Dominus per Esaiam: *Ecce,* inquit, *virgo in utero accipiet, et pariet filium, et vocabunt nomen eius Emmanuhel, quod est interpretatum: Nobiscum Deus.* Et iterum: *Exiet virga de radice Iesse, et flos de radice eius ascendet.* In qua virga non dubie beata Maria virgo praedicta est, quae de Iesse ac David stirpe progenita, et sancto Spiritu fecundata, novum florem carnis humanae, utero quidem materno, sed partu est enixa virgineo.

2. Exultent ergo in laudem Dei corda credentium, et *mirabilia eius confiteantur filii hominum,* quoniam in hoc praecipue Dei opere humilitas nostra cognoscit, quanti eam suus conditor aestimarit. Qui cum origini humanae multum dederit, quod nos ad imaginem suam fecit, reparationi nostrae longe amplius tribuit, cum servili formae ipse se Dominus coaptavit. Quamvis enim ex una eademque pietate sit, quidquid creaturae Creator inpendit, minus tamen mirum est hominem ad divina proficere, quam Deum ad humana descendere. Hoc autem nisi facere dignaretur Omnipotens, nulla quemquam species iustitiae, nulla forma sapientiae a captivitate diaboli et a profundo aeternae mortis erueret. Condemnatio enim ex uno in omnes cum peccato transiens permaneret, et letali vulnere labefacta natura nullum remedium repperiret, quia conditionem suam suis viribus mutare non posset.

---

4. 시편 131,11. 그외 2사무 7,12; 사도 2,30 참조.
5. 마태 1,23; 이사 7,14.
6. 이사 11,1.
7. 라띤어 본문의 "그루터기"(virga)와 "동정녀"(virgo) 사이에 말장난을 엿볼 수 있다.
8. 시편 106,8.
9. 로마 5,12.18 참조. 아래에 나오는 첫째 인간(아담)과 3장에 나오는 그리스도 (둘째 인간)와의 대비는 로마 5,12-21과 1고린 15,35-58의 내용을 연상케 한다.

돌이킬 리 없으신 언약을 맺으시며 '네 몸의 소생을 네 왕좌에 영원히 앉히리라' 하셨나이다."⁴ 이때문에 주님은 또 이사야를 통해, "보라, 동정녀가 잉태하여 아들을 낳으리니, 그 이름을 임마누엘이라 하리라"⁵고 말씀하셨습니다. 임마누엘은 하느님께서 우리와 함께 계시다는 뜻입니다. 또 "이새의 그루터기에는 햇순이 나오고 그 뿌리에서 새싹이 돋아나오리라"⁶ 하셨습니다. 이 그루터기에는 분명히 복되신 동정녀 마리아가 예언되어 있습니다.⁷ 그분은 이새와 다윗 가문의 후손이시며 성신으로 잉태하셨고 자기 모태를 통해 인간 육신의 새싹을 낳으셨지만, 동정의 상태를 간직한 채 해산하신 것입니다.

육화의 필요성

2. 믿는 사람들의 마음은 주님을 찬미하고 용약하며, "인간의 자식들은 그분의 기적들을 찬양합니다."⁸ 특히 하느님의 이 일을 통하여 그들은 창조주께서 비천한 우리를 얼마나 귀하게 여기셨는지를 깨닫고 있기 때문입니다. 하느님은 우리를 당신 모상대로 창조하심으로써 처음부터 우리 인간에게 많은 은총을 주셨지만 주님 친히 우리의 구원을 위하여 종의 형상 안에 자신을 낮추심으로써 훨씬 더 많은 은총을 베푸셨습니다. 창조주께서 피조물에게 베푸시는 것은 무엇이나 하나의 동일한 자비에서 나온 것이라 하겠습니다만, 인간이 하느님을 향해 나아가는 것은 하느님께서 인간에게 내려오신 것보다는 덜 놀라운 일입니다. 만일 전능하신 분께서 이 일을 하시지 않았더라면, 어떠한 종류의 의(義)도 어떠한 형태의 지혜도 우리를 악마의 종살이에서 그리고 죽음의 영원한 심연에서 구해 내지 못하였을 것입니다. 또 한 사람으로부터 모든 인간에게 죄와 더불어 전해 내려오는 유죄 판결은 그대로 남아 있었을 것이며,⁹ 죽음의 상처를 입은 우리 본성은 어떠한 치유의 약도 찾아 얻을 수 없었을 것이니, 우리 힘으로 이 신세를 바꾸어 놓을 수 없기 때문입니다.

Primus namque homo carnis substantiam accepit e terra, et rationali spiritu per insufflationem creantis animatus est, ut ad imaginem et similitudinem auctoris sui vivens, formam bonitatis Dei atque iustitiae in splendore imitationis tamquam in speculi nitore servaret. Quam naturae suae speciosissimam dignitatem si per observantiam legis datae perseveranter excoleret, ipsam illam terreni corporis qualitatem ad caelestem gloriam mens incorrupta perduceret. Sed quia invido deceptori temere atque infeliciter credidit, et superbiae consiliis adquiescens, repositum honoris augmentum occupare maluit quam mereri, non solum ille homo, sed etiam universa in illo posteritas eius audivit: *Terra es, et in terram ibis. Qualis* ergo *terrenus, tales et terreni,* et nemo inmortalis, quia nemo caelestis.

3. Ad huius itaque peccati et mortis vinculum resolvendum, omnipotens Filius Dei, omnia implens, omnia continens, aequalis per omnia Patri, et in una ex ipso et cum ipso consempiternus essentia, naturam in se suscepit humanam, et Creator ac Dominus omnium rerum, dignatus est unus esse mortalium, electa sibi matre quam fecerat, quae salva integritate virginea, corporeae tantum esset ministra substantiae, ut humani seminis cessante contagio, novo homini et puritas inesset et veritas.

---

10. 창세 2,7.
11. 창세 1,26 참조.
12. "차지하다"(occupare), 즉 점유는 로마 시민법에서 나온 개념으로 재물의 획득 방법을 말한다. 합법적인 점유는 주인이 없는 물건일 경우, 예를 들면 사냥, 낚시 등이나 또는 전쟁의 전리품일 때이다.
13. 창세 3,19.

첫째 인간은 흙에서부터 육신의 본체를 받았고 창조주의 입김[10]을 통해 이성적인 영을 받았는데, 이는 창조주의 모상과 닮은 자로 살면서[11] 하느님의 선하심과 올바르심의 모습을 마치 깨끗한 거울에 비추어 보듯 훌륭히 본받음으로써 고이 보존하도록 하기 위해서였습니다. 만일 그 첫째 인간이 받은 율법을 준수하면서 자기 본성의 매우 고귀한 품위를 항구히 키워 나갔더라면, 썩지 않는 영은 지상적인 육체의 조건을 천상 영광으로 끌어올렸을 것입니다. 그런데 불행하게도 인간은 질투심 많은 거짓말쟁이 악마를 경솔히 믿고, 교만심을 조장하는 그의 꾐에 넘어가 자기 분수에 넘는 더 큰 영예를 차지하려 했습니다.[12] 그러자 그 첫째 인간은 물론이고 그의 후손들 모두는 "너는 흙이니 흙으로 돌아가리라"[13]는 판결을 받게 된 것입니다. "흙의 인간들은 흙으로 된 그 사람과 같습니다."[14] 그리고 하늘의 사람들이 되지 않고서는 아무도 불사(不死)의 존재가 되지 못합니다.

참 인간이시며 죄 없으신 그리스도

3. 전능하신 하느님의 아들께서 이러한 죄와 죽음의 사슬을 풀기 위해 우리 인간 본성을 취하셨습니다. 그분은 만물을 충만케 하시고 모든 것을 포괄하시며, 모든 점에 있어 아버지와 동등하시며, 아버지로부터 나온 같은 본질을 지니시고, 아버지와 똑같이 영원하신 분이십니다. 만물의 창조주이시며 주인이신 그분께서 자신이 만드신 인간을 자기 어머니로 택하시어 죽을 운명에 처해 있는 인간들 가운데 한 사람이 되셨습니다. 그 어머니는 완전한 동정성을 간직한 채 그분에게 단지 육체를 주셨을 뿐이며, 그래서 인간의 씨를 받지 않은 이 새로운 인간 안에는 순수함과 진실이 있는 것입니다.

---

14. 1고린 15,48. 이해를 돕기 위해 여기에 인용된 구절을 성서 문맥 안에서 재구성해 볼 필요가 있다: "첫째 인간은 흙으로 만들어진 땅의 존재이지만 둘째 인간은 하늘에서 왔습니다. 흙의 인간들은 흙으로 된 그 사람과 같고 하늘의 인간들은 하늘에 속한 그분과 같습니다"(1고린 15,47-48).

Non ergo in Christo ex utero virginis genito, quia nativitas est mirabilis, ideo nostri est natura dissimilis. Qui enim verus Deus, idem verus est homo, et nullum est in substantia utraque mendacium. *Verbum caro factum est* provectione carnis, non defectione deitatis, quae sic potentiam suam bonitatemque moderata est, ut et nostra suscipiendo proveheret, et sua communicando non perderet. In hac nativitate Christi, secundum prophetiam David, *veritas de terra orta est, et iustitia de caelo prospexit.* In hac nativitate Christi, etiam Esaiae sermo completus est dicentis: *Producat terra, et germinet Salvatorem, et iustitia oriatur simul.* Terra enim carnis humanae, quae in primo fuerat praevaricatore maledicta, in hoc solo beatae virginis partu germen edidit benedictum et a vitio suae stirpis alienum. Cuius spiritalem originem in regeneratione consequimur, et omni homini renascenti aqua baptismatis instar est uteri virginalis, eodem sancto Spiritu replente fontem, qui replevit et virginem, ut peccatum quod ibi vacuavit sacra conceptio, hic mystica tollat ablutio.

4. Ab hoc sacramento, dilectissimi, insanus Manichaeorum error alienus est, nec ullum habent in Christi regeneratione

---

15. 요한 1,14.
16. 시편 84,12.
17. 이사 45,8.
18. 4장과 5장에서 6개의 이단들에 대해 거론되어 있다. 교회 안에 많은 이단들이 있지만, 여기에 특별히 거론되는 이단들은 레오 대종 당시에 문제시되었던 이 단들이다.

동정녀의 모태에서 기묘한 방법으로 태어나신 그리스도의 본성은 우리의 본성과 다르지 않습니다. 그분은 참 하느님이시며 또한 참 인간이시고, 이 두 본성에는 어떠한 거짓도 없습니다. "말씀이 사람이 되신"[15] 것은 인간을 높이기 위해서였는데, 그분은 이로써 당신 신성을 잃지 않으셨습니다. 그분은 당신의 권능과 선하심을 조절하시어 우리의 것을 취하심으로써 우리 것을 높이셨고, 또한 당신의 것을 우리에게 전해 주셨지만 그것을 잃지 않으셨습니다. 다윗이 예언한 바와같이, 그리스도의 이 탄생 안에서 "진리가 땅에서 움터 나오고 정의가 하늘에서 굽어 보게"[16] 된 것입니다. 또 그리스도의 이 탄생 안에서 "땅아, 열려 구세주를 낳고 정의도 함께 싹트게 하라"[17]는 이사야 예언자의 말씀이 이루어진 것입니다. 사실 첫째 인간의 범죄로 인하여 저주받은 인간 육신의 흙은 복되신 동정녀의 유일한 출산 안에서 축복받은 싹, 자기 종족의 죄와는 상관 없는 싹을 낳게 된 것입니다. 우리는 재생의 성사를 통하여 그분의 영적 기원을 얻게 되었습니다. 세례의 물은 새로 태어나는 모든 사람에게 동정녀의 모태와 같은 역할을 하게 되니, 거룩한 잉태에 끼어들 수 없었던 죄는 이 신비로운 세례를 통해 씻겨지는 것입니다.

이단자들[18]

4. 친애하는 형제 여러분, 이 신비는 광신적인 마니케오 이단자들의[19] 오류와는 거리가 멉니다. 그리스도께서 동정녀 마리아로부터 육신을 취

---

19. 마니케오 이단은 페르시아 출신의 "마니"(215~276?)에 의해 세워진 종파로서 자신을 하느님의 계시의 사자로 자처하였다. 원래 이교 계통의 종파였지만 그리스도교적 요소들을 많이 수용하고 있었기 때문에 교회 안에 큰 혼란을 초래하였다. 그의 교리의 기초는 이원론(二元論)에 있다. 세상은 두 개의 왕국, 즉 하느님이 우두머리인 빛의 왕국과 사탄이 우두머리인 어둠의 왕국으로 되어 있다. 사탄은 어둠에서 나와 빛의 왕국을 지배하기 위해 빛의 하느님께 싸움을 건다. 하느님으로부터 순수한 요소로 창조된 인간은 사탄의 포로가 되어 어둠의 요소를 입게 되었다. 그래서 인간이 구원되기 위해서는 엄격한 극기, 즉 음식, 성욕 등의 절제의 생활을 해야 한다는 것이다. 레오 대종은 강론 16,4에서 이 이단에 대해 보다 자세하게 설명하고 있다.

consortium, qui eum de Maria virgine negant corporaliter natum, ut cuius non credunt veram nativitatem, nec veram recipiant passionem, et quem non confitentur vere sepultum, abnuant veraciter suscitatum. Ingressi enim praeruptam exsecrandi dogmatis viam, in qua nihil non tenebrosum, nihilque non lubricum est, ruunt in profunda mortis per praecipitia falsitatis, nec aliquid solidum cui innitantur inveniunt, qui praeter omnia diabolici probra commenti, in ipso praecipuo observantiae suae festo, sicut proxima eorum confessione patefactum est, ut animi ita et corporis pollutione laetantur, nec in fide integritatem nec in pudore servantes, ut et in dogmatibus suis impii, et in sacris inveniantur obsceni.

5. Aliae haereses, dilectissimi, licet merito omnes in sua diversitate damnandae sint, habent tamen singulae in aliqua sui parte quod verum sit. Arrius Dei Filium minorem Patre et creaturam esse definiens, et ab eodem inter omnia creatum putans Spiritum sanctum, magna impietate se perdidit, sed sempiternam atque incommutabilem deitatem, quam in Trinitatis unitate non vidit, in Patris essentia non negavit.

Macedonius a lumine vertatis alienus, divinitatem sancti Spiritus non recepit, sed in Patre et Filio unam potentiam et eamdem confessus est esse naturam.

Sabellius inexplicabili errore confusus, unitatem substantiae

---

20. 그리스도의 육신에 관한 모든 것을 부인하는 것은 초기 교회의 영지주의적 가현설과 상통한다.
21. 마니케오 이단의 최고 축제는, 마니의 사망일인 "베마"(Bema)로서 3월에 거행되었다.
22. 아리우스(256~336)는 알렉산드리아 교회의 사제로서 성자와 성신의 신성을 부인하고, 성부만 유일한 신성을 가지고 있다고 주장하였다. 이때문에 교회는 니체아 공의회(325년)를 개최하여 그를 이단자로 단죄하였고, 성자께서 성부와 동일한 본성(*homoúsios:* consubstantialis)을 갖고 계시다고 선포하였다. 공의회 이후 아리우스 이단은, 성자께서 성부와 완전히 같지는 않지만 비슷한 본성(*homoios*)을 갖고 있다는 소위 "세미아리아니즘" 이단으로 변형되기도 하였지만, 기본 주장은 다를 바 없다. 강론 16,3; 23,2 참조.
23. 마체도니우스(†362)는 346~360년 사이에 콘스탄티노폴리스의 주교였는데, 세미아리아니즘의 우두머리 중 한 사람으로서 특히 성신의 신성을 부인하였다.

하시어 태어나신 사실을 부인하는 그들은 그분의 진정한 탄생을 믿지 않고, 참으로 수난받으심을 받아들이지 않으며, 참으로 묻히심을 고백하지 않고, 참으로 부활하신 사실을 거부하기[20] 때문에 그분을 통한 재생의 은총에 아무런 몫을 차지하지 못합니다. 그들은 가증스러운 교설로 인해 절단된 길, 어둠과 파멸만 있는 길을 따라 걷기 때문에 오류의 낭떠러지에서 떨어져 죽음의 심연으로 빠져들어 갑니다. 그들은 악마의 발상에서 나온 온갖 사악한 것 외에는 자신들을 지켜 줄 아무런 기반도 갖고 있지 않습니다. 그들이 최근에 주장하는 바에서 알 수 있듯이, 특히 그들 종파의 축제일에[21] 영혼과 육신을 더럽히는 일들을 좋아하며, 믿음에 있어 또 윤리 생활에 있어 성실한 면이 없습니다. 따라서 그들의 교설은 불경스러우며 그들의 종교 예식은 음탕합니다.

5. 친애하는 형제 여러분, 여러 가지 모양의 다른 이단들은 단죄를 받아 마땅하지만 각기 어떤 점에서는 제나름대로 진실한 면도 갖고 있습니다. 아리우스[22]는 하느님의 아들께서 성부보다 하위이며 하나의 피조물이라고 주장하고, 또 성신은 다른 모든 피조물처럼 성자로부터 창조되었다고 믿음으로써 불경스런 큰 오류에 떨어졌습니다. 그는 삼위일체 안에 있는 신성을 보지 못하였지만 성부의 본성 안에 영원히 변하지 않는 신성이 있다는 것을 부정하지는 않았습니다.

진리의 빛에서부터 동떨어져 있는 마체도니우스[23]는 성신의 신성을 인정하지 않았지만, 성부와 성자 안에 하나의 능력과 동일한 본성이 있음을 고백하였습니다.

오류의 혼돈에 휘말려 버린 사벨리우스[24]는 성부와 성자와 성신 안에

---

24. 사벨리우스(3세기 인물)는 사벨리아니즘의 창시자로서, 성삼론의 양태론(modalismus)적 이단을 주장하였다. 유일무이한 하느님은 그 출현 양식에 따라서 한번은 성부로, 한번은 성자로, 한번은 성신으로 나타난다는 것이다. 즉, 하느님 안에는 한 위격만 있을 뿐 성부, 성자, 성신의 이름은 나타난 양상(modus)에 따라 붙여진 것에 불과하다는 것이다. 이 주장에 따르면 성부께서 실제로 우리를 위해 수난을 받으셨다(patripassianismus)고 말할 수도 있다는 것이다. 강론 16,3 참조.

in Patre et Filio et Spiritu sancto inseparabilem sentiens, quod aequalitati tribuere debuit, singularitati dedit, et cum veram Trinitatem intellegere non valeret, unam eamdemque credidit sub triplici appellatione personam.

Fotinus mentis caecitate deceptus, in Christo verum et nostrae substantiae confessus est hominem, sed eumdem Deum de Deo ante omnia saecula genitum esse non credidit.

Apollinaris fidei soliditate privatus, Filium Dei ita veram humanae carnis credidit suscepisse naturam, ut in illa carne diceret animam non fuisse, quia vicem eius expleverit ipsa divinitas.

Hoc modo si omnes quos catholica fides damnat retractentur errores, in aliis atque aliis quiddam invenitur quod a damnabilibus possit abiungi. In Manichaeorum autem scelestissimo dogmate prorsus nihil est quod ex ulla parte possit tolerabile iudicari.

6. Sed vos, dilectissimi, quos nullis dignius quam beati Petri apostoli adloquor verbis, *genus electum, regale sacerdotium, gens sancta, populus adquisitionis,* aedificati super inviolabilem petram Christum, ipsique Domino Salvatori nostro per veram susceptionem nostrae carnis inserti, *permanete stabiles in ea fide* quam *confessi* estis *coram multis testibus,* et in qua renati per aquam et Spiritum sanctum,

---

25. 포티누스(†376)는 성삼위의 동일한 본질을 말하지만 양태론적 의미로 인정한다. 따라서 삼위는 실제로 한 위격만 인정될 뿐이다. 그리스도는 하느님이 아니라 하느님의 능력이 그 안에 거처하는 한 인간에 불과하다고 그는 주장한다.
26. 아뽈리나리스(310~390)는 라오디체아의 주교로서 아리우스 이단을 거슬러 그리스도의 신성을 너무 강조한 나머지 그리스도의 인성에서 영혼을 부인하는 결과를 초래하였다. 즉, 하느님의 말씀(*Logos*)이 인간 영혼의 자리를 대신하여 인간 육신하고만 결합하게 되었다는 것이다.

있는 하나의 본성이 분리될 수 없다는 점을 염두에 둔 나머지 본성의 동등성에 대해 말해야 할 것을 위격의 유일성에 잘못 적용시켜 버렸습니다. 성삼위의 내용을 알아들을 수 없었던 그는 세 가지 이름하에 하나이고 동일한 위격만이 있다고 믿었던 것입니다.

눈먼 지성에 속아버린 포티누스[25]는 그리스도께서 우리 본성을 지니신 참된 인간이라는 점을 고백하였지만 그분이 모든 세대에 앞서 하느님으로부터 나신 하느님이심을 믿지 않았습니다.

확고한 믿음이 없었던 아뽈리나리스[26]는 하느님의 아들께서 인간 육신의 참된 본성을 취하셨다고 믿고 있었지만 그 육신 안에는 영혼이 없다고 주장하였는데 왜냐하면 신성이 그 영혼을 대신하기 때문이라는 것입니다.

가톨릭 신앙이 단죄하는 모든 이단들을 이런 식으로 거론할 것 같으면 각 이단 안에는 단죄받은 사항들에서 따로 분리시킬 수 있는 진리도 있습니다. 그렇지만 가장 사악한 마니케오 이단에서는 용납될 수 있다고 인정되는 점이 하나도 없습니다.

항구한 신앙의 필요성

6. 친애하는 형제 여러분, 복되신 사도 베드로가 여러분을 "선택된 민족이고 왕다운 사제들이며 거룩한 겨레이고 하느님의 소유가 된 백성"[27]이라고 부른 표현보다 더 적절한 표현은 없을 것입니다. 또한 여러분은 부서질 수 없는 바위이신 그리스도 위에 세워졌으며, 우리 주 구세주께서 우리 육신을 참으로 취하신 사실로 인해 그분과 결합되었습니다. 여러분이 많은 증인들 앞에서 이미 고백한 그 믿음 안에 항구히 머물러 있으십시오.[28] 바로 그 믿음 안에서 물과 성령을 통해 새로 태어

---

27. 1베드 2,9.
28. 골로 1,23; 1디모 6,12 참조.

accepistis chrisma salutis et signaculum vitae aeternae. Si quis autem vobis aliud adnuntiaverit praeter id quod didicistis, anathema sit. Nolite impias fabulas praeponere lucidissimae veritati, et quidquid contra regulam catholici et apostolici symboli aut legere, aut audire contigerit, id omnino mortiferum et diabolicum iudicate. Non vos seducant deceptoriis artibus ficta et simulata ieiunia, quae non ad purificationem, sed ad perditionem proficiunt animarum. Speciem quidem sibi pietatis et castitatis adsumunt, sed hoc dolo actuum suorum obscena circumtegunt, et de profani cordis penetralibus iacula quibus simplices vulnerentur emittunt, ut, sicut ait propheta, *sagittent in obscuro rectos corde.* Magnum praesidium est fides integra, fides vera, in qua nec augeri ab ullo quidquam, nec minui potest, quia nisi una est, fides non est, dicente Apostolo: *Unus Dominus, una fides, unum baptisma, unus Deus et Pater omnium, qui super omnes et per omnia et in omnibus nobis.*

Huic unitati, dilectissimi, inconcussis mentibus inhaerete, et in hac omnem sectamini sanctitatem, in hac praeceptis Domini deservite, quia *sine fide inpossibile est placere Deo,* et nihil sine illa sanctum, nihil castum est, nihil vivum. *Iustus enim ex fide vivit,* quam qui diabolo decipiente perdiderit, vivens mortuus est, quia sicut per fidem iustitia, ita etiam per fidem

---

29. 여기서 세례성사를 말하고 있는 것이 분명하며, "구원의 도유"라는 표현은 요즘음의 견진성사에 해당한다고 할 수 있다. 그러나 초기 천년대까지는 동·서 교회를 막론하고 세례성사와 견진성사를 분리하여 따로 받은 것이 아니라 소위 "입문성사"라 하여 세례와 도유와 성체성사를 같은 날 받았다.
30. 갈라 1,8 참조. "anathema sit"라는 표현은 이미 그 당시에 파문을 나타내는 교회의 공식 용어로 정착되었다. 파문받은 사람은 교회의 공식 예배 행사 특히 미사 참여가 금지되었으며, 따라서 영성체를 할 수 없었다.
31. 사도 신경을 의미한다. 요즘의 사도 신경은 6세기에 정착되었지만 로마 교회 안에서는 이와 거의 비슷한 신경을 2,3세기부터 사용해 왔다.
32. 시편 10,2.
33. 에페 4,5-6.
34. 히브 11,6.

난 여러분은 구원의 도유를 받았고 영원한 생명의 인호를 받았습니다.[29] 만일 여러분 중에 누가 여러분이 배운 것과 다른 것을 선포한다면 파문을 받을 것입니다.[30] 독성적인 낭설을 가장 명백한 진리보다 더 중히 여기지 마십시오. 그리고 공번되고 사도로부터 전해 내려오는 신앙 신조[31]에 반대되는 것을 읽거나 듣는 일이 있거든 지체 없이 악마의 소행이며 죽음을 가져오는 것으로 여기십시오. 여러분은 거짓되고 가식적인 단식의 교묘한 속임수에 현혹되지 마십시오. 그러한 단식은 영혼을 정화시키기보다는 파멸시킬 뿐입니다. 그들은 경건함과 순결의 탈을 쓰고 있지만, 사실은 이러한 속임수로 자기들의 음란한 행위들을 감추고 있으며, 그들의 사악한 마음 안에서는 단순한 사람들에게 상처를 입힐 화살을 쏘아댈 궁리를 하고 있습니다. 이는 "마음 곧은 사람들을 어둠 속에서 쏘려 한다"[32]고 하신 예언자의 말씀대로입니다. 완전한 신앙, 진실한 신앙은 큰 보호가 됩니다. 이 신앙에 아무것도 더 첨가시키거나 뺄 수 없습니다. 왜냐하면 유일한 신앙이 아니라면 그것은 진실한 신앙이 아니기 때문입니다. 이에 대해 사도께서 말씀하시기를 "주님도 한 분이시고 믿음도 하나이고 세례도 하나이며 만민의 아버지이신 하느님도 한 분이십니다. 그분은 만물 위에 계시고 만물을 꿰뚫어 계시며 우리 모든 이 안에 계십니다"[33]라고 하셨습니다.

친애하는 형제 여러분, 흔들리지 않는 마음으로 이 유일한 신앙을 견지하십시오. 그 안에서 온갖 거룩함을 추구하고, 그 안에서 주님의 계명들에 순종하십시오. 왜냐하면 "믿음이 없이는 하느님을 기쁘게 해 드릴 수 없으며",[34] 그것 없이는 거룩함도 없고 순결함도 없고 생명도 없기 때문입니다. 사실 의인은 믿음으로 삽니다.[35] 악마의 속임수에 넘어가 이 믿음을 저버리는 사람은 살아 있다 하더라도 죽은 사람입니다. 왜냐하면 의화가 믿음을 통해 얻어지는 것처럼 영원한 생명은 진실한

---

35. 히브 10,38; 로마 1,17; 갈라 3,11; 하바 2,4 참조.

veram vita obtinetur aeterna, dicente Domino Salvatore: *Haec est autem vita aeterna, ut cognoscant te solum verum Deum, et quem misisti Iesum Christum,* qui vos proficere et perseverare faciat usque in finem, qui vivit et regnat in saecula saeculorum. Amen.

믿음을 통해 얻어지기 때문입니다. 주님이신 구세주께서 말씀하시기를 "영원한 생명은 이것이니, 곧 참되시고 오직 한 분이신 하느님 당신을 알고 당신이 예수 그리스도를 보내셨음을 아는 것입니다"[36]라고 하셨습니다. 그분은 여러분을 목적지까지 항구히 나아가게 하시는 분이시며 세세에 영원히 살아 계시고 다스리시는 분이십니다. 아멘.

---

36. 요한 17,3.

XXV
ITEM ALIUS DE NATALE DOMINI
(444)

1. Quamvis, dilectissimi, ineffabilis sit nativitas Domini nostri Iesu Christi, qua se naturae nostrae carne vestivit, audeo tamen non de facultate mea sed de ipsius inspiratione praesumere, ut die qui in sacramentum humanae restitutionis electus est, aliquid a nobis quod audientes possit aedificare promatur. Non enim quia maior pars Ecclesiae Dei quod credit intellegit, ideo necessarium non est etiam quae dicta sunt dicere, cum utique multis nunc primum ad fidem venientibus oris nostri officium debeamus, meliusque sit doctos onerare iam notis, quam rudes fraudare discendis.

Quod ergo Filius Dei, qui cum Patre et cum Spiritu sancto non unius personae sed unius essentiae est, humilitatis nostrae particeps fieri et unus passibilium, unus voluit esse mortalium, tam sacratum tamque mirabile est, ut ratio divini consilii sapientibus mundi patere non possit, nisi humanae ignorantiae tenebras lux vera discusserit. Non enim in solo opere virtutum, aut in sola observantia mandatorum, sed etiam in tramite fidei *angusta et ardua via est quae ducit ad vitam,* et magni laboris est magnique discriminis, inter dubias imperitorum opiniones et verisimiles falsitates per unam sanae doctrinae semitam

---

1. 레오 대종 시대에 로마 교회 안에 성인(成人) 입교자들이 많았음을 알 수 있다. 콘스탄티누스 대제의 밀라노 칙령(313)에 의해 종교 해방을 맞이한 이후 입교자들이 점차 증가하였고, 5세기에 들어서면서 대대적인 성인 입교자들이 있었기 때문에 예비자들을 위한 교리서들이 많이 출간되었고 신자 재교육 문제도 대두되었다.
2. 요한 1,9 참조.
3. 마태 7,14.

강론 제25편
제5 성탄 강론
(444년)

교화의 의무

1. 친애하는 형제 여러분, 우리 주 예수 그리스도께서 우리 본성의 육신을 입으신 그분의 탄생은 말로 다 표현할 수 없는 놀라운 일입니다. 그런데 인류 구원의 신비를 위해 선택된 이 날에 제가 감히 여러분에게 감화를 줄 수 있는 강론을 하려는 것은 제 능력으로써가 아니라 그분의 영감을 받아서 하려는 것입니다. 하느님의 교회인 여러분 가운데 대부분은 믿고 있는 것을 이미 깨닫고 있기 때문에 제가 전에 강론했던 내용을 다시 이야기할 필요가 없다고 하는 것은 잘못입니다. 사실 지금 우리는 처음으로 신앙에 입문한 많은 사람들에게 설교할 의무를 지고 있습니다.[1] 비록 이미 알고 있는 사람들에게는 지루한 감이 있겠지만, 모르는 사람들에게 배울 기회를 잃게 하는 것보다는 가르치는 것이 더 나을 것입니다.

육화에 대한 바른 신앙

하느님의 아들은 성부와 성신과 함께 한 위격을 갖고 계신 것이 아니라 한 본질을 지니고 계신 분으로서 우리의 비천함에 동참하셔서 고통받는 사람들 가운데 한 분, 죽을 자들 가운데 한 분이 되시기를 원하셨습니다. 이것은 만일 참 빛이[2] 인간 무지의 어둠을 제거하지 않았더라면, 세상의 지혜 있다는 사람들이 하느님의 구원 계획의 이유를 깨달을 수 없을 만큼 성스럽고 기묘한 것입니다. "생명에 이르는 길은 좁고 험하다"[3]는 말씀은 덕행을 실천하는 데나 계명을 준수하는 데 있어서뿐 아니라 신앙의 길로 나아가는 데 있어서도 그러합니다. 어설픈 자들의 모호한 학설과 그럴듯한 거짓들 사이를 헤쳐 가면서 건전한 교리의 유

inoffensis gressibus ambulare, et cum undique se laquei erroris opponant, omne periculum deceptionis evadere. Quis autem ad haec idoneus, nisi qui Spiritu Dei et docetur et regitur, dicente Apostolo: *Nos autem non spiritum mundi accepimus, sed spiritum qui ex Deo est, ut sciamus quae a Deo donata sunt nobis,* canente etiam David: *Beatus quem tu erudieris, Domine, et de lege tua docueris eum.*

2. Habentes itaque, dilectissimi, inter pericula erroris praesidia veritatis, et non *humanae sapientiae verbis,* sed doctrina sancti Spiritus eruditi, quod didicimus credimus, quod credimus praedicamus, Dei Filium ante saecula a Patre genitum, et Patri sempiterna et consubstantiali aequalitate coaeternum, venisse in hunc mundum per uterum Virginis in hoc sacramentum pietatis electae, in qua et ex qua *aedificavit sibi Sapientia domum,* et *formam* sibi *servi in similitudinem carnis peccati,* incommutabilis Verbi deitas coaptavit, in nullo apud se et Patrem et Spiritum sanctum minor gloria sua, quia diminutionem et varietatem summae et aeternae essentiae natura non recipit. Propter nostram autem infirmitatem extenuavit se incapacibus sui, et velamine corporis splendorem maiestatis suae, quem visus hominum non ferebat, obtexit. Unde etiam exinanisse se dicitur, tamquam se propria virtute vacuaverit, dum in ea humilitate qua nobis consuluit, non solum Patre sed etiam seipso est factus inferior. Nec aliquid illi hac inclinatione decessit, cui cum Patre et cum Spiritu sancto, hoc quod est esse, commune est, ut hoc ipsum intellegamus ad

---

4. 1고린 2,12.
5. 시편 93,12.
6. 1고린 2,4 참조.
7. 잠언 9,1.
8. 필립 2,7; 로마 8,3 참조. 그리스도는 죄를 취하시지 않았기 때문에 죄의 육신을 갖고 계시지 않다. 그러나 그분은 수난받으실 수 있었기 때문에 죄의 육신과 비슷한 분이 되셨다.
9. 필립 2,7 참조.

일한 길을 따라 똑바로 걸어가며 또 사방에 놓여 있는 오류의 올가미를 멀리하면서 속임수의 모든 위험을 피해 가는 데는 크나큰 노고와 많은 위기가 있습니다. 이에 능숙한 사람이 되려면, 성신의 가르치심과 인도하심이 있어야만 합니다. 이에 대해 사도께서는 "우리가 받은 성령은 세상이 준 것이 아니라 하느님께서 주신 것입니다. 그래서 우리는 하느님께서 우리에게 주시는 선물을 깨닫게 되는 것입니다"라고 말씀하셨습니다. 또 다윗은 "주여, 당신이 깨우쳐 주시고 법으로 가르치시는 그 사람은 복됩니다"[5]라고 노래했습니다.

2. 친애하는 형제 여러분, 우리는 오류의 위험들 한가운데 있지만 진리의 보호를 받고 있습니다. 우리는 인간적인 지혜의 말재주로써 설교하는 것이 아니라[6] 성령으로부터 가르침을 받아 배운 것을 믿으며 믿는 것을 설교합니다. 즉, 하느님의 아들께서는 세상이 있기 전에 성부께로부터 나셨으며 성부와 같은 본성을 지니시고 성부와 똑같이 영원한 분이신데 자비의 이 신비를 위해 간택된 동정녀의 품을 통해 이 세상에 오셨습니다. 동정녀 안에 또 동정녀로부터 "지혜께서 당신 거처를 세우셨습니다".[7] 또 변하실 수 없는 말씀의 신성이 죄의 육신과 비슷하게 되기 위해 종의 모습을 취하셨지만,[8] 그분의 영광은 성부와 성신의 영광보다 조금도 못하지 않습니다. 왜냐하면 최상의 영원한 본질을 지니신 그분의 본성이 축소되거나 변화되지 않았기 때문입니다. 우리의 연약함 때문에 당신께 직접 올 수 없는 우리의 수준으로 그분께서 친히 자신을 낮추셨으며, 인간의 눈으로는 견디어 낼 수 없는 당신 엄위의 광채를 육체의 너울로 덮으셨습니다. 이때문에 "자신의 것을 다 내어 놓으셨다"[9]는 말은 자신의 권능을 비우셨다는 뜻이며, 우리와 만나시기 위해 낮추신 그 비하로 인해 그분은 성부뿐 아니라 본래의 자신보다 하위의 분이 되셨습니다. 그렇지만 그분은 성부와 성신과 함께 공유하시는 본질을 이 비하로 인하여 조금도 잃지 않으셨습니다. 그러므로 그분이 우리의 인간 본성으로는 성부보다 하위이시지만 그분의 고유한

omnipotentiam pertinere, quod qui secundum nostra minor est, secundum propria minor non est. Quia enim lux ad obcaecatos, virtus ad inbecilles, misericordia respexit ad miseros, de magna factum est potestate, ut Dei Filius substantiam humanam causamque susciperet, qui et naturam quam condidit reformaret, et *mortem quam non fecit aboleret.*

3. Repudiatis igitur longeque reiectis omnibus opinionibus impiorum, quibus aut *stultitia* est Christus aut *scandalum,* exultet rectarum mentium fides, et verum unumque Dei Filium, non solum secundum deitatem qua a Patre genitus, sed etiam secundum humanitatem qua de matre virgine est natus, intellegat. Ipse est enim in humilitate nostra, qui est in maiestate divina, verus homo et verus Deus, sempiternus in suis, temporalis in nostris, unum cum Patre in substantia quae numquam fuit minor Patre, unum cum matre in corpore quod creavit.

In adsumptione enim naturae nostrae nobis factus est gradus quo ad ipsum per ipsum possimus ascendere. Nam illa essentia quae semper ubique tota est, locali descensione non eguit, et tam ei proprium fuit totam homini inseri, quam ei proprium est totam a Patre non dividi. Manet ergo quod *in principio erat Verbum,* et non est ei accidens ut quod est aliquando non fuerit. Sempiterne enim Filius Filius est, et sempiterne Pater

---

10. 지혜 1,13 참조. 죽음의 창시자는 악마다.
11. 1고린 1,23 참조.
12. 요한 1,1.
13. 아리우스 이단을 정면으로 반박하는 대목이다. 아리우스는 성자께서 성부의 첫 번째 피조물이므로 "말씀이 계시지 않았던 때가 있었다". 즉, 말씀이 창조되기 전에 존재하지 않았다고 주장하였다.

본성으로는 성부보다 못하시지 않은 것은 그분의 전능에 속하는 일임을 우리는 깨달아야 합니다. 빛이 눈먼 이들을 비추었고, 능력이 연약한 이들을 도와 주었으며, 자비가 불쌍한 이들을 굽어보셨습니다. 하느님의 아들께서 인간의 본질과 처지를 취하심으로써 당신이 창조하신 인간 본성을 개조하셨으며, 당신이 만들지 않은 죽음을[10] 소멸시키신 것은 그분의 놀라운 능력으로 이루어진 일입니다.

육화의 신비에 대한 묵상

3. 그러므로 올바른 정신에서 나온 신앙을 가진 사람들은, 그리스도가 자기들에게 어리석음이나 걸려넘어짐밖에 되지 않는[11] 불신자들의 모든 주장들을 배척하고 멀리 몰아내야 합니다. 또 우리는 하느님의 진실하시고 유일한 아들께서 신성으로는 성부께로부터 나셨을 뿐 아니라 인성으로는 동정녀이신 어머니로부터 태어나셨음을 깨닫고 이에 기뻐해야 합니다. 신적 위엄을 지니고 계시는 그분께서 우리의 비천함 안에 들어오심으로써 참 인간이시며 동시에 참 하느님이신 분이 되셨습니다. 그분은 자신의 본성으로는 영원하신 분이시며 우리의 본성으로는 시간에 속한 분이십니다. 그분은 성부보다 한번도 못하시지 않았던 신적 본성으로는 성부와 하나이시며, 그분 친히 창조하신 인간 육체로서는 어머니와 하나이십니다.

우리의 본성을 취하심으로써 그분은 우리를 위한 계단이 되셨으며, 우리는 이를 통해 그분께로 올라갈 수 있게 되었습니다. 그분의 본성은 어느 곳에나 항상 완전하게 내재하시므로 일정한 장소에 따로 내려오실 필요가 없었습니다. 그래서 그분의 고유한 특성이 인간과 완전히 결합되었듯이 성부와 분리되지 않은 채 온전히 그대로 계십니다. 그러므로 "태초에 말씀이 계셨다"[12]는 말은 그대로 유효하며, 따라서 말씀이 계시지 않았던 때가 있었다는 말은 도대체 있을 수 없습니다.[13] 사실 성자는 영원으로부터 성자이시며 성부는 영원으로부터 성부이십니다. 성

Pater est. Unde cum ipse Filius dicat: *Qui me videt, videt et Patrem,* excaecavit te, o haeretice, impietas tua, ut qui maiestatem Filii non vidisti, Patris gloriam non videres, dicendo enim genitum esse qui non erat, Filium asseris temporalem, et dum Filium asseris temporalem, credidisti Patrem esse mutabilem.

Mutabile enim est, non solum quod minuitur, sed etiam quidquid augetur, et si ideo Patri inpar est Genitus, quia ut tibi videtur generatio, eum qui non erat genuit, inperfecta erat etiam generantis essentia, quae ad habendum quod non habuit, generando profecit. Sed hanc impiam perversitatem tuam fides catholica execratur et damnat, quae in deitate vera nihil temporalitatis agnoscit, sed unius sempiternitatis et Patrem confitetur et Filium, quia splendor ex luce ortus non est luce posterior, et lux vera numquam sui splendoris est indiga, sic substantiale habens semper fulgere, sicut substantiale habet semper existere. Huius autem splendoris manifestatio missio dicitur, qua mundo Christus apparuit, et cum omnia invisibili maiestate sua semper impleret, tamen quasi de remotissimo altissimoque secreto, his quibus erat ignotus advenit, cum caecitatem ignorantiae abstulit, et sicut scriptum est, *sedentibus in tenebris et umbra mortis, lux orta est eis.*

4. Quamvis enim etiam prioribus saeculis ad inluminationem sanctorum patrum et prophetarum lumen veritatis emissum sit, dicente David: *Emitte lucem tuam et veritatem tuam,* et diversis modis multisque signis opera praesentiae suae Deitas

---

14. 요한 14,9.
15. 아리우스 이단자를 지칭한다. 본문에는 아리우스 개인을 지칭하는 단수로 되어 있는데, 한국말의 표현 문제 때문에 복수로 번역하였다.
16. 이사 9,2; 마태 4,16.
17. 시편 42,3.

자께서 "나를 보는 사람은 내 아버지를 본 것이다"[14]라고 말씀하셨습니다. 오, 이단자들이여,[15] 여러분의 불경스런 주장이 여러분을 눈멀게 하였으니, 성자의 엄위를 보지 못하는 여러분은 성부의 영광도 보지 못하게 되었습니다. 전에 계시지 않던 성자께서 후에 태어나셨다고 한다면 여러분은 그분을 시간에 속한 분으로 주장하는 것이 되며 또 성자를 시간에 속한 분으로 주장할 때 성부를 변하실 수 있는 분으로 믿는 셈이 됩니다.

변할 수 있는 존재는 감소될 뿐만 아니라 또한 증가되는 존재입니다. 따라서 탄생에 대한 여러분의 주장대로 만일 성부께서 전에 계시지 않던 성자를 낳으셨기 때문에 성부와 성자가 동등하지 않다고 한다면, 낳으신 분의 본성 역시 불완전할 것입니다. 왜냐하면 성부는 성자를 낳음으로 인해 전에 갖고 있지 않던 것을 갖게 되었겠기 때문입니다. 그러나 참된 신성 안에는 시간적인 어떠한 요소도 인정하지 않는 가톨릭 신앙은 여러분의 이러한 모독적이고 사악한 주장을 배척하고 단죄하였고, 그 대신 성부와 성자의 동일한 영원성을 고백합니다. 빛에서 나온 광채가 빛보다 후에 있는 것이 아닙니다. 마찬가지로 참 빛 역시 자기의 광채를 갖고 있지 않은 때가 없으니 본질적으로 항상 존재하는 빛은 항상 광채를 발하고 있기 때문입니다. 이 광채가 나타나신 것을 파견이라고 하는데, 그리스도께서 이 파견을 통해 이 세상에 나타나셨습니다. 그분은 자신의 보이지 않는 엄위로 만물을 항상 가득 채우는 분이시지만, 당신을 모르고 있는 사람들에게 전혀 예상하지 못한 가장 심오한 방법으로 몰래 오셔서 무지의 어둠을 없애 주셨습니다. 이는 "암흑과 죽음의 그늘에 앉아 있는 사람들에게 빛이 솟아나왔다"[16]는 성서 말씀대로입니다.

4. 물론 이전의 세대에도 성조들과 예언자들을 비추기 위해 진리의 빛이 보내어졌습니다. 사실 다윗은 "당신 빛과 당신 진리를 보내 주소서"[17]라고 기도하였습니다. 그리고 성자의 신성은 여러 가지 모양과 수

Filii declararit, omnes tamen illae significationes cunctaque miracula, testimonia fuerunt istius missionis de qua Apostolus dicit: *Cum ergo venit plenitudo temporis, misit Deus Filium suum, factum ex muliere, factum sub lege.* Quid vero hoc est, nisi Verbum carnem fieri, Conditorem mundi per uterum virginis nasci, Dominum maiestatis humanis se coaptare primordiis, et licet conceptui spiritali nulla sint terreni seminis mixta contagia, ad suscipiendam tamen verae carnis substantiam, solam sumere de matre naturam?

Hac missione, qua Deus unitus est homini, Filius inpar est Patri, non in eo quod est ex Patre, sed in eo quod est factus ex homine. Aequalitatem enim quam inviolabilem habet Deitas, non corrupit humanitas, et Creatoris ad creaturam descensio, credentium est ad aeterna subvectio. *Nam quia,* sicut ait Apostolus, *in sapientia Dei non cognovit mundus per sapientiam Deum, placuit Deo per stultitiam praedicationis salvos facere credentes.* Mundo ergo, id est prudentibus mundi, sapientia sua caecitas facta est, nec potuerunt per illam cognoscere Deum, ad cuius notitiam non nisi in sapientia eius acceditur. Et ideo quia mundus de vanitate suorum dogmatum superbiebat, in eo constituit Dominus salvandorum fidem, quod et indignum videretur et stultum, ut deficientibus omnibus opinionum praesumptionibus, sola Dei gratia revelaret quod comprehendere humana intellegentia non valeret.

---

18. 갈라 4,4.
19. 1고린 1,21.

많은 표징을 통하여 활동하시는 자신의 현존을 밝혀 주셨습니다. 그러나 이 모든 표징과 모든 기적들은 그분의 파견을 위한 증거들이었습니다. 이 파견에 대해 사도께서는 "때가 찼을 때 하느님께서 당신의 아들을 보내시어 여자의 몸에서 나게 하시고 율법의 지배를 받게 하셨습니다"[18]라고 말씀하셨습니다. 이 말은 말씀이 사람이 되셨고 세상의 창조주께서 동정녀의 모태에서 나셨으며, 엄위의 주께서 태어날 모든 인간들에 맞추어 당신 자신을 낮추셨다는 말이 아니고 무엇이겠습니까? 그분께서 영적으로 잉태되실 때에 어떠한 지상적인 혈통의 영향도 거기에 개입할 수 없었으며, 단지 육신의 본질을 실제로 받기 위해 어머니로부터 인간의 본성을 취하신 것입니다.

하느님께서 인간과 결합되신 이 파견을 통해 성자는 성부와 동등하지 않는 분이 되셨는데, 이 말은 성자께서 성부로부터 나신 사실을 두고 하는 말이 아니라 인간으로부터 나신 사실을 두고 하는 말입니다. 그분의 인성은, 신성이 원래 지니고 있는 성부와의 불변의 동등성을 손상시키지 않았으며, 오히려 창조주께서 피조물에 내려오심으로 인해 신도들은 영원한 것을 향해 나아갈 수 있게 되었습니다. 사도께서 말씀하신 바와같이, "세상이 자기 지혜를 통해서는 하느님의 지혜 안에 계시는 하느님을 알 수 없기 때문에 하느님은 우리가 전하는 소위 어리석다는 복음을 통해 믿는 사람들을 구원하시기로 작정하셨습니다."[19] 세상, 다시 말해 세상의 지혜 있다는 사람들은 자신들의 지혜 때문에 몽매한 자들이 되었으며 자기들의 지혜로써는 하느님을 알 수 없었습니다. 왜냐하면 그분을 알기 위해서는 그분의 지혜가 아니고서는 안되기 때문입니다. 세상이 자신의 헛된 학설에 대해 자만하고 있었기 때문에, 주님은 세상이 부당하고 어리석은 것이라고 여기는 가르침을 가지고 구원받을 사람들을 위한 신앙을 세우셨습니다. 이렇게 하여 하느님은 불손한 모든 주장들을 분쇄하심으로써 인간의 지식으로는 깨달을 수 없는 것을 오직 하느님의 은총으로 밝혀 주셨습니다.

5. Agnoscat igitur catholica fides in humilitate Domini gloriam suam, et de salutis suae sacramentis gaudeat Ecclesia, quae corpus est Christi, quia nisi Verbum Dei caro fieret et habitaret in nobis, nisi in communionem creaturae Creator ipse descenderet, et vetustatem humanam ad novum principium sua nativitate revocaret, *regnaret mors ab Adam usque* in finem, et super omnes homines condemnatio insolubilis permaneret, cum de sola conditione nascendi, una cunctis esset causa pereundi. Solus itaque inter filios hominum Dominus Iesus innocens natus, quia solus sine carnalis concupiscentiae pollutione conceptus, factus est homo nostri generis, ut nos divinae naturae possimus esse consortes. Originem quam sumpsit in utero Virginis, posuit in fonte baptismatis, dedit aquae quod dedit matri: *virtus* enim *Altissimi* et *obumbratio* Spiritus sancti, quae fecit ut Maria pareret Salvatorem, eadem facit ut regeneret unda credentem. Quid autem sanandis aegris, inluminandis caecis, vivificandis mortuis aptius fuit, quam ut superbiae vulnera humilitatis remediis curarentur? Adam praecepta Dei neglegens, peccati induxit *dominationem,* Iesus *factus sub lege,* reddidit iustitiae libertatem. Ille diabolo obtemperans usque ad praevaricationem, meruit ut *in ipso omnes morerentur,* hic Patri *oboediens usque ad crucem,* fecit ut *in ipso omnes vivificarentur.* Ille cupidus honoris angelici,

---

20. 로마 5,14 참조.
21. 여기서 레오 대종은 인간의 출생으로 인해 전수되는 원죄의 실제를 암시한다.
22. 1베드 1,4 참조.
23. 루가 1,35 참조.
24. 갈라 4,4 참조.
25. 1고린 15,22 참조.
26. 필립 2,8 참조.

육화의 구원적 결과

5. 그러므로 가톨릭 신앙은 주님의 낮추심 안에 자기의 영광이 있음을 인식하며, 그리스도의 몸인 교회는 자기에게 구원을 가져다 준 이 신비들에 대해 기뻐합니다. 만일 하느님의 말씀이 사람이 되시지 않았고 우리 사이에 거처하시지 않았다면, 또 만일 창조주께서 친히 피조물과 친교를 나누시기 위해 내려오지 않았고 자신의 탄생을 통해 옛 인간을 새로운 생명에로 다시 불러 주시지 않았더라면, 죽음은 아담으로부터 세상 끝날 때까지 계속 지배하였을 것이고,[20] 모든 사람 위에 내려진 유죄 판결이 풀리지 않은 채 그대로 남아 있었을 것입니다. 왜냐하면 출생 그 자체가 모든 이에게 멸망의 이유가 되기 때문입니다.[21] 그래서 주 예수께서는 인간의 아들들 사이에 무죄한 분으로 태어나셨으니, 그분 홀로 육적인 정욕의 개입 없이 잉태되셨기 때문입니다. 그분은 우리가 하느님의 본성에 동참할 수 있도록[22] 하기 위해 우리와 같은 인간이 되셨습니다. 그분은 동정녀의 모태에서 취하셨던 생명의 원천을 성세의 샘에도 두셨습니다. 그리고 어머니에게 주셨던 것을 그 물에도 주신 것입니다. 지극히 높으신 분의 능력과 성령의 감싸 주심이 마리아로 하여금 구세주를 낳게 하셨던 것처럼[23] 세례의 물로 하여금 신도들을 다시 태어나게 합니다. 병든 이를 낫게 하고 소경들에게 빛을 주며 죽은 이들을 살리기 위해서는 교만으로 입은 상처들을 겸손의 약으로 치료하는 것보다 더 적절한 방법이 어디 있겠습니까? 아담이 하느님의 계명을 범하였기 때문에 죄의 지배를 받게 되었지만, 예수께서는 율법의 지배를 받으심으로써[24] 의화의 자유를 되찾아 주셨습니다. 반역죄를 저지르기까지 악마에게 복종한 전자는 자기 자신으로 말미암아 모든 이의 죽음을 초래하였지만[25] 십자가에 죽기까지 성부께 순종하신 후자는[26] 그분 자신으로 말미암아 모든 이의 생명을 가져왔습니다.[27] 천사의

---

27. 1고린 15,22 참조.

naturae suae perdidit dignitatem, hic infirmitatis nostrae suscipiens conditionem, propter quos ad inferna descendit, eosdem in caelestibus conlocavit. Postremo illi per elationem lapso dictum est: *Terra es, et in terram ibis,* huic per subiectionem exaltato dictum est: *Sede a dextris meis, donec ponam inimicos tuos scabellum pedum tuorum.*

6. Haec Domini nostri opera, dilectissimi, non solum sacramento nobis utilia sunt, sed etiam imitationis exemplo, si in disciplinam ipsa remedia transferantur, quodque inpensum est mysteriis, prosit et moribus, ut meminerimus nobis in humilitate et mansuetudine Redemptoris nostri esse vivendum, quoniam, sicut ait Apostolus, *si conpatimur, et conregnabimus.* Frustra autem appellamur christiani, si imitatores non sumus Christi, qui ideo viam esse se dixit, ut conversatio magistri sit forma discipulis, et illam humilitatem eligeret servus, quam sectatus est Dominus, qui vivit et regnat in saecula saeculorum. Amen.

---

28. 여기서 말하는 "지옥"(inferna)은 우리말 사도 신경에 번역되어 있는 "고성소"를 뜻한다. 주께서 죽으신 후 구약의 의인들을 구원하시기 위해 "고성소"에 내려가셨다는 것이다.
29. 창세 3,19.
30. 시편 109,1.
31. 레오 대종은 예수의 생애의 모든 행위들 안에서 성사(sacramentum)와 모범 (exemplum)을 보고 있다. 모든 덕의 완전한 모델이 되기 때문에 우리의 모범이 된다는 것은 명백하다. 또한 그 행위들이 은총을 생성시키는 표지라는 점에서 "성사"가 된다. 따라서 예수의 행위를 이렇게 구도화시킬 수 있다: 표지로 사용되는 외적 행동이 있고, 그 행동을 행하는 인성이 있고, 인간을 구원하기를

영예를 탐냈던 전자는 자기 본성의 품위마저 상실했지만, 우리 인간의 비천한 본성을 취하신 후자는 지옥[28]에 내려가시어 그곳에 있는 사람들을 천상에로 올려 주셨습니다. 끝으로, 교만 때문에 추락한 전자에게는 "너는 흙이니 흙으로 돌아갈 것이다"[29]라는 판결이 내려졌지만, 순종을 통해 높임을 받은 후자에게는 "네 원수들을 네 발판에 굴복시키기까지 내 오른편에 앉아 있으라"[30]는 말씀이 내려졌습니다.

성사이며 모범인 육화

6. 친애하는 형제 여러분, 우리 주님의 이 성업들은 성사로서뿐 아니라 본받아야 할 모범으로서 우리에게 유익한 것들입니다.[31] 우리는 이 치유의 약들을 생활 규범에 적용하고, 성사를 통하여 받은 것들이 우리의 품행을 개선하도록 해야 합니다. 우리는 구세주의 겸손과 양순함에 따라 살아야 한다는 것을 명심합시다. 사도께서 말씀하신 바와같이 "우리가 그분과 함께 고난을 받았으니 그분과 함께 다스리게 될 것이기 때문입니다".[32] 만일 우리가 그리스도를 본받는 자들이[33] 되지 못한다면 그리스도 신자의 이름을 갖고 있는 것도 헛된 일입니다. 스승의 삶이 제자들에게 모범이 된다는 의미에서 그분은 자신을 길이라고[34] 말씀하셨습니다. 그러므로 종은 주인이 걸어가신 겸손의 길을 택해야 합니다. 주님은 세세에 영원히 살아 계시며 다스리십니다. 아멘.

원하는 신성이 있다. 그분의 신성은 은총을 생성해 내는 주된 원인이며, 신성과 결합된 그분의 인성은 그 은총을 만들어 내는 데 도구가 되며 그리고 표지화된 그분의 행위를 통해서 은총이 사람들 안에 전달되는 것이다. 예를 들면, 예수께서 진흙을 이겨 태생 소경의 눈에 발라 주었을 때 그분의 인성을 통해 신성에서부터 나온 치유의 능력이 이 행위를 통해 그 소경에게 전달되어 치유의 은총을 입게 되는 것이다. 이러한 구도는 예수님의 모든 행위들에 적용되며, 교회의 전례와 성사들 안에서도 이와 마찬가지로 성화의 은총이 이루어지는 것이다.

32. 로마 8,17.
33. 1고린 11,1 참조.
34. 요한 14,6 참조.

XXVI
ITEM ALIUS DE NATALE DOMINI
(450)

1. Omnibus quidem diebus, dilectissimi, atque temporibus, animis fidelium divina meditantium, Domini et Salvatoris nostri ex matre virgine ortus occurrit, et mens ad confessionem sui auctoris erecta, sive in gemitu supplicationis, sive in exultatione laudis, sive in sacrificii oblatione versetur, nihil crebrius nihilque fidentius spiritali attingit intuitu, quam quod Deus Dei Filius genitus de Patre coaeterno, idem etiam partu est natus humano. Sed hanc adorandam in caelo et in terra nativitatem, nullus nobis dies magis quam hodiernus insinuat, et nova etiam in elementis luce radiante, totam sensibus nostris mirabilis sacramenti ingerit claritatem. Non solum enim in memoriam, sed in conspectum quodammodo redit angeli Gabrihelis cum Maria stupente conloquium, conceptio de Spiritu sancto tam mire promissa quam credita, auctor mundi editus utero virginali, et qui omnes naturas condidit, eius factus est filius quam creavit.

Hodie Verbum Dei apparuit carne vestitum, et quod numquam fuit humanis oculis visibile, coepit etiam manibus esse tractabile. Hodie genitum in nostrae carnis animaeque substantia Salvatorem angelicis vocibus didicere pastores, et apud dominicorum praesules gregum hodie evangelizandi

---

1. 이 대목을 두 가지로 이해할 수 있다. 첫째, 성탄 전례가 밤중에 시작되어 긴 기도가 있은 다음 이 강론을 할 때쯤 동이 트는 것을 보고 레오 대종이 즉흥적으로 한 표현일 수 있다. 둘째, 강론 22,6에서 언급되어 있듯이 성탄은 이교의 새로운 태양의 축제일, 즉 동지가 지나고 어둠을 몰아내는 "새로운 빛"의 축제일과 같은 날로 정해져 있다는 데서 이 표현을 썼을 가능성도 있다.

강론 제26편

제6 성탄 강론
(450년)

그리스도 탄생에 대한 기억

1. 친애하는 형제 여러분, 하느님의 구원 사업을 묵상하는 신도들이라면 동정녀이신 어머니로부터 태어나신 우리 주 구세주의 탄생이 매일, 매순간 마음에 떠오를 것입니다. 우리의 영혼은, 눈물을 흘리며 바치는 청원기도에서나 기쁨중에 바치는 찬미의 기도에서나 희생의 봉헌에서나 항상 우리의 창조주께 영광을 드리는 데 집중되어 있습니다. 그렇지만 영원하신 성부로부터 나신 하느님의 아들이시며 동시에 하느님이신 바로 그분께서 인간의 출생을 통해서 태어나신 사실보다 아무것도 더 자주 그리고 더 확실하게 우리의 영적 묵상의 대상이 되지는 못할 것입니다. 그런데 하늘과 땅에 있는 모두가 이 탄생을 흠숭하기 위해서 오늘보다 더 적절한 날은 없습니다. 새로운 빛이 온 누리를 두루 비추는 이때,[1] 그분은 이 놀라운 신비의 광채를 우리의 마음속에 온통 비추어 주십니다. 기억을 돌이켜 그때의 장면들, 즉 천사 가브리엘이 당황해하는 마리아와 나눈 대화, 성령에 의해 잉태하게 되리라는 놀라운 약속에 대한 마리아의 믿음 그리고 세상의 창조주께서 동정녀의 몸에서 태어나심 등의 장면을 눈에 떠올려 봅시다. 만물을 창조하신 분께서 당신이 창조하신 분의 아들이 되신 것입니다.

오늘 하느님의 말씀께서 육신을 입으시고 나타나셨으며, 전에는 인간의 눈에 보이지 않던 분이 손으로 만져볼 수 있는 분[2]이 되기 시작했습니다. 오늘 목자들은 천사들의 말을 통해 구세주께서 우리 인간 본성의 영혼과 육신을 입고 태어나셨음을 알게 되었습니다. 오늘 주님의 양떼

---

2. 1요한 1,1 참조.

forma praecondita est, ut nos quoque cum caelestis militiae dicamus exercitu: *Gloria in excelsis Deo, et in terra pax hominibus bonae voluntatis.*

2. Quamvis ergo illa infantia quam Filii Dei non est dedignata maiestas, in virum perfectum aetatis adiectione provecta sit, et consummato passionis ac resurrectionis triumpho, omnes susceptae pro nobis humilitatis transierint actiones, renovat tamen nobis hodierna festivitas nati Iesu ex Maria virgine sacra primordia, et dum Salvatoris nostri adoramus ortum, invenimur nos nostrum celebrare principium. Generatio enim Christi origo est populi christiani, et natalis capitis natalis est corporis. Habeant licet singuli quique vocatorum ordinem suum et omnes Ecclesiae filii temporum successione distincti, universa tamen summa fidelium fonte orta baptismatis, sicut cum Christo in passione crucifixi, in resurrectione suscitati, in ascensione ad Patris dexteram conlocati, ita cum ipso sumus in hac nativitate congeniti. Quidquid enim hominum in quacumque mundi parte credentium regeneratur in Christo, interciso originalis tramite vetustatis, transit in novum hominem renascendo, nec iam in propagine habetur carnalis patris, sed in germine Salvatoris, qui ideo filius hominis est factus, ut nos filii Dei esse possimus. Nisi enim ille ad nos hac humilitate descenderet, nemo ad illum ullis suis meritis perveniret.

Nihil hic vocatorum cordibus caliginis inferat terrena

---

3. 루가 2,14.
4. 레오 대종의 이러한 사고는 그리스도와 우리와의 사이에 내재하는 연대(連帶)에 대한 교리를 잘 반영해 준다. 이 연대는 우리 인성과 결합하신 그리스도의 신비체, 즉 그리스도는 머리이고 우리는 그 지체라는 신비체 신학에 기초를 두고 있다. 그리스도의 몸에 결합된 우리 인간이 그분과 윤리적·신비적 일치를 이룰 때, 우리 육체와 함께 전인(全人)적으로 구원을 받게 되리라는 것이다. 로마 6,3-4; 1고린 6,15; 12,12 참조.
5. 골로 3,10 참조.

를 치는 목자들에게 복음 전파의 모범이 전해졌으니, 우리도 천상 군대의 무리와 함께 "하늘 높은 곳에는 하느님께 영광, 땅에서는 마음이 착한 이들에게 평화"³라고 노래합시다.

그리스도의 탄생과 교회의 탄생

2. 엄위하신 하느님의 아들께서 유년기를 마다하지 않으시어 완전한 성년(成年)이 되기까지 세월의 흐름에 따라 성장하셨고 또 수난과 부활의 승리를 이룩하셨는데, 우리를 위해 감내하신 이 모든 낮추심의 행위들은 이미 지나간 과거의 일들입니다. 그렇지만 오늘의 축일은 동정녀 마리아에게서 태어나신 예수님의 거룩한 탄생을 우리에게 새롭게 해줍니다. 우리는 우리 구세주의 탄생을 흠숭하면서 아울러 우리 생명의 기원도 경축하게 됩니다. 그리스도의 탄생은 그리스도교 백성의 시작이며, 머리의 탄생은 그 몸의 탄생이기 때문입니다. 불림을 받은 사람들은 각기 자기 처지를 지니고 있으며 시대의 흐름에 따라 교회의 모든 자녀들이 서로 구별되어 있습니다. 그러나 세례의 샘에서 태어난 우리 모든 신자들은, 이 탄생 안에서 우리도 그리스도와 함께 태어난 것처럼 그분의 수난 안에서 우리도 그분과 함께 십자가에 못박혔으며 그분의 부활 안에서 우리도 함께 부활했으며 그분의 승천 안에서 우리도 그분과 함께 성부 오른편에 자리잡게 된 것입니다.⁴ 세상 어느 곳에 있든지 그리스도 안에 새로 태어난 신도들은 누구나 다 이 탄생 안에서 새로운 인간으로 바뀌어졌으며,⁵ 옛 기원의 유대가 그에게 끊겨진 것입니다. 우리는 더 이상 육적인 아버지의 후예에 속하지 않고, 우리를 하느님의 자녀가 될 수 있게 하기 위해 친히 사람의 아들이 되신 구세주의 가문에 속하게 된 것입니다. 만일 그분이 자신을 낮추시어 우리에게 내려오시지 않으셨더라면 아무도 자기 공로로 그분께 올라갈 수 없었을 것입니다.

세상의 지혜가 불림을 받은 사람들의 마음을 결코 현혹시킬 수 없으

sapientia, nec se contra altitudinem gratiae Dei, mox in ima rediturus, terrenarum cogitationum pulvis adtollat. Impletum est in fine saeculorum quod erat ante tempora aeterna dispositum, et sub praesentia rerum signis cessantibus figurarum, lex et prophetia veritas facta est, ut Abraham fieret *omnium gentium pater* et *in semine eius* daretur mundo promissa *benedictio,* nec hi tantum essent Israhel quos sanguis et caro genuisset, sed in possessionem haereditatis fidei filiis praeparatae, universitas adoptionis intraret. Non obstrepant ineptarum calumniae quaestionum, nec effectus divini operis ratiocinatio humana discutiat. Nos *cum Abraham credimus Deo, nec haesitamus diffidentia, sed plenissime scimus quoniam quod promisit Deus, potens est et facere.*

3. Nascente igitur, dilectissimi, non de carnis semine sed de Spiritu sancto Salvatore, quem primae transgressionis condemnatio non teneret, unde ipsa conlati muneris magnitudo dignam a nobis exigit suo splendore reverentiam. Ideo enim, sicut beatus Apostolus docet, *non spiritum mundi huius accepimus, sed spiritum qui ex Deo est, ut sciamus quae a Deo donata sunt nobis,* qui non aliter pie colitur, nisi id ei quod ipse tribuit offeratur. Quid autem in thesauro dominicae largitatis ad honorem praesentis festi tam congruum possumus invenire quam pacem, quae in nativitate Domini prima est angelico praedicata concentu? Ipsa enim est quae parit filios Dei, nutrix dilectionis et genetrix unitatis, requies beatorum et aeternitatis habitaculum, cuius hoc opus proprium et speciale beneficium est, ut iungat Deo quos secernit e mundo. Unde

---

6. 창세 22,18 참조.
7. 로마 4,20-21 참조.
8. 1고린 2,12.
9. 루가 2,14 참조.

며, 먼지에서 나와 곧 흙으로 되돌아가게 될 인간의 세속적인 생각들이 하느님의 은총의 숭고함을 거슬러 대적할 수 없습니다. 모든 세대에 앞서 영원으로부터 계획되었던 일이 이 마지막 시대에 와서 성취되었습니다. 표지와 예표들이 끝나고 율법과 예언이 참으로 실현되었습니다. 아브라함은 모든 민족의 아버지가 되었으며, 약속된 축복이 그의 후손 안에서 세상에 실현된 것입니다.[6] 그래서 피와 살로 태어난 이스라엘 백성뿐만 아니라 신앙의 자식으로 양자가 된 모든 사람들은 그들을 위해 마련된 유산을 차지하게 되었습니다. 어리석은 논쟁과 하느님을 모독하는 말에 귀기울이지 말고, 인간적인 논리로 하느님의 구원 사업의 결과를 논하지 마십시오. 의심으로 주저하지 말고 아브라함처럼 믿으며, 하느님께서는 약속하신 것을 능히 이루어 주신다는 확신을 갖도록 합시다.[7]

하느님의 아들들의 평화

3. 친애하는 형제 여러분, 구세주께서는 육적인 씨를 받아 난 것이 아니라 성령으로부터 태어나셨으며, 원죄로 인한 유죄 판결이 그분에게 적용되지 않았습니다. 우리는 받은 그 크나큰 선물에 상응한 합당한 공경을 그분께 드려야 합니다. 복되신 사도께서 가르쳐 주시듯이 "우리가 받은 성령은 세상이 준 것이 아니라 하느님께서 주신 것입니다. 그래서 우리는 하느님께서 우리에게 주시는 선물을 깨달아 알게 되었습니다."[8] 그분께서 주시는 선물을 받은 사람이 아니면 경건한 예배를 드릴 수 없습니다. 주께서 베풀어 주시는 보화들 중에서 천사들의 합창대가 주님의 탄일에 처음으로 선포한 평화[9]보다 오늘 축일의 고귀함을 나타내는 데 더 적절한 것이 어디 있겠습니까? 평화는 하느님의 자녀들을 낳으며, 사랑을 키워 주며 일치의 어머니가 되고, 축복받은 사람들의 안식처이며 영원한 보금자리인 것입니다. 사람들을 세속으로부터 갈라 놓아 하느님과 일치시키는 것이 평화의 본연의 활동이며 특별한 은혜입

Apostolus ad hoc bonum nos incitans dicit: *Iustificati igitur ex fide, pacem habeamus ad Deum.* Cuius sententiae brevitate omnium fere mandatorum continetur effectus, quia ubi fuerit veritas pacis, nihil ibi potest deesse virtutis.

Quid est autem, dilectissimi, pacem habere ad Deum, nisi velle quod iubet et nolle quod prohibet? Si enim humanae amicitiae pares animos et similes expetunt voluntates, nec umquam diversitas morum ad firmam potest pervenire concordiam, quomodo divinae particeps erit pacis, cui ea placent quae Deo displicent, et his appetit delectari quibus illum novit offendi? Non est iste animus filiorum Dei, nec talem sapientiam recipit adoptiva nobilitas. *Genus electum et regium,* regenerationis suae respondeat dignitati, diligat quod diligit Pater, et in nullo a suo auctore dissentiat, ne iterum dicat Dominus: *Filios genui et exaltavi, ipsi autem me spreverunt. Agnovit bos possessorem suum et asinus presepe domini sui, Israhel vero me non cognovit et populus meus me non intellexit.*

4. Magnum est, dilectissimi, huius muneris sacramentum, et omnia dona excedit hoc donum, ut Deus hominem vocet filium, et homo Deum nominet patrem. Per has enim appellationes sentitur et discitur quis ad tantam altitudinem ascendat affectus. Nam si in progenie carnali et stirpe terrena claris

---

10. 로마 5,1.
11. 1베드 2,9 참조.
12. 이사 1,2-3.

니다. 사도께서 이 선(善)을 우리에게 권유하시면서, "그러므로 우리는 믿음으로 말미암아 의화되었으므로 하느님과의 평화를 누리게 되었습니다"[10]라고 말씀하십니다. 이 짤막한 말씀 안에 거의 모든 계명의 결과가 내포되어 있습니다. 왜냐하면 진정한 평화가 있는 곳에는 어떠한 덕도 결여되어 있지 않기 때문입니다.

친애하는 형제 여러분, 하느님이 명하시는 것을 원하며 그분이 금하시는 것을 원하지 않는 길말고 어떻게 하느님과 평화를 누릴 수 있겠습니까? 만일 사람들 사이의 우정에서도 서로 같은 마음과 비슷한 원의가 있어야 하지 상반된 생활 태도로는 굳은 화합을 이룰 수 없다면, 하물며 하느님께서 싫어하시는 것을 좋아하고 그분의 마음을 상해 드릴 줄 알면서도 그런 짓을 즐겨 원하는 사람이 어떻게 하느님과 평화를 나눌 수 있겠습니까? 이런 것은 하느님의 자녀들이 지녀야 할 마음씨가 아니며, 하느님의 양자로 고귀하게 된 사람들은 그따위 지혜를 용납해서는 안됩니다. 선택된 백성, 왕다운 백성[11]은 자기 신분의 품위에 상응한 생활을 해야 합니다. 우리는 아버지께서 사랑하는 것을 사랑하며, 어떠한 점에 있어서도 우리의 창조주에 반대되는 짓을 해서는 안됩니다. 주께서 우리에게 재차 이렇게 말씀하지 않으시도록 합시다: "내가 자식이라 기르고 키웠더니 도리어 나를 경멸하는구나. 소도 제 임자를 알고 나귀도 주인이 만들어 준 구유를 아는데 이스라엘은 나를 몰라보고 내 백성은 나를 알아보지 못하는구나."[12]

하느님을 본받음

4. 친애하는 형제 여러분, 이 은총의 신비는 위대합니다. 하느님께서 인간을 당신 자녀로 불러 주시고 인간이 하느님을 아버지라고 부를 수 있게 하는 이 선물이야말로 다른 모든 선물을 능가합니다. 이 명칭을 통해서 우리는 그처럼 고귀한 품위에 다다를 수 있기 위해서 어떠한 사랑이 있어야 하는지를 깨닫고 배우게 됩니다. 육적인 혈통에서나 세

parentibus genitos vitia malae conversationis obscurant, et ipso maiorum suorum lumine soboles indigna confunditur, in quem exitum venient qui propter amorem mundi a generatione Christi non metuunt abdicari? Si autem ad humanam pertinet laudem ut patrum decus in prole resplendeat, quanto magis gloriosum est ex Deo natos in auctoris sui imaginem refulgere, et illum in se qui eos generavit ostendere, dicente Domino: *Sic luceat lumen vestrum coram hominibus, ut videntes opera vestra bona magnificent Patrem vestrum qui in caelis est.*

Scimus quidem quod, sicut Iohannes apostolus dicit, *totus mundus in maligno est positus,* et insidiante diabolo atque angelis eius, hoc innumeris temptationibus laboratur, ut hominem ad superna nitentem, aut adversa terreant, aut secunda corrumpant, sed *maior est qui in nobis est quam qui* adversum nos est, et *pacem cum Deo habentibus* ac semper Patri toto corde dicentibus: Fiat voluntas tua, nulla praevalere certamina, nulli possunt nocere conflictus. Accusantes enim nosmetipsos confessionibus nostris, et consensum animi carnis concupiscentiis denegantes, inimicitias quidem adversum nos eius qui peccati auctor est, commovemus, sed inexpugnabilem cum Deo pacem gratiae ipsius serviendo firmamus, ut Regi nostro non solum oboedientia subiciamur, sed etiam iudicio copulemur. Quoniam si in eadem sententia sumus, si quod vult volumus, et quod improbat improbamus, ipse iam pro nobis

---

13. 마태 5,16.
14. 1요한 5,19.
15. 1요한 4,4 참조.
16. 마태 6,10.
17. 로마 5,1 참조.

속의 가문에서도 아무리 훌륭한 부모에게서 난 자식이라 하더라도 고약한 생활 습성을 갖고 있으면 타락하기 마련이고, 부당한 자식은 자기 조상의 바로 그 훌륭함 때문에 더 큰 망신을 당합니다. 그렇다면 세속에 대한 사랑 때문에 그리스도의 가문에서부터 단절되는 것조차 두려워하지 않는 자들은 어떤 종말을 맞이하겠습니까? 선조의 명예가 자손 안에서도 새로이 빛나는 것이 인간 사회의 찬사에 속하는 일이라면, 하물며 하느님에게서 난 사람들이 창조주의 모상 안에서 빛나는 것이 얼마나 더 영광스러운 일이며, 자기들을 낳아 주신 분의 모습을 자신들을 통해 보여 준다면 얼마나 더 영광스러운 일이겠습니까? 이에 대해 주께서는, "너희의 빛을 사람들 앞에 비추어 그들이 너희의 착한 행실을 보고 하늘에 계신 너의 아버지를 찬양하게 하여라"[13]고 말씀하셨습니다.

또 요한 사도께서 말씀하신 바대로 우리는 "온 세상이 악마의 지배에 놓여 있음"[14]을 알고 있습니다. 유혹하는 악마와 그 부하들은 천상을 갈망하는 인간을 때로는 역경으로 위협하고 때로는 순경으로 타락시키면서 수많은 유혹을 일삼고 있습니다. 그러나 우리 안에 계시는 분은 우리의 적대자보다 더 위대하십니다.[15] 아버지께 마음을 다하여 "당신의 뜻이 이루어지소서"[16]라고 항상 말하는 사람은 하느님과 함께 평화를 누리는 사람이며,[17] 어떠한 싸움도 이길 수 있고 어떠한 싸움에서도 해를 입지 않을 것입니다. 우리가 스스로 고백하여 우리 자신을 고발하고 육체의 정욕에 마음으로 동조하기를 거부한다면, 우리에게 대항하고 있는 죄의 창시자의 적의에 맞서게 될 것입니다. 이때 우리는 하느님의 은총에 복종함으로써 그분과의 평화를 깨어질 수 없을 정도로 공고히 하도록 합시다. 그래서 우리의 왕께 순종할 뿐 아니라 판단에 있어서도 그분과 하나가 되도록 합시다. 만일 우리가 그분과 같은 생각을 하고 그분이 원하는 것을 우리도 원하고 그분이 단죄하는 것을 우리도 단죄한다면, 그분께서 몸소 우리를 위해 모든 싸움에서 대신 싸워 주실 것입니다. 우리에게 좋은 원의를 주신 그분께서 그것을 실천할 수 있는

omnia bella conficiet, ipse qui dedit velle, donabit et posse, ut simus cooperatores operum eius, et propheticum illud cum fidei exultatione dicamus: *Dominus inluminatio mea et salus mea. Quem timebo? Dominus defensor vitae meae. A quo trepidabo?*

5. Qui ergo *non ex sanguinibus, neque ex voluntate carnis, sed ex Deo nati sunt,* offerant Patri pacificorum concordiam filiorum, et in *primogenitum* novae *creaturae,* qui venit *non suam sed mittentis facere voluntatem,* universa adoptionis membra concurrant, quoniam gratia Patris non discordes neque dissimiles, sed unum sentientes unumque amantes adoptavit haeredes. Ad unam reformatos imaginem oportet animum habere conformem. Natalis Domini natalis est pacis, sicut enim ait Apostolus: *Ipse est pax nostra, qui fecit utraque unum,* quoniam sive Iudaeus, sive gentilis, *per ipsum habemus accessum in uno Spiritu ad Patrem,* qui ante passionis diem voluntaria dispositione praelectum, discipulos suos praecipue doctrina informavit ut diceret: *Pacem meam do vobis, pacem meam relinquo vobis.* Et ne sub nomine generali pacis suae qualitas lateret, adiecit: *Non quemadmodum mundus dat ego do vobis.* Habet, inquit, mundus amicitias suas, et multos facit perverso amore concordes. Sunt etiam in vitiis pares animi, et

---

18. 시편 26,1.
19. 요한 1,13.
20. 요한 6,38 참조.
21. 로마 8,29 참조. "맏아들"(primogenitum): 성자는 성부의 아들이며, 구원받은 우리는 하느님의 아들이라는 점에서 성자는 맏아들이고 우리는 그 동생이라는 것이다. 따라서 동생인 우리는 맏형이신 그리스도를 본받아야 하는 것이다.
22. 에페 2,14.
23. 에페 2,18.
24. 요한 14,27a.

능력도 주실 것이며, 이로써 우리로 하여금 그분 사업의 협조자가 되게 하십니다. 이제 우리는 신앙의 기쁨을 갖고 예언자의 말씀을 같이 외쳐 봅시다: "주께서 나의 빛 내 구원이시거늘 내 누구를 두려워하랴? 주께서 내 생명의 보호자이시거늘 내 누구를 무서워하랴?"[18]

그리스도의 탄일은 평화의 탄일

5. 그러므로 "혈육으로나 육정으로가 아니라 하느님에게서 난"[19] 사람들은 평화를 사랑하는 자녀로서 서로의 일치를 아버지께 예물로 바칩니다. 그리고 하느님의 자녀가 된 모든 사람들은 자기 뜻을 행하러 온 것이 아니라 보내신 분의 뜻을 실천하러[20] 오신 새로운 창조의 맏아들[21]을 본받습니다. 은총의 아버지는 불목하는 자들과 서로 닮지 않은 자들을 상속자로 택하시는 것이 아니라 생각과 사랑에 있어 일치를 이루는 사람들을 상속자로 택하시기 때문입니다. 하나의 같은 모범에 따라 변화되어야 할 사람들은 이와같은 마음씨를 가질 필요가 있습니다. 주님의 탄일은 평화의 탄일입니다. 이에 대해 사도께서 말씀하시기를 "두 민족을 하나로 만드신 그분은 우리의 평화이십니다".[22] 왜냐하면 유다인이나 이방인이나 우리 모두는 "그분으로 말미암아 같은 성령을 받아 아버지께로 가까이 나아가기"[23] 때문입니다. 그분은 당신 뜻에 따라 미리 정하신 수난 전날에 당신 제자들에게 "나는 너희에게 평화를 준다. 내 평화를 너희에게 남겨 주는 것이다"[24]라고 말씀하시면서 이 가르침을 각별히 주셨습니다. 당신 평화의 특성이 이 통상적인 낱말 아래 가려지지 않게 하기 위해서 그분은 "내가 주는 평화는 세상이 주는 평화와 다르다"[25]라고 덧붙여 말씀하셨습니다. 그분이 말씀하시려 하신 것은, 세상도 서로 우애를 나누고, 많은 사람들이 때로는 악을 위한 사랑으로 서로 일치를 이룰 수 있다는 것입니다. 악습에도 마음의 일치를

---

25. 요한 14,27b.

similitudo desideriorum aequalitatem gignit affectuum. Ac si quidam forsitan repperiantur quibus prava et inhonesta non placent, quique inlicitas consensiones a foedere suae caritatis excludant, tamen etiam tales, si vel Iudaei sint vel haeretici vel pagani, non de amicitia Dei, sed de pace sunt mundi.

Pax autem spiritalium et catholicorum, a supernis veniens et ad superna perducens, cum amatoribus mundi nulla nos vult communione misceri, sed omnibus obstaculis resistere, et ad vera gaudia a perniciosis delectationibus evolare, dicente Domino: *Ubi fuerit thesaurus tuus, ibi erit et cor tuum,* hoc est, si deorsum sunt quae amas, ad ima descendes, si sursum sunt quae diligis, ad summa pervenies, quo nos unum volentes, unum sentientes, et in fide ac spe et caritate concordes, Spiritus pacis agat atque perducat, quoniam *quicumque Spiritu Dei aguntur, hi filii sunt Dei,* qui regnat cum Filio et cum Spiritu sancto in saecula saeculorum. Amen.

이룰 수 있으며, 비슷한 원의가 같은 애정을 낳기도 합니다. 혹시 사악한 것이나 부정한 것에 찬동하지 않는 사람들이 있다면 사랑으로 서로 뭉쳐 부당한 것을 배척할 것입니다. 그렇지만 그들이 유다인이거나 이단자이거나 외교인들이라면, 하느님과의 친교에 동참하는 것이 아니라 세상이 주는 평화에 참여하는 것입니다.

그러나 영적인 가치를 추구하는 가톨릭 신도들이 누리는 평화는 하늘에서부터 오며 하늘로 향합니다. 이 평화는 우리로 하여금 세속을 사랑하는 사람들과 어울려 사귀는 것을 허락하지 않고 오히려 모든 장애들을 거부하도록 하고, 유해한 쾌락들에서 벗어나 참된 기쁨을 향해 도약하도록 합니다. 이에 대해 주님은 "너희의 보화가 있는 곳에 너희의 마음도 있다"[26]고 말씀하셨습니다. 즉, 여러분이 사랑하는 것이 아래에 속한 것이라면 여러분은 심연으로 떨어질 것이고, 여러분이 좋아하는 것이 위에 속한 것이라면 제일 높은 정상에 오를 것입니다. 그곳에는 평화의 성령께서 역사하시고 인도하시므로 우리는 같은 것을 원하고 같은 것을 느끼며, 믿음과 소망과 사랑 안에서 서로 일치를 이룰 것입니다. 왜냐하면 "누구든지 하느님의 성령에 따라 사는 사람은 하느님의 자녀이기"[27] 때문입니다. 하느님은 성자와 성신과 함께 영원히 다스리십니다. 아멘.

---

26. 마태 6,21.
27. 로마 8,14.

XXVII
ITEM ALIUS DE NATALE DOMINI
(451)

1. Festivitatis hodiernae, dilectissimi, verus venerator est et pius cultor qui nec de incarnatione Domini aliquid falsum, nec de Deitate aliquid sentit indignum. Paris enim periculi malum est, si illi aut naturae nostrae veritas, aut paternae gloriae negatur aequalitas.

Cum ergo ad intellegendum sacramentum nativitatis Christi, qua de matre virgine est ortus, accedimus, abigatur procul terrenarum caligo rationum, et ab inluminatae fidei oculis mundanae sapientiae fumus abscedat, divina est enim auctoritas cui credimus, divina est doctrina quam sequimur. Quoniam sive legis testificationi, sive oraculis prophetarum, sive evangelicae tubae interiorem admoveamus auditum, verum est quod beatus Iohannes Spiritu sancto plenus intonuit: *In principio erat Verbum, et Verbum erat apud Deum, et Deus erat Verbum. Hoc erat in principio apud Deum. Omnia per ipsum facta sunt, et sine ipso factum est nihil.* Et similiter verum est quod idem praedicator adiecit: *Verbum caro factum est et habitavit in nobis, et vidimus gloriam eius, gloriam quasi Unigeniti a Patre.*

In utraque ergo natura idem est Dei Filius nostra suscipiens et propria non amittens, in homine hominem renovans, in se

---

1. 요한 1,1-3.
2. 요한 1,14.

강론 제27편
제7 성탄 강론
(451년)

그리스도 안에 두 개의 본성

1. 친애하는 형제 여러분, 주님의 육화에 대해 어떠한 그릇된 생각을 품지 않고 그분의 신성에 대해 어떠한 부당한 것도 믿지 않는 사람은 오늘의 축일을 올바로 경축하고 경건하게 참여하는 사람입니다. 그러나 만일 그분에게 인간 본성의 실재를 부인하거나 성부와 같은 영광을 부인한다면 극히 위험한 죄악에 빠지는 사람입니다.

그러므로 우리가 동정이신 어머니로부터 태어나신 그리스도의 탄생의 신비를 알아 듣기 위해 나아갈 때, 지상 논리의 어둠이 멀리 사라질 것이며, 세속적인 지혜의 안개가 신앙의 빛을 받은 우리의 눈에서부터 걷힐 것입니다. 우리가 신뢰하고 있는 권위는 바로 하느님이시며, 우리가 따르고 있는 가르침은 하느님에게서 오는 것이기 때문입니다. 그러므로 우리가 율법서의 증언들이나 예언서들의 예언이나 복음서의 메시지에 마음의 귀를 기울일 때 복되신 요한께서 성령을 충만히 받아 하신 다음의 말씀이 진실임을 알게 될 것입니다: "태초에 말씀이 계셨습니다. 말씀은 하느님과 함께 계셨고 하느님이셨습니다. 이 말씀이 태초에 하느님과 함께 계셨습니다. 모든 것은 말씀을 통해 생겨났고 이 말씀 없이 생겨난 것은 하나도 없습니다."[1] 또 같은 설교자께서 덧붙여 하신 다음의 말씀도 마찬가지로 진실합니다: "말씀이 사람이 되셔서 우리와 함께 계셨는데 우리는 그분의 영광을 보았습니다. 그것은 외아들이 아버지에게서 받은 영광이었습니다."[2]

하느님의 아들께서 우리의 인간 본성을 취하셨고 본래의 당신 본성을 버리시지 않으셨기 때문에 그분은 두 개의 본성 안에 계십니다. 그분은 인간 본성 안에서 우리 인간을 새롭게 하셨고 본래의 당신 본성

incommutabilis perseverans. Deitas enim, quae illi cum Patre communis est, nullum detrimentum omnipotentiae subiit, nec *Dei formam servi forma* violavit, quia summa et sempiterna essentia, quae se ad humani generis inclinavit salutem, nos quidem in suam gloriam transtulit, sed quod erat esse non destitit. Unde cum Unigenitus Dei minorem se Patre confitetur, cui se dicit aequalem, veritatem in se formae utriusque demonstrat, ut et humanam probet inparilitas, et divinam declaret aequalitas.

2. Maiestati igitur Filii Dei corporea nativitas nihil abstulit, nihil contulit, quia substantia incommutabilis nec minui potuit, nec augeri. Quod enim *Verbum caro factum est,* non hoc significat quod in carnem sit Dei natura mutata, sed quod a Verbo in unitatem personae sit caro suscepta, in cuius utique nomine homo totus accipitur, cum quo, intra Virginis viscera sancto Spiritu fecundata et numquam virginitate caritura, tam inseparabiliter Dei Filius est unitus, ut qui erat intemporaliter de essentia Patris genitus, ipse sit temporaliter de utero Virginis natus. Aliter enim ab aeternae mortis vinculis non possemus absolui, nisi in nostris fieret humilis, qui in suis permanebat omnipotens.

Nascens itaque Dominus Iesus Christus homo verus, qui

---

3. 필립 2,6-7 참조. "종의 형상"과 "하느님의 형상"은 그리스도의 인성과 신성을 뜻한다.
4. 요한 14,28 참조.
5. 요한 10,30 참조.
6. 요한 1,14. "Verbum caro factum est": 흔히 "말씀이 사람이 되셨다"라고 번역하는데, "caro"는 살덩어리 "육"(肉)을 뜻한다. 사도 요한의 이 표현은 당시 영지주의적 가현설을 반박하여, 하느님의 말씀이 허깨비를 쓰고 나타나신 것이 아니라 참으로 사람이 되셨다는 사실을 강조하기 위해서였다. 레오 대종도 아래에서 "육"의 의미를 설명하고 있다.

안에서는 불변의 분으로 계십니다. 성부와 함께 공유하시는 신성에서 볼 때, 그분은 당신 전능에 어떠한 손실도 겪지 않으셨고, 종의 형상으로 인해 하느님의 형상이[3] 손상되지 않았던 것입니다. 사실 그분은 인류 구원을 위해 최상의 영원한 본질을 낮추심으로써 우리를 당신 영광에로 끌어올리셨지만 당신 존재의 본질을 버리시지 않으셨습니다. 하느님의 독생 성자께서 당신이 성부보다 하위이시라고[4] 선언하셨는가 하면 당신이 성부와 동등하시다고[5] 말씀하신 것은 그분 안에 두 개의 본성이 있음을 보여 주는 것입니다. 따라서 하위성은 인성을 나타내고 동등성은 신성을 뜻합니다.

육화의 결과들

2. 하느님의 아들께서는 육신을 입으신 탄생으로 인해 당신의 엄위에 있어 어떠한 것도 잃지 않으셨고 아무것도 덧붙이지 않으셨습니다. 왜냐하면 불변의 본질은 축소되거나 증가될 수 없기 때문입니다. "말씀이 육이 되셨다"[6]는 말은 하느님의 본성이 육신 안에서 변화되었다는 뜻이 아니라 하나의 위격 안에서 육이 말씀에 의해 취해졌다는 뜻입니다. 이 "육"이라는 낱말은 완전한 인간(全人)[7]으로 이해해야 합니다. 하느님의 아들께서는, 한번도 순결을 잃지 않으신 채 성령에 의해 잉태하신 동정녀의 품안에서 이 완전한 인간과 분리될 수 없는 방법으로 결합되셨습니다. 그래서 영원으로부터 성부의 본질에서 나신 분께서 동정녀의 몸에서 시간에 속한 분으로 태어나신 것입니다. 자신의 본성 안에 전능하신 분으로 계셨던 분이 우리의 본성 안으로 비하하시지 않으셨더라면 우리는 영원한 죽음의 사슬에서 풀려나지 못하였을 것입니다.

그러므로 하느님이심을 한번도 중단하지 않으셨던 주 예수 그리스도

---

7. "완전한 인간"(全人: homo totus)이라는 표현은 아뽈리나리스 이단을 의식하는 듯하다. 그리스도의 인성은 영혼과 육신을 합한 완전한 인간이다. 강론 24,5(주 26) 참조.

numquam esse destitit Deus verus, *novae creaturae* in se fecit exordium, et in ortus sui forma dedit humano generi spiritale principium, ut ad carnalis generationis abolenda contagia, esset regenerandis origo sine semine criminis, de quibus dicitur: *Qui non ex sanguinibus, neque ex voluntate viri, neque ex voluntate carnis, sed ex Deo nati sunt.* Quae hoc sacramentum mens comprehendere, quae hanc gratiam valeat lingua narrare? Redit in innocentiam iniquitas et in novitatem vetustas, in adoptionem veniunt alieni et in haereditatem ingrediuntur extranei. De impiis iusti, de avaris benigni, de incontinentibus casti, de *terrenis* incipiunt esse *caelestes.* Quae autem est *ista mutatio,* nisi *dexterae Excelsi?* Quoniam *Filius Dei venit solvere opera diaboli,* et ita se nobis nosque inseruit sibi, ut Dei ad humana descensio fieret hominis ad divina provectio.

3. In hac autem, dilectissimi, misericordia Dei, cuius erga nos magnitudinem explicare non possumus, multa sollicitudine praecavendum est christianis ne diabolicis iterum capiantur insidiis, et eisdem rursum quibus renuntiaverunt erroribus implicentur. Non enim desinit hostis antiquus, *transfigurans se in angelum lucis,* deceptionum laqueos ubique praetendere, et ut quoquo modo fidem credentium corrumpat, instare. Novit cui adhibeat aestus cupiditatis, cui inlecebras gulae ingerat, cui

---

8. 강론 26,2에서 언급하였듯이 레오 대종은 그리스도의 탄생이 그리스도 신도들의 탄생이 된다고 말한다. 왜냐하면 그리스도의 신비체 신학에서 머리이신 그리스도와 그 지체들인 신도들이 한몸을 이루기 때문에 머리가 태어날 때 지체들도 태어나는 것이다. 사실 세례를 통해 이루어지는 신도들의 재생은 동정녀에게서 태어나신 그리스도의 탄생에 그 모형을 두고 있다. 강론 21,3; 22,2; 24,3 참조.
9. 인간의 출생으로 인해 전해지는 원죄를 말한다. 그리스도는 인간적인 아버지 (죄의 씨) 없이 성령에 의해 태어나셨기 때문에 원죄에 물들지 않고, 그래서 새로운 생명, 즉 영생의 기원이 되신다.
10. 요한 1,13.
11. 1고린 15,48-49 참조.
12. 시편 76,11 참조.

께서 참 인간으로 태어나심으로써 당신 자신 안에 새로운 창조를 시작
하셨고, 당신의 탄생 안에서 인류에게 영적 기원을 주셨습니다.[8] 육적인
출생으로 인해 전해지는 죄의 전염[9]을 없애시기 위해서 그분은 죄의 씨
없이 태어나는 새로운 생명의 기원이 되신 것입니다. 이렇게 태어난 사
람들에 대하여, "그들은 혈육으로나 사람의 욕망으로나 육정으로 난 것
이 아니라 하느님에게서 난 것입니다"[10]라고 하였습니다. 이 신비를 누
가 머리로 다 깨달을 수 있겠으며, 이 은총을 누가 말로 다 표현할 수
있겠습니까? 사악이 무죄로, 옛것이 새것으로 되돌아왔습니다. 타인들
이 양아들이 되었으며, 외부인들이 상속자가 되었습니다. 불충한 자들
이 의인이 되고, 인색한 자들이 너그러운 사람이 되고, 음란한 자가 정
숙한 사람이 되며, 흙으로 된 사람이 하늘의 사람이[11] 되기 시작하였습
니다. 이러한 변화는 지존한 분의 오른손에 의해서가 아니고 어디서 오
겠습니까?[12] 악마가 저질러 놓은 일을 파멸시키기 위해 하느님의 아들
께서 오셨습니다.[13] 하느님이 인간에게 내려오심으로 인해 인간이 하느
님에게로 올라갈 수 있게 되도록 그분은 우리와 일치하셨고 우리도 그
분과 일치된 것입니다.

악마의 유혹에 대한 경계

3. 친애하는 형제 여러분, 이루 다 설명할 수 없는 우리에 대한 하느
님의 그 크신 자비 안에 살고 있는 그리스도 신자들은 악마의 간계에
다시 설려들지 말고 이미 끊어버린 오류에 또다시 빠지지 않도록 온갖
주의를 다해 경계해야 합니다. 사실 옛 원수는 빛의 천사의 탈을 쓰고[14]
도처에 속임수의 올가미를 숨겨 두는 일을 그만두지 않으며, 신도들의
신앙을 어떻게 해서든지 타락시키기 위해 갖가지 시도를 중단하지 않
습니다. 악마는 어떤 사람에게는 정욕의 불꽃을 사용하고, 어떤 사람에

---

13. 1요한 3,8 참조.
14. 2고린 11,14 참조.

adponat incitamenta luxuriae, cui infundat virus invidiae, novit quem maerore conturbet, quem gaudio fallat. quem metu opprimat, quem admiratione seducat, omnium discutit consuetudinem, ventilat curas, scrutatur affectus, et ibi causas quaerit nocendi, ubi quemque viderit studiosius occupari.

Habet etenim multos ex eis quos tenacius obligavit, aptos artibus suis, quorum ad alios decipiendos et ingeniis utatur et linguis. Per istos remedia aegritudinum, indicia futurorum, placationes daemonum, et depulsiones promittuntur umbrarum. Addunt se et illi qui totam humanae vitae conditionem de stellarum pendere effectibus mentiuntur, et quod est aut divinae voluntatis aut nostrae, indeclinabilium dicunt esse fatorum. Quae tamen, ut cumulatius noceant, spondent posse mutari, si illis quae adversantur sideribus supplicetur. Unde commentum impium sua ratione destruitur, quia si praedicta non permanent, non sunt fata metuenda, si permanent, non sunt astara veneranda.

4. De talibus institutis etiam illa generatur impietas, ut sol in inchoatione diurnae lucis exsurgens a quibusdam insipientioribus de locis eminentioribus adoretur. Quod nonnulli etiam christiani adeo se religiose facere putant, ut priusquam ad beati Petri apostoli basilicam, quae uni Deo vivo et vero est

---

15. 여기서 언급되는 자들은 마니케오 이단자들과 스페인에 유포되어 있던 쁘리쉴라 이단자들을 말한다. 특히 이들의 운명론적 점성술에 대한 비논리성을 공박하고 있다.

게는 탐식의 미끼를 놓으며, 어떤 사람에게는 색욕을 자극하고, 또 어떤 사람에게는 시기심의 독을 넣어야 할지를 잘 알고 있습니다. 또 악마는 어떤 사람을 우울로 혼란시키고, 어떤 사람을 무분별한 기쁨으로 속이며, 어떤 사람을 공포로 짓누르며, 어떤 사람을 속된 찬사로 유혹해야 할지 잘 알고 있습니다. 악마는 그들의 모든 습성을 조사해 두었고 근심거리를 골라 두었으며 애착들을 조사해 두었기 때문에 누가 어떤 것에 더 깊이 빠져드는지 보기만 하면 즉시 그를 해칠 방법을 강구해 냅니다.

악마가 자기에게 더 밀접히 종속시킨 사람들 중에서는 그의 일을 위해 써먹을 적합한 자들이 많이 있습니다. 그는 그들의 재능과 언변을 통해 다른 사람들을 속이는 데 이용합니다. 악마는 이런 자들을 통해 병자들을 치유하고 장래를 점치며 악령들을 달래며 유령들을 몰아낸다고 약속합니다. 여기에 또 첨부해야 할 자들은,[15] 인간 생활의 모든 여건이 별들의 작용에 달려 있다고 하면서 하느님의 뜻이나 인간의 뜻에 속하는 것을 피할 수 없는 운명에 속하는 것이라고 거짓말하는 자들입니다. 해악을 배가시키기 위해 그들은 이에 반대되는 별들에게 기도하면 그 운명을 바꿀 수 있다고 약속합니다. 따라서 그들의 불경스런 논리는 자가당착에 빠져 있으니, 만일 운명이 불변하는 것이 아니라면 무서워할 것이 못되고, 만일 불변하는 것이라면 별을 숭배할 필요도 없기 때문입니다.

4. 더 무지한 사람들은 해가 떠오르면서 낮시간이 시작되는 시각에[16] 매우 높은 곳에 서서 그 해를 숭배하는데 이와같은 관습들에서 미신 행위도 생겨납니다. 그런데 어떤 신자들은 살아 계시고 진실하신 한 분의 하느님께 봉헌된 복된 사도 베드로의 대성전에 들어가기에 앞서 상

---

16. 그 당시의 시간 계산법은 해가 떠서 질 때까지를 낮시간이라 하였고, 해가 져서 다시 뜰 때까지를 밤시간이라 하였으며, 각기 이를 12등분하여 시간을 정하였다. 예를 들면 지금의 낮 12시가 당시에는 낮 6시가 된다.

dedicata, perveniant, superatis gradibus quibus ad suggestum areae superioris ascenditur, converso corpore ad nascentem se solem reflectant, et curvatis cervicibus in honorem se splendidi orbis inclinent. Quod fieri partim ignorantiae vitio, partim paganitatis spiritu, multum tabescimus et dolemus, quia etsi quidam forte Creatorem potius pulchri luminis quam ipsum lumen, quod est creatura, venerantur, abstinendum tamen est ab ipsa specie huius officii, quam cum in nostris invenit qui deorum cultum reliquit, nonne hanc secum partem opinionis vetustae tamquam probabilem retentabit, quam christianis et impiis viderit esse communem?

5. Abiciatur ergo a consuetudine fidelium damnanda perversitas, nec honor uni Deo debitus, eorum ritibus qui creaturis serviunt, misceatur. Dicit enim Scriptura divina: *Dominum Deum tuum adorabis, et illi soli servies.* Et beatus *Iob, homo sine querela,* ut ait Dominus, *et continens se ab omni re mala: Numquid vidi,* inquit, *solem cum fulgeret, et lunam incedentem clare, et laetatum est cor meum in abscondito, et osculatus sum manum meam, quae est iniquitas maxima, et negatio contra Deum altissimum?*

Quid autem est sol, vel quid est luna, nisi visibilis creaturae et corporeae lucis elementa, quorum unum maioris claritatis, aliud minoris est luminis? Sicut enim alia diurna, alia nocturna sunt tempora, ita diversam in luminaribus qualitatem Creator

---

17. 여기에서 언급하듯이, 신자들 사이의 이러한 관습은 이교 정신에서 오는 것이며, 별들을 공경하던 마니케오 이단과 쁘리쉴라 이단에 의해 더욱 성행된 듯하다. 그런데 왜 베드로 대성당에 이러한 관습이 있었는가? 레오 대종 시대의 베드로 대성당은 교종 실베스텔 1세(314~335)의 요청으로 콘스탄티누스 대제에 의해 세워진 것이었다. 일반적으로 당시의 성당은 제대가 동쪽을 향하게 세워졌고 따라서 입구는 서쪽에 있었다. 그런데 베드로 대성당은 제대를 서쪽으로 향하게 되어 있어서 입구가 동쪽이었으며, 신자들이 성당에 들어오면서 떠오르는 해를 향해 돌아서서 절하는 관습이 성행할 수 있었을 것 같다.
18. 마태 4,10.
19. 욥기 1,8.

층 현관으로 통하는 계단으로 올라가서는 떠오르는 해를 향해 허리를 굽히고 찬란한 태양을 공경하기 위해 머리를 숙여 절하는 짓을 아직도 종교적인 행위로 여기고 있습니다.[17] 부분적으로는 무지의 소치이기도 하고 또 다른 편으로는 이교 정신에서 오는 이런 행위를 보고 우리는 매우 통탄하고 마음 아파합니다. 비록 어떤 사람들은 피조물인 빛 자체를 공경하는 것이 아니라 아름다운 빛을 만드신 창조주를 공경하는 것이라 하더라도 이러한 예배의 형식 자체를 그만두어야 할 것입니다. 만일 잡신 숭배를 그만둔 사람이 우리 안에서 이러한 예배 관습을 보게된다면, 지난날 자기가 미신에서 행하여 오던 예식이 그리스도교와 미신 사이에 같은 것을 보고 마치 그것이 허용된 것으로 착각하지 않겠습니까?

피조물의 바른 사용

5. 그러므로 이런 잘못은 마땅히 단죄받아야 하며, 신도들의 관습에서 근절되어야 합니다. 한 분이신 하느님께 바쳐야 할 공경이 피조물들을 섬기는 예식과 혼합되어서는 안됩니다. 이에 대해 성서는 "주님이신 너희 하느님을 경배하고 그분만을 섬겨라"[18]고 말하고 있습니다. 또 주께서 증언하신 바대로, 복된 욥은 "불평 없이 모든 악한 일을 거들떠보지 않고"[19] 말하기를, "내가 밝아오는 해와 떠오르는 달을 쳐다보며 슬그머니 마음으로 기뻐하고 손으로 입맞춤을 했단 말입니까? 그랬다면 가장 큰 죄를 지은 것이고 지존하신 하느님을 배신한 것이 될 것입니다"[20]라고 하셨습니다.

해가 무엇이고 달은 무엇입니까? 보이는 피조물들이고, 하나는 더 큰 광채를, 다른 것은 작은 빛을 내는 물체에 불과하지 않습니까? 낮시간과 밤시간이 서로 다른 것처럼 창조주께서 빛을 내는 것들에게 서로

---

20. 욥기 31,26-28.

instituit, cum tamen priusquam haec fierent, et dies sine solis officio, et noctes sine lunae ministerio praecessissent. Sed condebantur ista ad faciendi hominis utilitatem, ut rationale animal nec in distinctione mensium, nec in recursu annorum, nec in dinumeratione temporum falleretur, cum per inaequalium horarum inpares moras et dissimilium ortuum signa manifesta, et annos sol concluderet, et menses luna renovaret. Quarto namque, ut legimus, die dixit Deus *Fiant luminaria in firmamento caeli, et luceant super terram, et dividant inter diem et noctem, et sint in signa et tempora, et in dies, et in annos, et sint in firmamento caeli, ut luceant super terram.*

6. Expergiscere, o homo, et dignitatem tuae agnosce naturae. Recordare te factum *ad imaginem Dei,* quae, etsi in Adam corrupta, in Christo tamen est reformata. Utere quomodo utendum est visibilibus creaturis, sicut uteris terra, mari, caelo, aere, fontibus atque fluminibus, et quidquid in eis pulchrum atque mirabile est, refer ad laudem et gloriam Conditoris. Noli esse deditus ei lumini quo volucres et serpentes, quo bestiae et pecudes, quo muscae delectantur et vermes. Lucem corpoream sensu tange corporeo, et toto mentis affectu illud verum lumen amplectere quod *inluminat omnes hominem venientem in hunc mundum,* et de quo dicit Propheta: *Accedite ad eum et inluminamini, et vultus vestri non erubescent.* Si enim templum Dei sumus et Spiritus Dei habitat in nobis, plus est quod fidelis quisque in suo habet animo, quam quod miratur in caelo.

---

21. 창세기를 보면 첫째 날에 낮과 밤을 만드시고(1,5 참조), 넷째 날에 해와 달을 만드셨다(1,16-18 참조).
22. 앞의 주 16에서 언급하였듯이 로마 시대의 시간 계산법에 따르면, 낮시간(일출-일몰)과 밤시간(일몰-일출)을 각기 12등분하여 시간을 계산하였으므로 여름철과 겨울철의 낮 한 시간의 길이가 서로 달랐다. 즉, 여름철의 낮시간은 긴 반면, 겨울철의 낮시간은 짧았고, 밤시간의 경우는 반대였다.
23. 창세 1,14-15.
24. 창세 1,26 참조.
25. 요한 1,9.

다른 특성을 주셨습니다. 그러나 이런 것들이 생기기 전에 태양의 도움 없이도 이미 날들이 있었고 달의 활동이 없이도 이미 밤들이 있었습니다.[21] 그런데 이것들은 인간에게 유익을 주기 위해 창조되었으니, 이성적인 동물인 인간이 달들을 구별하고, 햇수의 주기를 가늠하며, 계절들을 계산하는 데 틀리지 않도록 하기 위해서입니다. 사실 태양은 계절에 따라 서로 다른 시간의 길이를 통해서 한 해를 계산하며,[22] 달은 떠오르는 모양의 서로 다른 명확한 표시를 통해서 새로운 달들을 나타냅니다. 우리가 읽는 바대로, 하느님께서 넷째 날에 "하늘 창공에 빛나는 것들이 생겨 땅 위를 비추고, 낮과 밤을 갈라 놓고 절기와 나날과 해를 나타내는 표가 되어라. 또 하늘 창공에서 땅 위를 비추어라"[23] 말씀하셨습니다.

6. 오, 인간이여, 잠에서 깨어나 당신의 본성이 지닌 품위를 깨달으십시오. 당신은 하느님의 모상에 따라 창조되었음을 기억하십시오.[24] 그 창조된 모상이 비록 아담 안에서 타락되었다 하더라도 그리스도 안에서 복원되었습니다. 마치 당신이 땅과 바다와 하늘과 공기와 샘과 강들을 이용하듯이 보이는 피조물들을 마땅히 이용해야 할 그 용도에 따라 이용하십시오. 그리고 이런 것들 안에 아름답고 놀라운 무엇이 있으면 모두 창조주께 찬미와 영광을 드리십시오. 날짐승과 뱀들, 들짐승과 집짐승들, 파리와 벌레들이 즐기고 있는 그 태양빛을 섬기지 마십시오. 천체의 빛은 육체의 감각들에 접촉될 뿐입니다만, "이 세상에 와서 모든 사람을 비추는"[25] 그 참 빛을 마음의 정을 다해 받아들이십시오. 이 참 빛에 대해 예언자는 "우러러 그분을 보라, 기꺼우리라. 너희 얼굴에 부끄럼이 없으리라"[26]고 말했습니다. 우리가 하느님의 성전이며 하느님의 영께서 우리 안에 거처하신다면 신자 각자는 하늘을 보고 감탄하는 그 무엇보다 더 귀한 것을 자기 마음속에 지니고 있는 것입니다.

---

26. 시편 33,6.

Non itaque vobis, dilectissimi, hoc aut indicimus aut suademus, ut despiciatis opera Dei, aut contrarium aliquid fidei vestrae in his quae Bonus bona condidit, aestimetis, sed ut omni creaturarum specie et universo mundi huius ornatu rationabiliter et temperanter utamini. *Quae enim videntur,* sicut ait Apostolus, *temporalia sunt, quae autem non videntur, aeterna sunt.* Unde quia ad praesentia sumus nati, ad futura autem renati, non temporalibus bonis dediti, sed aeternis simus intenti, et ut spem nostram possimus propius intueri, in ipso sacramento natalis Domini cogitemus quid naturae nostrae gratia divina contulerit. Audiamus Apostolum dicentem: *Mortui enim estis, et vita vestra absondita est cum Christo in Deo. Cum Christus apparuerit vita vestra, tunc et vos apparebitis cum ipso in gloria,* qui vivit et regnat cum Patre et cum Spiritu sancto in saecula saeculorum. Amen.

친애하는 형제 여러분, 그러므로 우리가 여러분에게 이것을 지적하여 권고하는 이유는 하느님이 만드신 것들을 멸시하거나 또는 선하신 하느님이 좋게 창조하신 것들을 여러분의 신앙에 반대되는 것으로 여기도록 하기 위해서가 아니라 오히려 여러분이 온갖 종류의 피조물들 그리고 잘 꾸며진 이 세상[27]을 이치에 맞고 절제있게 이용하라는 뜻에서입니다. 사도께서 말씀하신 바와같이, "보이는 것은 잠시뿐이지만 보이지 않는 것은 영원하기 때문입니다".[28] 우리는 현세의 것들에 대해 죽었고 미래의 것들을 위해 새로 태어났으므로 지나가 버릴 것들에 연연하지 말고 영원한 것들을 고대합시다. 그리고 우리의 희망을 더 가까이서 볼 수 있기 위해서 우리는 하느님의 은총이 주님의 성탄 신비를 통해 우리 인간 본성에 무엇을 주셨는지 묵상해 봅시다. 사도들의 말씀을 들어봅시다: "여러분은 죽었지만 여러분의 생명은 그리스도와 함께 하느님 안에 감추어져 있습니다. 여러분의 생명이신 그리스도가 나타나실 때에 여러분도 그분과 함께 영광 속에 나타나게 될 것입니다."[29] 그분은 성부와 성신과 함께 세세에 영원히 살아 계시고 다스리십니다. 아멘.

---

27. 창세 2,1 참조. 창세기의 창조 설화에서 하느님은 당신이 창조하신 것을 보시고 매번 "참 좋았다"라고 표현하셨다. 한편 희랍어로 세상을 나타내는 "κόσμος"는 "잘 정돈된" 뜻을 갖고 있다.
28. 2고린 4,18.
29. 골로 3,3-4.

XXVIII
ITEM ALIUS DE NATALE DOMINI
(452)

1. Cum semper nos, dilectissimi, gaudere in Domino omnia divina eloquia cohortentur, hodie procul dubio ad spiritalem laetitiam copiosius incitamur, nativitatis nobis dominicae sacramento clarius coruscante, ut recurrentes ad illam ineffabilem divinae misericordiae inclinationem, qua Creator hominum homo esse dignatus est, in ipsius nos inveniamur natura, quem adoramus in nostra. Deus enim Dei Filius, de sempiterno et ingenito Patre unigenitus, sempiternus manens in forma Dei et incommutabiliter atque intemporaliter habens non aliud esse quam Pater, formam servi sine suae detrimento maiestatis accepit, ut in sua nos proveheret, non in nostra deficeret. Unde utrique naturae in suis proprietatibus permanenti, tanta est unitatis facta communio ut quidquid ibi Dei est, non sit ab homine separatum, et quidquid est hominis, non sit a deitate divisum.

2. Celebrantes igitur, dilectissimi, natalem diem Domini Salvatoris, partum beatae Virginis integre cogitemus, ut carni animaeque conceptae virtutem Verbi nullo temporis puncto defuisse credamus, nec prius formatum atque animatum templum corporis Christi, quod sibi superveniens vindicaret

---

1. 필립 2,6 참조. "하느님의 형상"은 신성을 뜻한다.
2. 레오 대종은 여기서 아리우스 이단을 염두에 두고 있는 듯하다. 성자께서 성부와 같이 영원한 하느님이 아니라 성부의 첫번째 피조물이라고 주장한 아리우스는 "성자께서 계시지 않으셨던 때가 있었다"(ἦν ποτε ὅτε ἦν)라고 말하였다.
3. 필립 2,7 참조. "종의 형상"은 인성을 뜻한다.

강론 제28편

제8 성탄 강론
(452년)

육화의 신비에 대한 기쁨

1. 친애하는 형제 여러분, 하느님의 모든 말씀이 주님 안에서 항상 기뻐하도록 우리를 권유하고 있지만, 주님의 성탄 신비로 더욱 찬란히 빛나는 오늘은 의심할 여지 없이 더 풍부한 영적 기쁨을 우리에게 줍니다. 우리는 여기서 자비로우신 하느님의 형언할 수 없는 사랑을 접하게 되니, 인류의 창조주께서 이 사랑을 통해 사람이 되셨으며, 우리는 그분의 본성 안에서 우리 자신을 발견하며, 우리의 본성 안에 계시는 그분을 흠숭합니다. 그분은 하느님이며 하느님의 아들이시고, 영원으로부터 성부로부터 나신 외아들이시며, 하느님의 형상[1] 안에 영원히 계시며, 성부와 다를 바 없는 존재를 시간을 초월하여 변함 없이 지니고 계시는 분이십니다.[2] 바로 그분께서 종의 형상[3]을 취하셨지만 당신 엄위를 조금도 잃지 않으셨습니다. 이로써 그분은 우리를 당신의 본성에로 끌어올리셨지만, 그분의 본성이 우리의 본성 안에서 감소된 것이 아닙니다. 이 두 가지 본성은 각기 자기 특성을 지니고 있으며, 신성에 속하는 것이 인성에 속하는 것에서 분리되지 않고, 인성에 속하는 것이 그분의 신성과 나누어질 수 없을 정도로 서로 밀접히 결합되어 있습니다.

영원한 위격적 일치

2. 친애하는 형제 여러분, 구세주이신 주님의 탄일을 경축하면서 우리는 복되신 동정녀의 출산을 올바로 묵상해 봅시다. 말씀의 능력은 잉태될 때부터 한순간도 영혼과 육신 없이 계신 적이 없었다는 사실을 우리는 믿어야 합니다. 그리스도의 몸의 성전은, 그분이 오셔서 당신 거처로 삼으시기 전에는 형성되지 않았으며 생기를 갖지 못했습니다.

habitator, sed per ipsum et in ipso, novo homini datum esse principium, ut in uno Dei atque hominis filio, et sine matre deitas, et sine patre esset humanitas. Simul enim per Spiritum fecundata virginitas sine corruptionis vestigio edidit et sui generis sobolem et suae stirpis auctorem. Unde idem Dominus, sicut evangelista commemorat, quaesivit a Iudaeis cuius filium Christum Scripturarum auctoritate didicissent, et eisdem respondentibus quod ex David venturus semine traderetur: *Et quomodo,* inquit, *Dominum illum suum David in spiritu vocat dicens: Dixit Dominus Domino meo: Sede a dextris meis, donec ponam inimicos tuos scabellum pedum tuorum?* Nec potuerunt Iudaei propositam solvere quaestionem, quia non intellegebant in uno Christo et progeniem daviticam et naturam prophetatam esse divinam.

3. Maiestas autem Filii aequalis Patri, vestiens se humilitate servili, nec metuebat minui, nec indigebat augeri, ipsumque effectum misericordiae suae, quem restitutioni inpendebat humanae, sola exsequi poterat virtute Deitatis, ut creaturam ad imaginem Dei conditam a iugo diri dominatoris erueret. Sed quia non ita in primum hominem diabolus violentus extiterat, ut eum in partes suas sine liberi arbitrii consensione transferret, sic destruendum peccatum fuit voluntarium et hostile consilium, ut dono gratiae non obesset norma iustitiae. In totius igitur humani generis strage communi, unum solum

---

4. 신-인(神人)이신 그리스도 안에 성자로서의 신성은 인간적인 어머니 없이 성부 께로부터 낳음을 받았고, 인성은 인간적인 아버지 없이 성령의 힘으로 동정녀 마리아로부터 태어나셨음을 뜻한다.

5. 마태 22,43-44; 시편 109,1.

6. 창세 1,26.

7. "정의의 요구(norma iustitiae)가 은총의 선물(dono gratiae)과 서로 대치되지 않기 위해": 여기서 정의의 원칙과 하느님의 은총 사이의 조화를 말하고 있다. 강론 21,1(주 3 참조)에서 언급하였듯이, 인간의 범죄에 대해서는 인간 측에서 보상하는 것이 정의의 원칙이다. 한편 인간은 이런 정의를 실천할 능력이 없으므로, 구원은 하느님께서 주시는 은총의 선물이다. 따라서 하느님이신 성자께서

그러나 말씀을 통하여 그리고 말씀 안에서 새로운 인간이 시작되었는데, 하느님의 외아들이시며 인간의 외아들이신 그분 안에서 신성은 어머니 없이 그리고 인성은 아버지 없이 있게 된 것입니다.[4] 이와 동시에 성령의 힘으로 잉태한 동정녀는 순결을 잃지 않고 자기와 같은 사람의 아들이며 동시에 인류의 창조주이신 분을 낳으셨습니다. 그러므로 복음 사가가 들려 주는 바와같이, 주께서 성서가 증언하며 가르치는 바에 따라 그리스도가 누구의 아들이냐고 유다인들에게 물으시자, 그들은 다윗 가문에서 오실 분으로 전해 온다고 대답했습니다. 그러자 그분은, "그러면 다윗이 성령의 감화를 받아서 그를 주님이라 부르면서 말하기를 '주 하느님께서 내 주님에게, 내가 네 원수들을 네 발판에 굴복시키기까지 내 오른편에 앉아 있으라'고 한 말은 어떻게 된 일이냐?"[5] 하고 그들에게 재차 물었습니다. 유다인들은 이 물음에 대답할 수가 없었습니다. 왜냐하면 그들은, 같은 한 그리스도 안에 다윗의 후손과 신적 본성이 함께 예언되어 있다는 사실을 깨닫지 못하였기 때문입니다.

하느님의 계획 안에 구원의 공정성

3. 성부와 동등한 성자의 위엄이 종의 비천함을 입으셨지만 이로써 감소될 염려도 없었고 증가될 필요도 없었습니다. 인류를 구원하시려는 자비로우신 그분의 과업은 그분의 신적 능력을 통해서만 성취될 수 있었습니다. 이로써 하느님의 모상에 따라 창조된 피조물[6]이 포악한 통치자의 굴레에서 해방된 것입니다. 포악한 악마가 첫째 인간 안에서 죄를 저질렀을 때 인간의 자유 의지의 동의 없이 인간을 자기 편으로 끌어들이지 않았기 때문에, 따라서 정의의 요구가 은총의 선물과 서로 대치되지 않기 위해서는[7] 인간 측에서 죄를 분쇄해야겠다는 자발적이고 도전적인 의지가 있어야 하는 것입니다. 그러므로 전인류에게 공동으로

친히 인간이 되셔서 구원하심으로써 정의의 법칙을 실현함과 동시에 하느님으로서 은총의 선물을 주신 것이다.

fuit remedium sub divinae rationis occulto, quod posset subvenire prostratis, si aliquis filiorum Adam originalis praevaricationis alienus atque innocens nasceretur, qui ceteris et exemplo prodesset et merito. Sed quia hoc naturalis generatio non sinebat, nec poterat vitiatae radicis propago esse sine semine, de quo Scriptura dicit: *Quis potest facere mundum de inmundo conceptum semine? Nonne tu, qui solus es?*

Dominus David factus est filius David, et de promissi germinis fructu proles est orta sine vitio, in unam personam gemina conveniente natura, ut eodem conceptu eodemque partu gigneretur Dominus Iesus Christus, cui et vera inesset deitas ad miracula operum, et vera humanitas ad tolerantiam passionum.

4. Fides igitur catholica, dilectissimi, oblatrantium haereticorum spernat errores, qui mundanae sapientiae vanitate decepti, a veritatis evangelio recesserunt, et icarnationem Verbi intellegere non valentes, de causa inluminationis fecerunt sibi materiam caecitatis. Nam omnium fere falsa credentium opinionibus, quae etiam in sancti Spiritus negationem proruunt, retractatis, neminem pene deviasse cognoscimus, nisi qui duarum in Christo naturarum veritatem sub unius personae confessione non credidit. Alii etenim Domino solam humanitatem, alii solam adscripsere deitatem. Alii veram quidem in ipso divinitatem, sed carnem dixerunt fuisse simulatam. Alii professi sunt veram eum suscepisse carnem, sed Dei Patris non habuisse naturam, et deitati eius

---

8. 욥기 14,4.
9. 이사 4,2; 예레 23,5 참조.
10. 성신의 신성 부인론은 제2차 만국 공의회인 콘스탄티노폴리스 공의회 (381)에서 단죄받았다. 세미아리아니즘의 이단자였던 마체도니우스는 성신을 성자보다 하위에 두었고 성신의 신성을 부인하였다. 강론 24,5 (주 23) 참조.
11. 1,2세기에 팽배했던 영지주의자들의 가현설 (docetismus)을 말한다.

내려진 멸망의 판결 안에서 타락한 인간을 도울 수 있기 위해서는 하느님의 계획 안에 감추어진 한 가지 유일한 치유 방법이 있습니다. 즉, 아담의 후손 가운데 한 분이 원죄에서 해방된 무죄한 자로 태어나셔서 모범과 공로로써 다른 사람들에게 도움을 주어야 했습니다. 그런데 자연적인 출생으로는 이것이 이루어질 수 없으니, 새로운 씨 없이는 부패한 뿌리에서 아무런 싹도 생겨날 수 없기 때문입니다. 이에 대해 성서는 "그 누가 부정한 씨에서 정한 것을 낳게 할 수 있겠습니까? 당신만이 그렇게 할 수 있지 않습니까?"[8]라고 말합니다.

다윗의 주께서 다윗의 아들이 되셨습니다. 약속된 가지의 열매에서[9] 죄 없는 아들이 태어나셨으니, 그분에게서 한 위격 안에 두 개의 본성이 결합되어 있습니다. 주 예수 그리스도께서는 유일한 잉태와 유일한 출산을 통해 태어나셨으며, 놀라운 기적들을 행하실 수 있는 신성과 수난을 당하실 수 있는 인성을 함께 지니고 계십니다.

그리스도론적 이단들

4. 친애하는 형제 여러분, 그러므로 가톨릭 신앙은 턱없이 외쳐 대는 이단자들의 오류를 멸시합니다. 세속의 헛된 지혜에 속아 진리의 복음에서부터 떠난 그들은 말씀의 강생을 알아들을 수 있는 능력이 없으며, 깨달음의 원천에서 스스로 눈멂의 소재를 만들어 내고 있습니다. 성령을 부인하고 파괴하려는 모든 그릇된 믿음의 가르침에 대해 전반적으로 검토해 보면,[10] 우리는 그리스도 안에 하나의 위격에 결합된 두 개의 본성이 있음을 믿지 않는 자들이 바로 진리의 길에서 벗어나 있다는 사실을 알게 됩니다. 사실 어떤 자들은 주님의 인성만 인정하는 사람들이 있는가 하면 어떤 자들은 주님의 신성만 인정합니다. 또 어떤 자들은 그분 안에 참된 신성을 인정하지만 그분의 육신은 가짜였다고 주장합니다.[11] 반대로 어떤 자들은 주께서 진짜 육신을 취하셨지만 하느님 아버지의 본성을 지니고 있지 않다고 주장하며, 그분의 인성에 속하는

quae erant humanae substantiae deputantes, maiorem sibi Deum minoremque finxerunt, cum gradus in vera divinitate esse non possint, quoniam quidquid Deo minus est, Deus non est. Alii cognoscentes Patris et Filii nullam esse distantiam, quia non poterant unitatem deitatis intellegere nisi in unitate personae, eumdem asserverunt Patrem esse quem Filium, ut nasci et nutriri, pati et mori, sepeliri et resurgere, ad eumdem pertineret, qui per omnia et hominis personam impleret et Verbi. Quidam putaverunt Dominum Iesum non nostrae substantiae corpus habuisse, sed ab elementis superioribus ac subtilioribus sumptum. Quidam autem aestimaverunt in carne Christi humanam animam non fuisse, sed partes animae ipsam Verbi implesse deitatem. Quorum inprudentia in hoc transiit ut animam quidem fuisse in Domino faterentur, sed eamdem dicerent mente caruisse, quia sufficeret homini suo deitas ad omnia rationis officia. Postremo idem asserere praesumpserunt partem quamdam Verbi in carnem fuisse conversam, ut in unius dogmatis varietate multiplici, non carnis tantum animaeque natura, sed etiam ipsius Verbi solveretur essentia.

5. Multa sunt alia prodigia falsitatum, quibus enumerandis caritatis vestrae non est fatigandus auditus. Sed post diversas impietates, quae sibi invicem sunt multiformium blasphemiarum cognatione conexae, de his potissimum erroribus declinandis observantiam vestrae devotionis admoneo, quorum unus dudum Nestorio auctore consurgere non inpune temptavit, alius nuper pari exsecratione damnandus, Eutyche assertore, prorupit.

---

12. 아리우스 이단을 말한다. 강론 24,5 (주 22) 참조.
13. 성부 수난설(patripassianismus)로 불리던 양태론(modalismus)적 이단을 말한다. 강론 24,5 (주 24) 참조.
14. 영지주의 계통의 발렌티누스 이단(2세기)을 말한다.
15. 아뽈리나리스 이단을 말한다. 강론 24,5 (주 26) 참조.

것을 그분의 신성에 돌리면서 더 높은 신과 더 낮은 신을 만들어 냅니다.[12] 그러나 참된 신성 안에는 계급이 있을 수 없으니, 하느님보다 못한 것은 하느님일 수 없기 때문입니다. 또 어떤 이들은 신성의 일치를 위격의 일치로 이해하기 때문에 성부와 성자의 구별을 깨닫지 못합니다. 그래서 인간이시며 말씀이신 분의 위격으로서 행한 모든 일들, 즉 태어나시고 양육되시고 수난을 받으시고 죽으시고 묻히시고 부활하신 것들이 성자에 속하는 일인데, 그들은 성부와 성자가 동일한 분이라고 주장합니다.[13] 또 어떤 이들은 주 예수께서 우리와 같은 몸을 지니고 계신 것이 아니라 보다 고귀하고 엷은 요소로 된 몸을 갖고 계시다고 믿고 있습니다.[14] 또 어떤 이들은 그리스도의 육신 안에는 인간의 영혼이 없고 말씀의 신성이 그 영혼의 자리를 대신하고 있다고 여기고 있습니다.[15] 미련한 그들은, 주님 안에 영혼이 있기는 하지만 지성이 결여된 영혼이라고 말하면서 그 이유는, 신성이 그분의 인성의 모든 이성적인 활동을 하기 위해서 충분하기 때문이라고 주장하기까지 합니다. 마침내 그들은 말씀의 일부분이 육신으로 변화되었다고 감히 주장하기까지 이르렀는데, 한 가지 교리에 대해 이처럼 여러 가지 다른 주장을 함으로써 영혼과 육신으로 구성된 인간 본성뿐만 아니라 말씀의 신적 본성까지도 파괴되는 꼴이 되었습니다.

5. 이밖에도 괴이한 오류들이 많이 있습니다. 이런 것들을 일일이 다 열거함으로써 주의를 다해 열심히 경청하고 있는 여러분을 피곤하게 해드리고 싶지 않습니다. 앞에서 여러 가지 이단들에 대해 말씀드렸는데 여러 가지 모양으로 모독적인 주장들을 하는 이 이단들은 사실 서로 밀접히 연관되어 있습니다. 이제 저는 여러분이 떨어지지 않도록 가장 경계해야 할 몇 가지 신앙의 오류들에 대해서 말씀드리겠습니다. 첫째 이단은, 그 창시자가 네스토리우스로 오래 전에 생겨나서 많은 피해를 입혀 왔으며, 둘째 이단은 그 주창자가 에우티케로 최근에 생겨나서 첫째 것과 마찬가지로 단죄를 받았습니다.

Nam ille beatam Mariam virginem hominis tantummodo ausus est praedicare genetricem, ut in conceptu eius et partu nulla Verbi et carnis facta unitio crederetur, quia Dei Filius non ipse factus sit hominis filius, sed creato homini sola se dignatione sociaverit. Quod catholicae aures nequaquam tolerare potuerunt, quae sic evangelio veritatis inbutae sunt, ut firmissime noverint nullam esse humano generi spem salutis, nisi ipse esset filius Virginis, qui Creator est matris.

Hic autem recentioris sacrilegii profanus assertor, unitionem quidem in Christo duarum confessus est naturarum, sed ipsa unitione id dixit effectum, ut ex duabus una remaneret, nullatenus alterius existente substantia, quae utique finiri, nisi aut consumptione, aut separatione non posset. Haec vero tam inimica sunt sanae fidei, ut nequeant recipi sine excidio nominis christiani. Si enim Verbi incarnatio unitio est divinae humanaeque naturae, sed hoc ipso concursu quod erat geminum factum est singulare, sola divinitas utero Virginis nata est, et per ludificatoriam speciem sola subiit nutrimenta et incrementa corporea, utque omnes mutabilitates humanae conditionis omittam, sola divinitas crucifixa, sola divinitas mortua, sola divinitas est sepulta, ut iam secundum talia sentientes sperandae resurrectionis nulla sit ratio, nec sit *primogenitus ex mortuis* Christus, quia non fuit qui deberet resuscitari, si non fuit qui posset occidi.

---

16. 네스토리우스(381~451?)는 콘스탄티노폴리스의 주교로서 그리스도 안에 유일한 위격(persona)을 인정하지 않았고, 따라서 동정녀 마리아는 하느님의 어머니가 아니라 인간의 어머니라고 주장하였다. 그는 제3차 만국 공의회인 에페소 공의회(431)에서 단죄받았고, 공의회는 "천주의 모친"(Θεοτόκος)을 선포하였다.
17. 에우티케(378~454?)는 콘스탄티노폴리스의 한 수도자로서 처음에는 네스토리우스 이단을 거슬러 열렬히 싸웠으나 후에 자신이 이단에 빠졌다. 그리스도의 인성은 신성 안에 완전히 흡수되어 융합되어 버려서 결국 신성 하나만 남게 되었다는 소위 단성론(單性論)에 빠졌다. 이 이단은 제4차 만국 공의회인 칼체돈 공의회(451)에서 단죄받았다. 이 공의회에서 레오 대종의 「플라비아누스에게 보낸 교리 서한」*(Epistola dogmatica ad Flavianum)*이 결정적 역할을 하였다.

전자(네스토리우스)는,[16] 복되신 동정녀 마리아께서 한 인간의 어머니에 불과하다고 감히 설교하였습니다. 그의 주장에 따르면, 그분의 잉태와 출산을 통해서 말씀과 육신 사이에 어떠한 결합도 이루어지지 않았으니, 왜냐하면 하느님의 아들께서 직접 사람의 아들이 되시지 않으셨고 먼저 사람을 창조하신 다음에 그 사람의 공적을 보고서 그를 당신과 일치시키셨기 때문이라는 것입니다. 그러나 진리의 복음으로 가르침을 받은 가톨릭 신자들은 이런 주장을 도저히 용납할 수 없습니다. 신자들은 어머니의 창조주이신 분께서 친히 그 동정녀의 아들이 되시지 않았더라면 인류 구원에 대한 아무런 희망도 있지 않다는 것을 확신하고 있습니다.

후자(에우티케)는[17] 최근에 이단적인 주장을 퍼뜨린 자로서, 그리스도 안에 두 개의 본성이 결합되어 있다고 말은 하지만 이 결합으로 인해 둘 중에 하나만 남고 결국 부패되거나 분리될 수밖에 없는 실체는 더 이상 존재하지 않게 되었다는 것입니다. 이러한 주장은 정통 신앙에 반대되는 것이며, 그리스도교의 이름을 포기하지 않는 이상 받아들일 수 없는 주장입니다. 말씀께서 육화하심으로써 신성과 인성이 결합되셨는데, 만일 이 결합으로 인해 전에는 두 개였던 것이 하나가 되었다고 한다면, 동정녀의 모태에서 신성만이 태어나신 것이 되며 그분의 양육과 신체적 발육 역시 우스꽝스러운 텅빈 외형에 불과한 것이 됩니다. 그리고 그분의 인간 생활의 모든 변화들을 차치하더라도 신성만이 십자가에 못박히셨고 신성만이 죽으셨으며 신성만이 땅에 묻히셨다는 말이 됩니다. 그렇다면 이러한 주장들에서 부활만을 따로 떼어놓을 아무런 이유가 없게 되며, 그리스도께서는 죽은 사람들 중에 살아나신 최초의 분이 되지 않습니다.[18] 죽으실 수 있는 분이 아니었다면 부활하실 수 있는 분이 되지 못하기 때문입니다.

---

18. 골로 1,18; 1고린 15,20 참조.

6. Absint a cordibus vestris, dilectissimi, diabolicarum inspirationum virulenta mendacia, et scientes quod sempiterna Filii deitas nullo apud Patrem crevit augmento, prudenter advertite quod cui naturae in Adam dictum est: *Terra es, et in terram ibis,* eidem in Christo dicitur: *Sede a dextris meis.* Secundum illam naturam qua Christus aequalis est Patri, numquam inferior fuit Unigenitus sublimitate Genitoris, nec temporalis ei est cum Patre gloria, qui est ipsa Patris dextera, de qua in Exodo dicitur: *Dextera tua, Domine, glorificata est in virtute* et in Esaia: *Domine, quis credidit auditui nostro? Et brachium Domini cui revelatum est?* Adsumptus igitur homo in Filium Dei, sic in unitatem personae Christi ab ipsis corporalibus est receptus exordiis, ut nec sine deitate conceptus sit, nec sine deitate editus, nec sine deitate nutritus. Idem erat in miraculis, idem in contumeliis; per humanam infirmitatem crucifixus, mortuus et sepultus, per divinam virtutem die tertia resuscitatus, ascendit ad caelos, consedit ad dexteram Patris, et in natura hominis a Patre accepit quod in natura Deitatis etiam ipse donavit.

7. Haec, dilectissimi, pio corde meditantes, apostolici semper memores estote praecepti qui universos admonet dicens:

---

19. 창세 3,19.
20. 시편 109,2.
21. 출애 15,6.
22. 이사 53,1.

그리스도 안에 두 개의 본성의 결합

6. 친애하는 형제 여러분, 악마에 의해 조장된 독기있는 이러한 오류들을 여러분의 마음에서부터 멀리하십시오. 성자의 영원한 신성이 성부에게 어떠한 증가도 가져오지 않았다는 것을 알아야 하며, 또 아담 안에서 "너는 흙이니 흙으로 돌아가리라"[19]라는 말을 들은 인간 본성은 그리스도 안에서 "내 오른편에 앉아 있으라"[20]는 말을 들은 본성과 같다는 사실을 현명한 판단력으로 알아들어야 합니다. 그리스도로 하여금 성부와 동등한 분이 되게 하는 그 본성으로 말하면 독생 성자는 성부의 위대하심에 못지않습니다. 그러나 성부 오른편에 계시는 분에게 시간 안에 주어진 그 영광은 성부의 영광과 동등하지 않습니다. 이에 대해 출애굽기에서는 "주여, 당신의 오른손이 힘차 영광스럽습니다"[21] 하였고, 또 이사야서에서는 "주여, 우리에게 들려 주신 이 소식을 누가 믿겠습니까? 주님의 팔의 능력이 누구에게 밝혀지겠나이까?"[22]라고 하였습니다. 그러므로 인성이 하느님의 아들 안에 취해졌으며, 그분의 몸이 형성되는 순간부터 그리스도의 위격과 일치를 이루게 된 것입니다. 따라서 그분은 신성 없이 잉태되지 않으셨고 신성 없이 태어나지 않으셨고 신성 없이 양육되지 않으셨습니다. 기적들을 행하신 분과 모욕을 당하신 분이 같은 분이십니다. 그분은 인성의 연약함 때문에 십자가에 못박히시고 죽으시고 묻히셨지만, 신성의 능력을 통해 삼일 만에 부활하시고 하늘에 올라가시어 성부 오른편에 좌정하셨습니다. 그분은 당신의 신성 안에서 친히 선물하셨던 것을 인성 안에서는 성부께로부터 받으셨습니다.

그리스도와 교회 안에 신성의 충만함

7. 친애하는 형제 여러분, 이 모든 것을 열심한 마음으로 묵상하고 사도께서 모든 이들을 향해 권고하신 훈계를 항상 기억하십시오: "여러분은 헛된 철학의 속임수에 사로잡히지 않도록 조심하시오. 그것은 사

Videte ne quis vos decipiat per philosophiam et inanem fallaciam, secundum traditionem hominum, et non secundum Christum, quia in ipso habitat omnis plenitudo Divinitatis corporaliter, et estis in illo repleti. Non dixit spiritaliter, sed corporaliter, ut veram intellegamus substantiam carnis, ubi est plentitudinis Divinitatis inhabitatio corporalis, qua utique etiam tota repletur Ecclesia, quae inhaerens capiti, corpus est Christi, qui vivit et regnat cum Patre et cum Spiritu sancto in saecula saeculorum. Amen.

람들의 전통에 따라 나온 것이지 그리스도를 기초로 한 것은 아닙니다. 그분의 육체 안에는 하느님의 완전한 신성이 깃들어 있기 때문에 여러분도 그분 안에서 완전한 사람들이 되었습니다."[23] 여기서 "영혼"이라는 말을 쓰지 않고 "육체"라고 한 것은 그분의 육체의 실체가 진실하다는 것과 그 안에 하느님의 완전한 신성의 육체적인 거처가 있으며, 이 신성으로써 교회 전체도 완전하게 된다는 것을 우리에게 깨우쳐 주기 위해서입니다. 머리와 결합되어 있는 교회는 그리스도의 몸이며, 그리스도는 성부와 성신과 함께 세세에 영원히 살아 계시고 다스리십니다. 아멘.

---

23. 골로 2,8-10.

XXIX
ITEM ALIUS DE NATALE DOMINI
(453)

1. Excedit quidem, dilectissimi, multumque supereminet humani eloquii facultatem divini operis magnitudo, et inde oritur difficultas fandi, unde adest ratio non tacendi, quia in Iesu Christo Filio Dei non solum ad divinam essentiam, sed etiam ad humanam spectat naturam quod dictum est per prophetam: *Generationem eius quis enarrabit?* Utramque enim substantiam in unam convenisse personam, nisi fides credat, sermo non explicat, et ideo numquam materia deficit laudis, quia numquam sufficit copia laudatoris. Gaudeamus igitur quod ad eloquendum tantae misericordiae sacramentum inpares sumus, et cum salutis nostrae altitudinem promere non valemus, sentiamus nobis bonum esse quod vincimur. Nemo enim ad cognitionem veritatis magis propinquat, quam qui intellegit in rebus divinis, etiamsi multum proficiat, semper sibi superesse quod quaerat. Nam qui se ad quod tendit pervenisse praesumit, non quaesita repperit, sed in inquisitione deficit.

Ne autem infirmitatis nostrae perturbemur angustiis, evangelicae nos et propheticae adiuvant voces, quibus ita accendimur et docemur, ut nobis nativitatem Domini, qua

---

1. 이사 53,8 (70인역).
2. 요한 1,14.

강론 제29편
제9 성탄 강론
(453년)

평화의 신비

1. 친애하는 형제 여러분, 하느님이 이루신 위대한 업적은 인간 언어의 표현 능력을 넘어서는 것이며 아니 훨씬 멀리 초월하는 것입니다. 그런데 표현하기 어렵다는 바로 그 점에 침묵하지 말고 이야기해야 할 이유가 있는 것입니다. 예언자께서 "누가 그분의 탄생을 이야기할 수 있으리오?"라고 하신 말씀은 하느님의 아들이신 예수 그리스도 안에 있는 신적 본성뿐 아니라 인성을 두고 한 말이기 때문입니다. 사실 굳건한 믿음이 없다면 하나의 위격 안에 두 개의 본성이 결합되어 있다는 것을 인간의 언어로는 설명할 수가 없습니다. 그런데 찬미하는 사람의 말재주가 변변지 못하다고 해서 찬미할 거리가 없는 것은 결코 아닙니다.

그러므로 우리는 하느님의 이처럼 큰 자비의 신비를 다 이야기할 수 없다는 사실을 기뻐합시다. 우리가 우리 구원의 심오한 신비를 다 설명할 수 없다면, 그 신비가 우리를 위해 얼마나 좋은 것인지를 우리의 무능함을 통해 깨닫도록 합시다. 사실 하느님에 관한 일들에 있어서는 비록 상당한 수준에 있는 사람이라 하더라도 자신이 찾고 있는 것이 항상 자신의 능력을 능가하고 있다는 사실을 깨닫는 사람만큼 더 진리를 잘 깨닫는 사람이 없습니다. 자기가 찾던 것에 대해 이미 깨달았다고 자처하는 사람은 실은 자기 노력의 바람직한 결과를 얻지 못하고 오히려 실패한 사람인 것입니다.

그렇지만 우리 능력의 한계에 대해 불안해하지 맙시다. 복음서와 예언서들의 가르침이 우리를 도와 주고 있기 때문입니다. 우리가 이 가르침을 통해 비춤을 받고 깨우침을 얻게 될 때, "말씀이 사람이 되셨다"[2]

Verbum caro factum est, non tam praeteritam recolere, quam praesentem videamur inspicere. Quod enim pastoribus pro gregum suorum custodia vigilantibus angelus nuntiavit, etiam nostrum implevit auditum, et ideo dominicis ovibus praesumus, quia verba divinitus edita cordis aure servamus, tamquam et in hodierna festivitate dicatur: *Evangelizo vobis gaudium magnum, quod erit omni populo, quia natus est vobis hodie Salvator, qui est Christus Dominus, in civitate David.* Cuius praedicationis summitati exultatio innumerabilium iungitur angelorum — ut excellentius fieret testimonium, cui militiae caelestis multitudo concineret — in honorem Dei una benedictione dicentium: *Gloria in excelsis Deo, et in terra pax hominibus bonae voluntatis.*

Dei ergo gloria est ex matre virgine Christi nascentis infantia, et reparatio humani generis merito in laudem sui refertur auctoris, quia et ipsi beatae Mariae missus a Deo Gabrihel angelus dixerat: *Spiritus sanctus superveniet in te, et virtus Altissimi obumbrabit tibi, ideoque et quod nascetur ex te sanctum, vocabitur Filius Dei.* In terra autem illa pax conditur, quae homines bonae efficit voluntatis. Quo enim Spiritu de intemeratae matris visceribus nascitur Christus, hoc de sanctae Ecclesiae utero renascitur christianus, cui vera pax est a Dei voluntate non dividi et his solis quae Deus diligit delectari.

2. Natalem igitur, dilectissimi, diem Domini celebrantes, qui ex omnibus praeteritorum temporum diebus electus est, licet

---

3. 루가 2,10-11.
4. 루가 2,14.
5. 루가 1,35.

는 주님의 성탄이 한낱 지나간 과거의 사건에 대한 기억으로서가 아니라 지금의 현실로서 우리에게 보여질 것입니다. 주의 천사가 밤을 새워가며 양떼를 지키고 있던 목자들에게 전해 준 그 말씀이 우리 귀에도 생생히 들릴 것입니다. 하느님으로부터 선포된 말씀을 마음의 귀로 받아들이기 때문에 우리는 주님의 양떼를 치고 있습니다. 또 "나는 너희에게 기쁜 소식을 전하러 왔다. 모든 백성들에게 큰 기쁨이 될 소식이다. 오늘 구세주께서 너희를 위해 다윗의 고을에 나셨다. 그분은 바로 주님이신 그리스도이시다"라는 말씀이 오늘 축일에도 또다시 우리에게 선포됩니다. 이 천사의 선포에 이어 하늘에는 수많은 천사들, 즉 수많은 천상 군대들이 최상의 증언을 하기 위해 용약하며 모여들어 하느님을 찬양하면서 "하늘 높은 곳에는 하느님께 영광, 땅에는 마음이 착한 이들에게 평화"라고 노래했습니다.

그러므로 동정녀 어머니로부터 태어나신 아기 그리스도의 탄생에 대해서는 하느님께 영광을 드려야 하고, 인류 구원에 대해서는 그것을 이룩하신 분께 마땅히 찬미를 드려야 합니다. 왜냐하면 하느님께서 보내신 천사 가브리엘이 복되신 마리아에게, "성령이 너에게 내려오시고 지극히 높으신 분의 힘이 감싸 주실 것이다. 그러므로 너에게서 태어나실 그 거룩한 아기를 하느님의 아들이라 부르게 될 것이다"라고 말씀하셨기 때문입니다. 평화가 땅 위에 세워졌고 마음 착한 이들에게 실현되었습니다. 그리스도께서 성령에 의해 순결한 어머니의 모태에서 태어나셨듯이, 그리스도 신자는 성령에 의해 성교회의 모태에서 새로 태어났습니다. 그리스도 신자의 참 평화는 하느님의 뜻을 멀리하는 데 있는 것이 아니라 하느님께서 기뻐하시는 일들을 좋아하는 데 있는 것입니다.

다윗의 후손이신 그리스도

2. 친애하는 형제 여러분, 우리는 지난 세대의 모든 날들 중에서 특별히 선택된 날인 주님의 탄일을 경축하고, 구세주를 낳으신 동정녀의

dispensatio actionum corporalium, sicut aeterno consilio fuerat praeordinata, transierit, totaque Redemptoris humilitas in gloriam paternae maiestatis evecta sit, *ut in nomine Iesu omne genu flectatur caelestium, terrestrium et infernorum, et omnis lingua confiteatur quoniam Iesus in gloria est Dei Patris,* indesinenter tamen ipsum partum salutiferae Virginis adoramus, et illam Verbi et carnis indissolubilem copulam non minus suscipimus in praesepe iacentem, quam in throno paternae altitudinis consedentem. Immutabilis enim Deitas, quamvis intra semetipsam et claritatem suam et potentiam contineret, non ideo tamen non erat conserta nascenti, quia humano aspectui non patebat, ut per veri hominis inusitata primordia ille agnosceretur genitus, qui regis David et Dominus esset et filius. Ipse enim prophetico spiritu canit: *Dixit Dominus Domino meo: Sede a dextris meis.* Quo testimonio, sicut evangelium refert, confutata est impietas Iudaeorum. Nam cum Iesu interrogante Iudaeos cuius filium dicerent Christum, respondissent: David, confestim Dominus caecitatem eorum arguens ait: *Quomodo ergo David in spiritu vocat eum Dominum, dicens: Dixit Dominus Domino meo: Sede a dextris meis?* Interclusistis, Iudaei, intellegentiae viam, et dum solam naturam carnis aspicitis, tota vos veritatis luce privastis. Expectantes enim, secundum vestrae persuasionis fabulosa figmenta, David filium de sola stirpe corporea, dum spem vestram in homine tantum constituistis, Deum Dei Filium reppulistis, ut quod nobis profiteri gloriosum est, vobis

---

6. 필립 2,10-11.
7. 마태 22,45 참조.
8. 시편 109,1.
9. 마태 22,43-44.

출산을 열렬히 경하합시다. 비록 지금은, 영원으로부터 미리 정해진 하느님의 계획에 따라 이루어진 주님의 지상 생활의 세월이 이미 지나갔고, 또 "하늘과 땅 위와 땅 아래에 있는 모든 것이 예수의 이름을 받들어 무릎을 꿇고 모두가 입을 모아 예수께서 하느님 아버지의 영광 안에 계시다고 찬양하고"[6] 있는 것처럼 구세주의 모든 비하하심이 지존하신 성부의 영광 안에 들어높여진 때라 하더라도 우리의 축하에는 아무런 지장이 없습니다. 사실 우리는, 그분이 지존하신 성부의 어좌에 좌정하신 때는 물론 구유에 누워 계셨을 때에도 하느님의 말씀과 인성이 그분 안에서 불가분의 일치를 이루고 있었다는 사실을 믿고 있기 때문입니다. 보이지 않는 신성은 자체로 영광과 능력을 지니고 있는데 그것이 인간의 눈에 보여지지 않았다고 해서 새로 태어나신 아기 안에 있지 않다고 말할 수 없는 것입니다. 이 모든 것은, 기이한 탄생을 통해 참된 인간으로 태어나신 분이 다윗 왕에게 주님이 되며 동시에 아들이 되시는[7] 바로 그분이라는 사실을 알게 하기 위해서였습니다. 사실 다윗은 예언하는 영을 받아 "주께서 내 주께 이르시기를, 내 오른편에 앉아 있으라"[8] 하고 노래했습니다. 복음서가 전하는 바대로, 이 증언은 유다인들의 불신을 반박하는 데 사용되었습니다. 예수께서 유다인들에게 그리스도가 누구의 자손이냐고 물었을 때 그들은 "다윗의 자손입니다"고 대답했습니다. 그러자 주님은 즉시 그들의 눈멂을 꾸짖으시면서, "그렇다면 다윗이 성령의 감화를 받아 그를 주님이라 불렀고 '주께서 내 주께 이르시기를, 내 오른편에 앉아 있으라' 말한 것은 어떻게 된 일이냐?"[9] 하고 재차 물었습니다. 유다인들이여, 깨달음의 길을 등지고서 육체의 본성만 보고 있는 여러분에게는 진리의 모든 빛이 막혀 있습니다. 여러분의 헛된 환상에서 나온 확신 때문에 여러분은 인간적인 혈통을 가진 다윗의 후손만을 고대하고 있습니다. 여러분은 한 인간에게 여러분의 희망을 모두 걸고 있기 때문에 하느님이시면서 하느님의 아들이신 분을 배척하고 있습니다. 그래서 우리가 자랑스럽게 선포하는 것이

prodesse non possit. Nam et nos interrogati cuius sit filius Christus, voce Apostoli confitemur quod *factus est ex semine David secundum carnem,* et de ipso initio evangelicae praedicationis instruimur legentes: *Liber generationis Iesu Christi, filii David.* Sed ideo a vestra impietate discernimur, quia quem ex progenie David hominem novimus natum, eumdem, secundum quod *Verbum caro factum est,* Deum Deo Patri credimus coaeternum. Unde si teneres, o Israhel, tui nominis dignitatem, et propheticas denuntiationes non obcaecato corde percurreres, Esaias tibi evangelicam panderet veritatem et non surdus audires divina inspiratione dicentem: *Ecce Virgo in utero accipiet, et pariet filium, et vocabunt nomen eius Emmanuhel, quod est interpretatum Nobiscum Deus.* Quem si in tanta proprietate sacri nominis non videbas, in davitica saltem voce didicisses, ne contra testificationem novi et veteris Testamenti Iesum Christum David filium denegares, quem David Dominum non fateris.

3. Quapropter, dilectissimi, quoniam per ineffabilem gratiam Dei Ecclesia fidelium gentium consecuta est, quod carnalium Iudaeorum Synagoga non meruit, dicente David: *Notum fecit Dominus salutare suum, in conspectu gentium revelavit iustitiam suam;* et Esaia similiter praedicante: *Populus qui sedebat in tenebris lucem vidit magnam; qui habitabant in regione umbrae mortis, lux orta est eis;* et iterum: *Gentes quae*

---

10. 로마 1,3.
11. 마태 1,1.
12. 요한 1,14.
13. 마태 1,23; 이사 7,14.
14. "시나고가"는 유다인들의 회당을 말하는데, 앞의 "교회"와 마찬가지로 건물을 의미하는 것이 아니라, 기도하는 공동체의 뜻을 가지고 있다. 여기서는 그리스도교와 유대교를 대비시키고 있다.
15. 시편 97,2.
16. 이사 9,2; 마태 4,16.

여러분에게는 아무런 유익이 될 수 없습니다. 그리스도가 누구의 후손이냐는 질문을 우리가 받는다면 사도께서 말씀하신 대로, "인성으로 말하면 다윗의 후손으로 태어나신 분"[10]이라고 선포할 것입니다. 또 우리는 복음서 첫머리에 있는 "다윗의 자손이신 예수 그리스도의 족보"[11]를 읽으면서 이 진리를 배우게 되었습니다. 그런데 우리는 "말씀이 사람이 되셨다"[12]는 증언에 따라 다윗의 후손으로 태어나신 그분이 하느님 아버지와 같이 영원한 하느님이시라고 믿고 있기 때문에 여러분의 불신앙과 분명히 구별됩니다. 오, 이스라엘이여, 만일 여러분의 이름의 품위를 간직하고, 마음을 열고 예언자들의 증언들을 찾아보았더라면, 이사야 예언자는 여러분에게 진리의 복된 소식을 전해 주었을 것이고, 또 여러분의 귀가 열려 하느님의 영감을 받아 하신 말씀을 들을 수 있었을 것입니다. 예언자께서 말씀하시기를 "보라, 처녀가 잉태하여 아들을 낳을 것이니, 그의 이름을 임마누엘이라 하리라. 임마누엘은 하느님께서 우리와 함께 계시다라는 말이다"[13]라고 하셨습니다. 여러분은 그리스도께서 이 거룩한 이름의 특성을 온전히 지니고 계심을 보지 못했습니다. 만일 여러분이 다윗의 가르침을 통해서 그분에 대해 조금이라도 배우기만 했더라면, 신·구약 성서의 증언들을 거슬러 여러분이 다윗의 주님으로 인정하지 않고 있는 예수 그리스도께서 다윗의 자손이시라는 사실을 부인하지 않았을 것입니다.

하느님의 자녀가 된 백성들의 기쁨

3. 친애하는 형제 여러분, 믿는 백성의 교회는 육적인 유다인들의 시나고가가[14] 받을 수 없었던 것을 하느님의 엄청난 은총을 통해 받게 되었습니다. 이에 대해 다윗은, "주께서 당신 구원을 드러내 보이시고 당신 정의를 백성들 앞에서 밝히셨도다"[15]라고 말했습니다. 또 이사야도 마찬가지로 예언하기를 "어둠 속에 앉아 있던 백성이 큰 빛을 볼 것이고 죽음의 어둠의 땅에 사는 사람들에게 비쳐 올 것입니다"[16]라고 하셨

te non noverunt invocabunt te, et populi qui te nesciunt ad te confugient, exultemus in die salutis nostrae, et per novum Testamentum in consortium eius adsumpti, cui a Patre dicitur per prophetam: *Filius meus es tu, ego hodie genui te. Postula a me, et dabo tibi gentes haereditatem tuam, et possessionem tuam terminos terrae,* in adoptantis nos misericordia gloriemur, quia sicut Apostolus ait: *Non accepistis spiritum servitutis iterum in timore, sed accepistis spiritum adoptionis filiorum, in quo clamamus: Abba, Pater.* Dignum est enim atque conveniens, ut testantis Patris voluntas ab adoptivis filiis impleatur, et dicente Apostolo: *Si conpatimur, et conglorificabimur,* sint humilitatis Christi conparticipes, qui sunt futuri gloriae cohaeredes.

Honoretur in infantia sua Dominus, nec ad Deitatis referantur iniuriam exordia et incrementa corporea, quoniam naturae incommutabili nec addidit aliquid natura nostra, nec minuit, sed qui in similitudinem carnis peccati dignatus est hominibus esse conformis, in unitate Deitatis Patri permanet aequalis, cum quo et cum Spiritu sancto vivit et regnat in saecula saeculorum. Amen.

고, 또다시 "당신을 알지 못하던 민족들이 당신을 부를 것이며, 당신을 모르던 백성들이 당신께로 몰려오리라"¹⁷고 말씀하셨습니다. 그러니 우리 구원의 날에 우리 모두 기뻐합시다. 새로운 계약으로 인해 우리는 성부께서 예언자를 통해 "너는 내 아들, 오늘 너를 낳았노라. 내게 청하라, 나는 백성들을 네 유산으로 땅의 맨 끝까지 네 소유로 주리라"¹⁸고 말씀하신 분과 일치되었으니, 우리를 자녀로 삼아 주신 분의 자비 안에서 자랑해 봅시다. 사도께서는 이에 대해, "여러분이 받은 성령은 여러분을 하느님의 자녀로 만들어 주시는 분이십니다. 그래서 우리는 그 성령에 힘입어 하느님을 '아빠, 아버지'라고 부릅니다"¹⁹라고 말씀하셨습니다. 자녀가 된 우리는 우리에게 보여 주시는 아버지의 뜻을 완수하는 것이 도리이고 합당한 일입니다. "우리가 그리스도와 함께 고난을 받고 있으니 영광도 그분과 함께 받게 될 것입니다"²⁰라고 사도께서 말씀하신 것처럼, 장차 영광을 상속받을 사람들은 지금 그리스도의 낮추심에 동참해야 합니다.

주님은 당신의 어린시절 안에서도 영광을 받으셔야 하며, 또 인간이 되시고 신체적인 발육을 하신 것이 그분의 신성을 손상시키는 일이 아닙니다. 왜냐하면 그분께서 취하신 인간 본성이 그분의 변할 수 없는 신적 본성에 무엇을 늘리거나 축소시킬 수 없기 때문입니다. 그분은 죄 많은 인간 육신의 모습으로²¹ 우리와 똑같은 분이 되셨지만 유일한 신성 안에서는 성부와 동등한 분으로 계속 계십니다. 그분은 성부와 성신과 함께 세세에 영원히 살아 계시고 다스리십니다. 아멘.

---

17. 이사 55,5.
18. 시편 2,7-8.
19. 로마 8,15.
20. 로마 8,17.
21. 로마 8,3 참조.

XXX
ITEM ALIUS DE NATALE DOMINI
(454)

1. Saepe, ut nostis, dilectissimi, de excellentia festivitatis hodiernae officium vobis sermonis salutaris inpendimus, nec ambigimus ita cordibus vestris divinae pietatis resplenduisse virtutem, ut quod vobis fide est insitum, id sit etiam intellegentia conprehensum. Sed quia Domini Salvatorisque nostri nativitas, non solum secundum deitatem de Patre, sed etiam secundum carnem de matre, ita facultatem humani excedit eloquii, ut merito ad utrumque referatur quod dictum est: *Generationem eius quis enarrabit,* in eo ipso quod digne non potest explicari, semper exuberat ratio disserendi, non quia liberum sit diversa sentire, sed quia dignitati materiae nulla potest lingua sufficere.

Magnitudo igitur sacramenti, in salutem humani generis ante saecula aeterna dispositi, in saeculorum fine reserati, integritati suae nec auferri aliquid patitur, nec augeri, et sicut propria non amittit, ita aliena non recipit. Sed multi opinionum suarum sequaces, et quod nondum intellexerunt paratiores docere quam discere, sicut ait Apostolus, *circa fidem naufragaverunt,* quorum pravas conpugnantesque sententias brevi significatione perstringam, ut errorum tenebris a veritatis luce discretis, et religiose honorentur benefica divina, et scienter caveantur mundana mendacia.

---

1. 이사 53,8 (70인역).
2. 1디모 1,19.

강론 제30편
제10 성탄 강론
(454년)

육화의 신비의 불변성

1. 친애하는 형제 여러분, 여러분이 알다시피 우리는 오늘 축일의 탁월성에 대해 여러분에게 이미 여러 차례 유익한 설교를 해 왔습니다. 그때마다 우리는 자비로우신 하느님의 능력이 여러분의 마음을 비추어 여러분 안에 신앙으로 심겨진 것을 더 깊이 깨닫게 해주셨다는 점을 의심하지 않습니다. 그렇지만 우리 주 구세주의 탄생에 있어서 성부께로부터 오는 신성뿐 아니라 어머니로부터 오는 인성에 대해 둘 다 합당하게 말씀드리기에는, "누가 그분의 탄생을 이야기할 수 있으리오?"[1] 라는 말씀처럼 인간 언어의 표현 능력을 넘어서는 것입니다. 이에 대해 적절하게 해설할 수 없다는 바로 그 사실 때문에 항상 다시 거론해야 할 소재가 많이 있는 것입니다. 이것은 각자 다르게 생각할 자유를 가져야 한다는 뜻이 아니라 어떠한 인간의 언어도 이 주제의 탁월성에 비추어 충분할 수 없기 때문입니다.

그러므로 영원으로부터 인류 구원을 위해 계획되었고 이 마지막 시대에 와서 계시된 이 위대한 신비는 그 완전한 내용에서 무엇을 빼거나 무엇을 더 첨가시켜서는 안되는 것입니다. 즉, 본래의 내용을 상실해서도 안되고 다른 내용을 더 용납해서도 안됩니다. 그런데 많은 사람들은 자기 주장을 고집하면서 자신이 알아듣지도 못하는 것을 스스로 배우려 하기보다는 오히려 남에게 가르치려 하고 있으니 사도께서 말씀하신 것처럼 "그들의 믿음은 파선을 당했습니다".[2] 그래서 저는 여러분이 진리의 빛에서 오류의 어둠을 갈라 놓아 하느님께서 베푸시는 구원의 은혜를 경건하게 받들고 세속의 거짓말을 지혜롭게 경계할 수 있도록 그들의 사악하고 모순된 주장들을 간략하게 요약해 보겠습니다.

2. Quidam enim ex documentis nativitatis Domini Iesu Christi quae eum verum hominis filium demonstrabant, nihil ipsum amplius quam hominem crediderunt, non putantes illi adscribendam esse deitatem, quem et primordia infantiae et incrementa corporea et passionum usque ad crucem mortemque conditio non dissimilem ceteris mortalibus adprobasset. Alii vero virtutum admiratione permoti, et originis novitatem et dictorum factorumque potentiam ad divinam intellegentes pertinere naturam, nihil illi putaverunt nostrae esse substantiae, totumque illud quod corporeae fuit actionis et formae, aut de sublimioris generis prodisse materia, aut simulatam speciem carnis habuisse, ut videntium et tangentium sensus ludificatoria imagine falleretur.

Fuit autem in quibusdam errantibus etiam illa persuasio, qua conarentur asserere ex ipsa Verbi substantia quiddam in carnem fuisse conversum, natumque Iesum de Maria virgine nihil maternae habuisse naturae, sed et quod erat Deus et quod erat homo, utrumque ad id pertinuisse quod Verbum est, ut scilicet in Christo et per diversitatem substantiae falsa fuerit humanitas, et per defectum mutabilitatis non vera divinitas.

3. Has ergo, dilectissimi, aliasque impietates diabolica inspiratione conceptas, et in multorum noxam per vasa perditionis effusas, olim catholica fides cui Deus et magister est et auxiliator obtrivit, exhortante et instruente nos Spiritu sancto per legis testificationem, per vaticinia prophetarum, per evangelicam tubam apostolicamque doctrinam, ut constanter

---

3. 여기에 언급되는 이단들에 대해서는 강론 28,4-5와 이에 해당되는 "주"를 참조하라.
4. 가현설 이단과 쁘리쉴라 이단을 말한다.
5. 단성론자(monofisismus)들을 말한다.
6. 공의회를 통해 공적으로 단죄받은 이단들을 암시하는데 특히 아리우스 이단은 니체아 공의회(325)에서, 아뽈리나리스 이단은 콘스탄티노폴리스 공의회(381)에서, 네스토리우스 이단은 에페소 공의회(431)에서 그리고 에우티케 이단은 칼체돈 공의회(451)에서 단죄받았다.

그리스도론적 이단들

2. 어떤 사람들은, 주 예수 그리스도의 탄생에 관한 이야기는 그분이 참으로 사람의 아들임을 보여 줄 따름이므로 그분이 인간이라는 점 외에 달리 믿을 것이 없으며,³ 또 그분의 유년기, 신체의 성장, 수난 그리고 십자가에 죽으심에 이르기까지 다른 죽을 인간들과 하등의 차이가 증명되지 않기 때문에 그분에게 신성을 부여해서는 안된다고 합니다. 이와는 달리 어떤 사람들은 그분의 놀라운 기적들에 감탄한 나머지 그분의 특이한 출생과 능력있는 말씀과 행적들이 모두 신성에 속하는 것이라고 알아듣고 그분에게는 우리 본성과 같은 것이 하나도 없다고 주장합니다. 그리고 그분의 육체적인 외모나 행위에 관한 것 모두는 아주 고귀한 물질로 된 것이라고 주장하는가 하면, 또는 그분은 자기를 보는 사람들과 만지는 사람들의 감각을 속이기 위해 마치 연극에서 가면처럼 일종의 가짜 육체를 지니고 있었다고 주장합니다.⁴

또 어떤 사람들은 (하느님의) 말씀의 본질 가운데 한 부분이 육신으로 변화되었으며, 동정녀 마리아에게서 태어나신 예수는 아무런 어머니의 본성을 지니고 있지 않으며, 그래서 신성과 인성 둘 다 말씀의 한 본성에 속해 있다는 그릇된 확신을 갖고 이를 주장하는 데 열을 올리고 있습니다.⁵ 그렇다면 그리스도 안에 있는 인성은 우리의 육체와 다르기 때문에 참된 인성이라 할 수 없고 신성도 변화되었다는 결함 때문에 참된 신성이 될 수 없습니다.

그리스도 안에 완전한 신성과 완전한 인성

3. 친애하는 형제 여러분, 하느님을 스승과 조력자로 모시고 있는 가톨릭 신앙은 악마의 사주를 받아 생겨나서 널리 전파되어 많은 사람들을 멸망의 구렁텅이로 끌어넣었던 이러한 이단들을 이미 배척한 바 있습니다.⁶ 성령께서 율법서의 증언을 통해 또 예언자들의 예언을 통해 그리고 복음의 선포와 사도들의 가르침을 통해 우리를 권고하고 가르

intellegenterque credamus quia, sicut ait beatus Iohannes, *Verbum caro factum est et habitavit in nobis.* In nobis utique, quos sibi Verbi divinitas coaptavit, cuius caro de utero Virginis sumpta nos sumus. Quae si de nostra, id est vere humana, non esset, Verbum caro factum non habitasset in nobis. *In nobis* autem *habitavit,* quia naturam nostri corporis suam fecit, *aedificante sibi Sapientia domum,* non de quacumque materia, sed de substantia proprie nostra, cuius adsumptio est manifestata cum dictum est: *Verbum caro factum est et habitavit in nobis.*

Huic autem sacratissimae praedicationi etiam beati Pauli apostoli doctrina concordat dicentis: *Videte ne quis vos decipiat per philosophiam et inanem fallaciam secundum traditionem hominum, secundum elementa mundi, et non secundum Christum, quia in ipso habitat omnis plenitudo divinitatis corporaliter, et estis in illo repleti.* Totum igitur corpus implet tota divinitas, et sicut nihil deest illius maiestatis cuius habitatione repletur habitaculum, sic nihil deest corporis quod non suo habitatore sit plenum. Quod autem dictum est: *Et estis in illo repleti,* nostra utique est signifcata natura, ad quos illa repletio non pertineret, nisi Dei Verbum nostri sibi generis et animam et corpus unisset.

4. Agnoscendum sane, dilectissimi, et toto corde est confitendum, quod haec generatio qua et Verbum et caro, id est Deus et homo, unus Dei Filius unusque Christus efficitur, supra omnem originem humanae creationis excellit. Nec enim aut *Adae de limo terrae formatio,* aut Evae *de viri carne*

---

7. 요한 1,14.
8. 잠언 9,1.
9. 골로 2,8-10.
10. 골로 2,10.

쳐 주시기 때문에, 우리는 "말씀이 사람이 되셔서 우리 가운데 거처하셨다"[7]는 복되신 요한의 말씀을 깨달아 항구하게 믿을 수 있게 됩니다. 그분께서 동정녀의 모태에서 취하신 육신이 바로 우리 자신이라면 말씀의 신성은 우리 안에서 우리를 당신과 결합시키신 것입니다. "그분이 우리 가운데 거처하셨다"라고 하는 것은 우리 육신의 본성을 당신 것으로 삼으셨기 때문입니다. 즉, "지혜가 자기 집을 지었는데"[8] 다른 재료로 지은 것이 아니라 바로 우리의 인간 본성을 가지고 지은 것입니다. 이 사실은, "말씀이 사람이 되셔서 우리 가운데 거처하셨다"는 말씀을 통해 밝혀졌습니다.

또 다음과 같이 말씀하신 복되신 바울로의 가르침은 이 거룩한 증언과 일치됩니다. "여러분은 헛된 철학과 속임수에 사로잡히지 않도록 조심하십시오. 그것은 세속의 원리를 기초로 인간이 만들어서 전해 준 것이지 그리스도를 기초로 한 것은 아닙니다. 그리스도의 인성 안에는 하느님의 완전한 신성이 깃들어 있습니다. 그리고 여러분도 그분 안에서 완전에 이르게 되었습니다."[9] 그러므로 신성 전체가 육신 전체를 가득 채웠습니다. 그리고 거처하심으로써 그 거처를 충만케 한 분의 엄위에 조금도 부족함이 없는 것처럼, 거처하시는 분으로 채워지지 않은 육신의 어떤 부분도 없습니다. "여러분도 그분 안에서 완전에 이르게 되었습니다"[10]란 말은 우리의 인간 본성을 두고 하는 말입니다. 만일 하느님의 말씀이 우리 인간의 영혼과 육신을 당신과 일치시키지 않으셨더라면 우리의 인간 본성은 완전함에 이르지 못했을 것입니다.

예수의 탄생과 다른 기이한 탄생들

4. 친애하는 형제 여러분, 말씀과 육신, 즉 하느님이시며 인간이신 그분께서 하느님의 외아들이며 유일한 그리스도가 되신 이 탄생은 인간 창조의 모든 기원을 훨씬 능가하는 일이라는 사실을 인식하고 마음을 다해 고백해야 할 것입니다. 아담이 땅의 흙으로 형성된 것이나 하와가

plasmatio, aut ceterorum hominum de utriusque sexus permixtione conditio, Iesu Christi potest ortui conparari.

Genuit Abraham senex divinae promissionis haeredem, et transgressa fecunditatis annos sterilis Sarra concepit. Iacob dilectus est a Deo antequam natus, et praeveniente gratia voluntarias actiones, ab hispida congeniti fratris asperitate discretus. Hieremiae dicitur: *Priusquam te formarem in utero, novi te, et priusquam exires de vulva, sanctificavi te.* Anna diu fecunditatis aliena, Samuhelem prophetam, quem Deo offerret, enixa est, ut et partu clara esset et voto. Zacharias sacerdos de Elisabeth sterili sanctam suscepit prolem, et praecursor Christi futurus Iohannes propheticum spiritum intra viscera matris acceperat, et nondum editus puer genetricem Domini signo clausae exultationis ostenderat. Magna haec omnia et divinorum operum sunt plena miraculis, sed hoc ipso moderatius stupenda quo plura.

Nativitas autem Domini nostri Iesu Christi omnem intellegentiam superat et cuncta exempla transcendit, nec potest ullis esse conparabilis, quae est inter omnia singularis. Electae Virgini iamque de semine Abraham ac de radice Iesse per propheticas voces et per mystica signa promissae, denuntiatur ab archangelo sine damno pudoris beata fecunditas, sacram virginitatem nec conceptu violatura nec partu. *Superveniente quippe in eam Spiritu sancto et Altissimi obumbrante virtute,* incommutabile Dei Verbum de incontaminato corpore habitum sibi humanae carnis adsumpsit,

---

11. 창세 2,7-22 참조.
12. 창세 21,2; 히브 11,11 참조.
13. 창세 25,25; 로마 9,13 참조.
14. 에페 1,5.
15. 1사무 1,11-20 참조.
16. 루가 1,24 참조.
17. 루가 1,41 참조.

남자의 살로 조성된 것이나¹¹ 그외 다른 사람들이 남녀의 결합을 통해 생겨나게 된 것 모두가 예수 그리스도의 탄생과는 비교될 수 없습니다.

하느님의 약속에 의해 연로한 아브라함이 상속자를 얻었고, 자식을 생산하지 못하던 사라가 이미 출산할 수 있는 나이를 넘긴 다음에도 자식을 잉태했습니다.¹² 야곱은 태어나기도 전에 이미 하느님께 사랑을 받았고, 그의 의지적인 행위들에 앞서 이미 하느님의 은총을 받아 난폭한 성격을 가졌던 쌍둥이 형과 구별되었습니다.¹³ 또 예레미야는 "내가 너를 점지해 주기 전에 너를 성화시켰다"¹⁴는 말을 들었습니다. 또 오랫동안 아이를 낳지 못하던 한나는 사무엘 예언자를 낳아 하느님께 봉헌했습니다.¹⁵ 그래서 한나는 서원과 출산을 통해 유명한 사람이 되었습니다. 사제 즈가리야는 석녀(石女)였던 엘리사벳을 통해 거룩한 아들을 얻게 되었고,¹⁶ 장차 그리스도의 선구자가 될 요한은 어머니의 태중에서 예언의 영을 받아서 아직 태어나지도 않은 아이가 어머니의 태중에서 주님의 어머니께 기쁨의 표시를 하였습니다.¹⁷ 이 모든 일들은 위대한 것이며 하느님의 역사하심으로 이루어진 기적들로 가득 차 있습니다. 그리고 이보다 좀 덜한 다른 놀라운 일들도 많이 있습니다.

그렇지만 우리 주 예수 그리스도의 탄생은 인간의 모든 이해력을 초월하고, 모든 실례(實例)를 능가하며, 어떠한 탄생과도 비교될 수 없을 만큼 모든 것들 가운데 유일한 탄생입니다. 예언자들의 예언들과 신비로운 증표들을 통해 약속되었으며, 아브라함의 후손에서 또 이새의 뿌리에서부터 이미 간택된 동정녀에게 대천사는 동정을 간직한 채 복된 잉태를 하게 되리라고 알려 주었습니다. 사실 잉태와 출산을 통해서 거룩한 동정성이 손상되지 않았습니다. 성령이 동정녀에게 내려오시고 지극히 높으신 분의 능력이 감싸 주셨기 때문에,¹⁸ 불변의 하느님의 말씀께서 더럽혀지지 않은 동정녀의 몸에서부터 인간 육신의 옷을 입으신

---

18. 루가 1,35 참조.

quae et nullum contagium de concupiscentia traheret, et nihil eorum quae ad animae corporisque naturam pertinent non haberet.

5. Recedant procul atque in tenebras suas eant haereticarum monstra opinionum et insanarum sacrilegia falsitatum, nos exultans in laudem Dei caelestium multitudo et instructi ab angelis docuere pastores, ut cognitis naturae utriusque documentis, et Verbum in Christo homine, et Christum hominem adoremus in Verbo.

Nam si, Apostolus ait, *qui adhaeret Domino, unus spiritus est,* quanto magis Verbum caro factum unus est Christus, ubi nihil est alterius naturae quod non sit utriusque! Non ergo infirmemur in consilio misericordiae Dei, quae nos et innocentiae reformat et vitae, nec quia in Salvatore nostro manifesta cognoscimus geminae signa naturae, aut in gloria Dei de veritate carnis, aut in humilitate hominis de deitatis maiestate dubitemus. Idem est in *forma Dei,* qui *formam* recepit *servi.* Idem est incorporeus manens et corpus adsumens. Idem in sua virtute inviolabilis et in nostra infirmitate passibilis. Idem a paterno non divisus throno et ab impiis crucifixus in ligno. Idem est super caelorum altitudines victor mortis ascendens, et *usque ad consummationem saeculi* universam Ecclesiam non relinquens. Idem postremo est qui, in eadem qua ascendit carne venturus, sicut iudicium sustinuit

---

19. 루가 2,9-20 참조.
20. 1고린 6,17.
21. 마태 28,20 참조.

것입니다. 그래서 이 인간 육신은 육적인 정욕에 의해 더럽혀진 것이라 곤 하나도 갖고 있지 않았지만 영혼과 육신의 본성에 속하는 것은 모두 지니고 있었던 것입니다.

그리스도의 유일한 위격

5. 이단적인 생각과 부조리한 오류의 독성죄에 따라 방황하는 자들은 어둠 속으로 되돌아간 자들입니다. 하느님을 찬미하던 천상의 무리들과 천사들로부터 소식을 들었던 목자들은[19] 우리에게 그분의 두 가지 본성의 실제를 인식하고, 그리스도의 인성 안에서 말씀을 흠숭하며, 말씀 안에서 그리스도의 인성을 흠숭하도록 가르쳐 줍니다.

사도께서 말씀하신 것처럼, 만일 "주님과 결합하는 사람은 그분과 영적으로 하나가"[20] 된다고 한다면, 사람이 되신 하느님의 말씀께서 한 분의 그리스도가 되는 것은 얼마나 더 자명한 일이겠습니까? 그분 안에는 이 두 가지 본성에 속하지 않은 다른 어떠한 본성도 있지 않습니다. 그러므로 우리는 우리를 무죄와 생명에로 복원시켜 주시는 자비로우신 하느님의 계획에 대해 군건한 믿음을 갖고 동요되지 맙시다. 우리는 우리 구세주 안에 두 개의 본성에 대한 명백한 표지들을 깨닫고 있으므로, 하느님의 영광과 일치된 육신의 실제에 대해 그리고 인간의 비천함과 일치된 그분 신성의 엄위에 대해 의심하지 말아야 합니다. 하느님의 본성 안에 계시는 분과 종의 본성을 취하신 분은 같은 한 분이십니다. 비육체적으로 계속 머물러 계시는 분과 육신을 취하신 분은 같은 한 분이십니다. 자신의 권능 안에서 완전하신 분과 우리 연약함 안에서 수난받으실 수 있는 분은 같은 한 분이십니다. 성부의 권좌에서 분리되지 않으신 분과 악당들에 의해 십자가에 못박히신 분은 같은 한 분이십니다. 죽음의 승리자로 하늘 높은 곳으로 올라가신 분과 세상 끝날 때까지[21] 전 교회를 버려두시지 않으실 분은 같은 한 분이십니다. 끝으로, 육신을 갖고 승천하셨던 바로 그분께서 재림하실 것이며, 악당들로부터

impiorum, ita iudicaturus est de omnium actione mortalium.

Unde ne plurimis testimoniis inmoremur, unum sufficit ex evangelio beati Iohannis adhiberi, quo ipse Dominus noster haec dicit; *Amen, amen dico vobis, quia venit hora, et nunc est, quando mortui audient vocem Filii Dei, et qui audierint, vivent. Sicut enim Pater habet vitam in semetipso, sic dedit et Filio vitam habere in semetipso, et potestatem dedit ei et iudicium facere, quia filius hominis est.* Ergo sub una sententia, quia Filius Dei atque filius hominis est. Unde apparet quemadmodum Christum Dominum in unitate personae credere debeamus, qui cum sit Filius Dei, per quem facti sumus, etiam filius hominis per adsumptionem carnis est factus, ut moreretur, sicut ait Apostolus, *propter delicta nostra, et resurgeret propter iustificationem nostram.*

6. Haec confessio, dilectissimi, nullas metuit contradictiones, nullis cedit erroribus. Agnoscimus enim misericordiam Dei ab initio promissam et ante saecula praeparatam, per quam solam resolvi captivitatis humanae vincla potuerunt, quibus primum hominem omnemque eius posteritatem malesuadus peccati auctor obstrinxerat, et propaginem dediticiam originali sibi praeiudicio vindicabat.

Quia igitur iustificandis hominibus hoc principaliter opitulatur, quod Unigenitus Dei etiam hominis filius esse

---

22. 요한 5,25-27.
23. 로마 4,25.

재판받으셨던 그분이 친히 죽은 모든 이들의 행실들을 심판하실 것입니다.

이런 식의 증언들을 많이 할 수 있지만 시간을 너무 허비할 필요 없이 복되신 요한의 복음서에 나오는 한 구절을 인용하는 것으로 충분할 것 같습니다. 우리 주님께서 친히 이렇게 말씀하십니다: "정말 잘 들어두어라. 때가 오면 죽은 이들이 하느님의 아들의 음성을 들을 것이며 그 음성을 들은 이들은 살아날 터인데 바로 지금이 그때이다. 아버지께서 당신 안에 생명을 갖고 계신 것처럼 아들도 자신 안에 생명을 갖도록 하셨다. 아버지께서는 또한 아들에게 심판하는 권한을 주셨다. 그는 사람의 아들이기 때문이다."[22] 그러므로 요한은 이 한 구절을 통해 하느님의 아들이 사람의 아들이심을 보여 준 것입니다. 이로써 우리가 하나의 위격 안에 계시는 주님이신 그리스도를 믿어야 한다는 것이 분명해졌습니다. 우리를 창조하신 하느님의 아들께서 죽으실 수 있기 위해 육신을 취하심으로써 사람의 아들이 되셨습니다. 사도께서 말씀하신 것처럼 "그분은 우리의 죄 때문에 죽으셨다가 우리를 의화시키기 위해 부활하셨습니다."[23]

그리스도 안에 신성과 인성의 일치

6. 친애하는 형제 여러분, 우리의 이 신앙고백은 어떠한 반대 주장을 두려워하지 않으며 어떠한 오류에도 굴복하지 않습니다. 왜냐하면 우리는 처음부터 약속되었고 태초부터 준비되었던 하느님의 자비를 알고 있기 때문입니다. 오직 이 자비를 통해서 인간을 종살이에 묶어 두었던 사슬들이 깨뜨려질 수 있었습니다. 인간을 유혹하던 죄의 창시자가 이 사슬을 가지고 첫째 인간과 그의 모든 후손들을 묶어 두었고, 원죄로 인해 자기에게 종속된 사람들에 대한 권리를 주장해 왔습니다.

그러므로 인간이 의화되기 위해서는 사람의 아들이 되신 하느님의 독생 성자의 도움이 특별히 있어야 했습니다. 성부와 같은 본성을 지니

dignatus est, ut *homousios* Patri Deus, idem homo verus et secundum carnem matri consubstantialis existeret, utroque gaudemus, quia non nisi utroque salvamur, in nullo dividentes visibilem ab invisibili, corporeum ab incorporeo, passibilem ab inpassibili, palpabilem ab inpalpabili, formam servi a forma Dei, quia etsi unum manet ab aeternitate, aliud coepit a tempore, quae tamen in unitatem convenerunt, nec separationem possunt habere, nec finem, dum exaltans et exaltatus, glorificans et glorificatus, ita sibimet inhaeserunt, ut sive in omnipotentia, sive in contumelia, nec divina in Christo careant humanis, nec humana divinis.

7. Hoc credentes, dilectissimi, christiani sumus, veri Israhelitae, et in consortium filiorum Dei veraciter adoptati, quia et omnes sancti qui Salvatoris nostri tempora praecesserunt, per hanc fidem iustificati et per hoc sacramentum Christi sunt corpus effecti, expectantes universalem credentium redemptionem in semine Abraham, de quo dicit Apostolus: *Abrahae dictae sunt promissiones, et semini eius. Non dicit: Et seminibus, quasi in multis, sed quasi in uno: Et semini tuo, quod est Christus.* Propter quod Matheus evangelista, ut promissionem ad Abraham factam ostenderet in Christo esse completam, generationum ordinem percucurrit, et

---

24. 레오 대종은 라띤어 "consubstantialis" 대신 희랍어 "ὁμούσιος"를 라띤어 식으로 표기해서 사용하고 있다. 이 단어는 니체아 공의회에서 아리우스 이단을 반박하는 가장 대표적인 표현으로 "동일한 본질", 즉 성자의 본성이 성부의 본성과 동일하다는 뜻이다.
25. 여기서 레오 대종은 구약의 성도들이 그리스도를 통해 구원(즉, "의화")을 받았다고 말한다. 그리스도의 구원 은총은 시대를 초월하며(강론 23,4; 36,1 참조) 주님이 십자가에 돌아가신 후 지옥(고성소)에 내려가셔서 그들을 구원하셨다 (강론 25,5 주 28 참조).
26. 갈라 3,16.
27. 마태 1,1-16에 예수의 족보가 나온다.

신[24] 하느님께서 동시에 어머니와 동일한 본질의 육신에 따라 참된 인간이 되셨습니다. 우리는 이 두 개의 본성 모두에 대해 기뻐합시다. 왜냐하면 이 두 개의 본성 없이는 우리가 구원받을 수 없기 때문입니다. 따라서 가시적인 것을 불가시적인 것에서 절대로 분리시켜서는 안되며, 또 육체적인 것을 비육체적인 것에서, 수난받을 수 있는 것을 수난받을 수 없는 것에서, 만질 수 있는 것을 만질 수 없는 것에서, 종의 본질을 하느님의 본질에서 절대로 분리시켜서는 안됩니다. 비록 하나는 영원으로부터 계속 존재하고 다른 것은 시간 안에서 존재하기 시작했다 하더라도 이 두 가지 본성이 하나로 일치되었으므로 서로 분리되어 존재할 수 없고 그 끝이 있을 수 없습니다. 높이는 것과 높임을 받는 것, 영광을 드리는 것과 영광받는 것이 서로 밀접히 결합되어 있어서 권능을 갖고 계실 때나 능욕을 받으실 때나 그리스도 안에서는 신성이 인성을 지니고 있지 않을 때가 없으며, 또 인성이 신성을 지니고 있지 않을 때가 없습니다.

육체에 대한 믿음

7. 친애하는 형제 여러분, 이것을 믿는 우리 그리스도 신자들은 참다운 이스라엘이며, 하느님의 자녀들의 몫을 차지하는 참다운 자녀들이 되었습니다. 우리 구세주의 시대에 앞서 있었던 모든 성도들도 이 믿음을 통해 의화되었으며,[25] 이 신비를 통해 그리스도의 몸이 되었습니다. 그들은 아브라함의 후손을 믿는 이들에게 베풀어질 보편적인 구원을 고대했기 때문입니다. 사도께서는 이에 대해서 이렇게 말씀하셨습니다. "(하느님께서는) 아브라함과 그의 후손에게 약속하실 때에 많은 사람을 가리키는 '후손들에게'라는 말 대신 한 사람만을 가리키는 '네 후손에게'라고 하셨으며, 그분이 곧 그리스도이십니다."[26] 이때문에 복음사가 마태오는 아브라함에게 내려졌던 약속이 그리스도 안에서 성취되었음을 부각시키기 위해 족보의 순서를 배열하였으며,[27] 그분을 통해 축

in quo omnibus gentibus disposita fuisset benedictio demonstravit. Lucas quoque ab ipso Domini ortu seriem generis sursum versus retexuit, ut etiam illa saecula quae diluvium praevenerunt, huic sacramento doceret fuisse conexa, omnesque ab initio successionum gradus ad eum in quo uno erat salus omnium tetendisse.

Non ergo dubitandum est quia praeter Christum *non est aliud nomen sub caelo datum hominibus, in quo oporteat salvos fieri,* qui cum Patre et Spiritu sancto aequalis in Trinitate vivit et regnat in saecula saeculorum. Amen.

복이 모든 민족에게 이르게 된다는 것을 보여 주려 하였습니다. 루가는 주님의 출생에서부터 거슬러올라 가면서 족보를 작성함으로써 대홍수 이전의 세대들도 이 신비에 연결되며, 또 처음부터 시작하여 모든 세대의 사람들이 인류의 구원이 되시는 그분에게로 오로지 향하도록 하였습니다.[28]

그러므로 "하늘 아래 사람들에게 주신 이름 가운데 우리가 구원되기에 필요한 이름은"[29] 그리스도밖에 없다는 것을 의심해서는 안됩니다. 그분은 성부와 성신과 함께 성삼위 안에서 동등하시며 세세에 영원히 살아 계시고 다스리는 분이십니다. 아멘.

---

28. 루가 3,23-38 참조.
29. 사도 4,12.

XXXI
INCIPIT DE EPIPHANIA
(441)

1. Celebrato proxime die quo intemerata virginitas humani generis edidit Salvatorem, Epiphaniae nobis, dilectissimi, veneranda festivitas dat perseverantiam gaudiorum, ut inter cognatarum sollemnitatum vicina sacramenta exultationis vigor et fervor fidei non tepescat. Ad omnium enim hominum spectat salutem, quod infantia *Mediatoris Dei et hominum* iam universo declarabatur mundo, cum adhuc exiguo detineretur oppidulo.

Quamvis enim Israheliticam gentem et ipsius gentis unam familiam delegisset de qua naturam universae humanitatis adsumeret, noluit tamen intra maternae habitationis angustias ortus sui latere primordia, sed mox ab omnibus voluit agnosci, qui dignatus est omnibus nasci. Tribus igitur magis in regione Orientis stella novae claritatis apparuit, quae inlustrior ceteris pulchriorque sideribus, facile in se intuentium oculos animosque converteret, ut confestim adverteretur non esse otiosum, quod tam insolitum videbatur. Dedit ergo aspicientibus intellectum, qui praestitit signum, et quod fecit intellegi, fecit inquiri, et se inveniendum obtulit requisitus.

---

1. 1디모 2,5.
2. 마태 2,1-12 참조. 동방 박사들(magi)에 대한 이야기는 마태오 복음에만 나오는데, 몇 명인지 또 그 이름이 무엇인지 분명히 나타나 있지 않다. 여기의

강론 제31편
제1 주의 공현 강론
(441년)

별을 통해 계시된 그리스도

1. 친애하는 형제 여러분, 우리는 며칠 전에 흠 없으신 동정녀께서 인류의 구세주를 낳아주신 날을 경축하였습니다. 오늘 경축하는 주의 공현 대축일은 우리에게 이 기쁨을 연장시켜 주고 있는데, 두 축일에서 서로 비슷한 내용의 신비를 연이어 지낸다 해서 우리의 기쁨의 강도나 믿음의 열정이 약화되지 않습니다. "하느님과 인간 사이의 중재자"[1]로 태어나신 갓난아기가 작은 마을에 갇혀 계시면서도 벌써 온 세상에 선포하신 인류 구원에 관한 일입니다.

사실 그분은 이스라엘 백성, 그리고 이 백성 가운데 한 가정을 선택하셨으며, 이 가정에서부터 전 인류가 지니고 있는 본성을 취하셨지만, 당신의 탄생이 어머니의 협소한 거처 안에 감추어져 있기를 원치 않으시고, 만민을 위해 태어나신 그분은 즉시 모든 이에게 알려지기를 원하셨습니다. 이때문에 신기한 빛을 가진 별이 동방에 있는 세 박사에게 나타났는데,[2] 이 별은 다른 어떤 별보다 더 밝고 아름다워서 보는 사람들의 눈과 마음을 쉽게 사로잡는 별이었습니다. 그래서 즉시 그처럼 기이하게 보이는 것이 우연한 일이 아니라고 생각하게 되었습니다. 따라서 이 표징을 주신 분께서 이를 보는 사람들에게 깨달을 수 있는 지성을 아울러 주셨고, 깨달은 것을 찾아나서도록 하셨으며, 이렇게 찾아나선 그들이 서로 만나게 해주셨던 것입니다.

"magus"는 "왕" 또는 "박사"로 흔히 번역되는데, 사실은 근동 지방의 사제 계급에 속하는 사람들이었다. 마태 2,11에 나오는 3가지 예물 때문에 세 박사가 된 듯하며, 전설에 따라 8세기부터 3사람의 이름을 가스발, 멜키올, 발다살로 불리었고, 교회 안의 모자이크와 성미술에 큰 영향을 미쳤다.

2. Sequuntur tres viri superni luminis ductum, et praevii fulgoris indicium intenta contemplatione comitantes, ad agnitionem veritatis gratiae splendore ducuntur, qui humano sensu significatum sibi regis ortum aestimaverunt in civitate regia esse quaerendum. Sed qui servi susceperat formam et non iudicare venerat sed iudicari, Bethlehem praelegit nativitati, Hierosolimam passioni. Herodes vero audiens Iudaeorum principem natum, successorem suspicatus expavit, et molitus necem salutis auctori, falsum spopondit obsequium. Quam felix foret, si magorum imitaretur fidem, et converteret ad religionem quod disponebat ad fraudem! O caeca stultae aemulationis impietas, quae perturbandum putas divinum tuo furore consilium! Dominus mundi temporale non quaerit regnum, qui praestat aeternum. Quid incommutabilem dispositarum rerum ordinem vertere, et aliorum facinus praeoccupare conaris? Mors Christi non est temporis tui. Ante condendum est evangelium, ante praedicandum est Dei regnum, ante sanitates donandae, ante sunt facienda miracula. Cur quod alieni futurum est operis, tui esse vis criminis, et non habiturus effectum sceleris, in solum te reatum praecipitas voluntatis? Nihil hac molitione proficis, nihil peragis. Qui voluntate natus est, arbitrii sui potestate morietur.

Consummant ergo magi desiderium suum, et ad puerum Dominum Iesum Christum eadem stella praeeunte perveniunt.

---

3. 필립 2,7 참조.
4. 요한 12,47 참조.
5. 마태 2,8 참조. 헤로데가 아기를 경배하겠다는 약속은 거짓이었고, 박사들로부터 아기에 대한 정확한 정보를 얻어 그를 죽일 음모를 꾸미고 있었음을 말한다.
6. 요한 18,36 참조.
7. 여기서 말하는 헤로데는 헤로데 대왕으로 기원전 62년부터 기원후 4년까지 통치하였던 인물이며, 예수님의 죽음은 헤로데 안띠빠스, 즉 헤로데 대왕의 아들의 시대에 있었다.
8. 요한 10,17-18 참조.

헤로데의 속임수와 박사들의 믿음

2. 세 사람은 천상 빛의 인도에 따라 길을 가고 있었습니다. 그들이 앞서 가는 별을 주목하면서 그 표시하는 길을 걸어갈 때 이 은총의 빛은 진리를 깨달을 수 있는 곳으로 그들을 인도하였습니다. 일반 상식에 따라 그들은 이러한 표지를 통해 자기들에게 알려진 왕이 태어날 장소를 임금의 도성에서 찾아야 할 것이라고 생각했습니다. 그러나 종의 형상을 취하셨으며,[3] 심판하러 오시지 않고 심판받으러 오신[4] 그분은 출생을 위해 베들레헴을 택하셨고, 수난을 위해 예루살렘을 택하셨습니다. 유다인들의 왕이 태어나셨다는 말을 들은 헤로데는 그분을 자기 왕위의 계승자로 의심하여 두려워한 나머지 구원의 주인을 죽여 없앨 계획으로 그분께 경배하겠노라고 거짓 약속을 했습니다.[5] 만일 그가 박사들의 믿음을 본받고, 또 속임수로 조작하고 있던 계책을 진정한 예배로 바꾸었더라면 얼마나 좋았겠습니까! (헤로데야,) 하느님의 계획을 잔혹한 행위로 전복시켜 보겠다고 생각한 너의 그 눈먼 불신앙과 어리석은 시기심은 얼마나 가련한가! 영원한 왕국을 주시는 주님께서 세상의 유한한 왕국을 탐하시지 않는다.[6] 그런데 어찌하여 너는 이미 예정되어 있어서 변경할 수 없는 일들의 순서를 바꾸려 하며, 다른 사람들이 앞으로 저지를 죄악을 앞질러 저지르려 하는가? 그리스도의 죽음은 네 시대에 일어날 일이 아니다.[7] 먼저 복음이 시작되어야 하고, 먼저 하느님의 나라가 선포되어야 하며, 먼저 병자들의 치유가 있어야 하고, 먼저 기적들이 행해져야 했다. 그런데 다른 사람들이 미구에 저지를 범행을 네가 왜 앞질러 저지르려 하는가? 네가 계획적으로 저지르려 했던 그 범행의 결과를 바로 너 자신이 당하게 될 것이 아니었던가? 너는 너의 음모를 조금도 진척시킬 수 없고 아무것도 이룰 수 없다. 그분은 스스로 원해서 태어나셨으며, 당신 의지의 권한으로 죽으실 것이다.[8]

그러므로 박사들은 열망하던 목적을 수행하였으며, 앞서 가던 그 별의 인도로 주님이신 아기 예수 그리스도께서 계신 곳에 도달했습니다.

Adorant in carne Verbum, in infantia sapientiam, in infirmitate virtutem, et in hominis veritate Dominum maiestatis, utque sacramentum fidei suae intellegentiaeque manifestent, quod cordibus credunt, muneribus protestantur. Tus Deo, myrram homini, aurum offerunt regi, scienter divinam humanamque naturam in unitate venerantes, quia quod erat in substantiis proprium, non erat in potestate diversum.

3. Reversis autem magis in regionem suam et translato Iesu in Aegyptum ex admonitione divina, exardescit frustrata in meditationibus suis Herodis insania. Necari omnes Bethlehem parvulos iubet, et quoniam quem metuat nescit infantem, generalem saevitiam in suspectam sibi tendit aetatem. Sed quos rex impius eximit mundo, Christus inserit caelo, et quibus nondum sanguinis sui inpendit redemptionem, iam martyrii tribuit dignitatem.

Erigite ergo, dilectissimi, fideles animos ad coruscantem gratiam luminis sempiterni, et inpensa humanae saluti sacramenta venerantes, studium vestrum his quae pro vobis gesta sunt subdite. Diligite castimoniae puritatem, quia Christus virginitatis est filius. *Abstinete vos a carnalibus desideriis, quae militant adversus animam,* quemadmodum nos praesens beatus Apostolus suis, ut legimus, verbis hortatur. *Malitia parvuli estote,* quia Dominus gloriae mortalium se

---

9. 마태 2,12-15 참조.
10. 마태 2,16 참조.
11. 교회는 성탄 대축일 다음 12월 26일에 "성 스데파노 첫 순교자 축일"을 지내고 28일에는 여기서 말하는 어린이들을 위한 "무죄한 어린이들의 순교 축일"을 지낸다. 스데파노는 의식적으로 그리스도를 위해 순교한 첫 순교자란 뜻이고, 무죄한 어린이들은 비록 의식을 가지지 않았지만 그리스도 때문에 죽었다는 의미에서 초대 교회부터 순교자로 불리어 왔다.
12. 1베드 2,11.
13. 1고린 14,20.

그들은 인간 육신 안에 계신 하느님의 말씀, 어린 아기 안에 계신 지혜, 연약함 안에 계신 능력, 인간의 실존 안에 계신 엄위의 주님께 경배했습니다. 그들은 믿고 깨달은 신비를 외적으로 드러내기 위해 마음으로 믿는 바를 예물로 표시했습니다. 그들은 그분 안에 신성과 인성이 결합되어 있음을 분명히 깨달아 경배하였습니다. 그래서 하느님이신 그분께 유향을, 인간이신 그분께 몰약을, 왕이신 그분께 황금을 바쳤습니다. 왜냐하면 그분의 각 본성 안에 있는 특성이 능력에 있어서 서로 구별되지 않기 때문입니다.

3. 박사들이 자기 고향으로 돌아갔으며, 또 하느님의 지시에 따라 예수께서 에집트로 피신되셨습니다.[9] 그러자 헤로데는 은밀한 흉계를 가지고 광기를 부렸지만 헛된 일이었습니다. 그는 베들레헴의 모든 사내아이들을 살육하도록 명령했습니다. 그는 자기가 두려워하고 있는 아기가 누구인지 몰랐기 때문에 의심이 가는 그 나이 또래의 모든 아기들에 대해 가혹한 명령을 내렸던 것입니다.[10] 그러나 그 잔악한 왕이 이 세상에서 빼앗아 갔던 어린아이들을 그리스도께서는 하늘로 옮겨 주셨으며, 아직 그들을 위해 구원의 피를 친히 흘리시지 않으셨지만 그들에게 순교의 영광[11]을 허락하셨습니다.

신도들이 닦아야 할 덕행들

친애하는 형제 여러분, 그러므로 영원한 빛의 찬란한 은총에로 여러분의 신실한 마음을 들어높이십시오. 그리고 인류 구원을 위해 이루어 주신 신비들을 경배하면서, 바로 여러분을 위해 이루어 주신 이 일들에 열과 성의를 다해 주목하십시오. 깨끗한 순결을 사랑하십시오. 왜냐하면 그리스도께서는 동정녀의 아들이시기 때문입니다. 우리가 읽는 바대로, 복된 사도(베드로)께서 친히 우리에게, "여러분은 영혼을 거슬러 싸움을 벌이는 육체적인 욕정을 멀리하십시오."[12]라고 권고하십니다. 그리고 "악한 일에는 어린아이가 되십시오".[13] 왜냐하면 영광의 주께서 죽

conformavit infantiae. Sectamini humilitatem, quam Dei Filius discipulos suos docere dignatus est. *Induite* vos virtutem *patientiae, in qua animas vestras* possitis adquirere, quoniam qui cunctorum est redemptio, ipse est omnium fortitudo. *Quae sursum sunt sapite, non quae super terram.* Per viam veritatis et vitae constanter incedite, nec vos inpediant terrena, quibus sunt parata caelestia, per Dominum nostrum Iesum Christum.

을 인간의 어린아이로 당신을 낮추셨기 때문입니다. 하느님의 아들께서 당신 제자들에게 가르쳐 주셨던 겸손을 실천하십시오.[14] 그리고 인내의 덕을 입으십시오. 여러분은 이 덕으로 여러분의 영혼을 구할 수 있습니다.[15] 왜냐하면 모든 이의 구원이신 분께서 친히 모든 이의 힘이 되어 주시기 때문입니다. "여러분은 지상에 있는 것들에 맛들이지 말고 천상에 있는 것들에 맛들이십시오."[16] 그리고 진리와 생명의 길을 따라 꾸준히 걸어가십시오. 지상의 것이 여러분을 방해하지 못하도록 하십시오. 우리 주 예수 그리스도를 통하여 여러분에게 천상의 몫이 마련되어 있습니다. 아멘.[17]

---

14. 마태 11,29 참조.
15. 루가 21,19 참조.
16. 골로 3,2.
17. 다른 사본에서는, 레오 대종이 강론을 끝마칠 때 흔히 사용하는 "그분은 성부와 성신과 함께 세세에 영원히 살아 계시며 다스리십니다. 아멘"(qui cum Patre et Spiritu vivit et regnat in saecula saeculorum. Amen)으로 되어 있다.

XXXII
ITEM ALIUS DE EPIPHANIA
(442)

1. *Gaudete in Domino*, dilectissimi, *iterum dico, gaudete*, quoniam brevi intervallo temporis post sollemnitatem nativitatis Christi festivitas declarationis eius inluxit, et quem in illo die Virgo peperit, in hoc mundus agnovit. Verbum enim caro factum sic susceptionis nostrae temperavit exordia, ut Iesus natus et credentibus manifestus et persequentibus esset occultus. Iam tunc ergo *caeli enarraverunt gloriam Dei*, et *in omnem terram sonus* veritatis *exivit,* quando et pastoribus exercitus angelorum Salvatoris editi adnuntiator apparuit, et magos ad eum adorandum praevia stella perduxit, ut a solis ortu usque ad occasum veri regis generatio coruscaret, cum rerum fidem et regna Orientis per magos discerent, et Romanum imperium non lateret. Nam et saevitia Herodis, volens primordia suspecti sibi regis extinguere, huic dispensationi nesciens serviebat, ut dum atroci intentus facinori, ignotum sibi puerum indiscreta infantium caede persequitur, adnuntiatum caelitus Dominatoris ortum insignior ubique fama loqueretur, quam promptiorem ad narrandum diligentioremque faciebat et supernae significationis novitas et cruentissimi persecutoris impietas.

---

1. 필립 4,4.
2. 시편 18,2.
3. 시편 18,5; 로마 10,18 참조.
4. 마태 2,1-12 참조.
5. 시편 49,1 참조.

강론 제32편
제2 주의 공현 강론
(442년)

온 세상에 계시된 그리스도

1. 친애하는 형제 여러분, "주님 안에서 항상 기뻐하십시오. 거듭 말합니다. 기뻐하십시오".[1] 그리스도의 성탄 대축일이 지난 지 얼마 안되어 그분의 공현 축일이 다가왔기 때문입니다. 저 날에는 동정녀가 그분을 낳으셨고 오늘은 그분이 세상에 알려졌습니다. 사람이 되신 말씀께서 우리의 본성을 취하시기까지 자신을 낮추신 것은, 새로 태어나신 예수께서 믿는 이들에게는 드러나시는 반면 박해자들에게는 감추어지시기 위해서였습니다. 그러므로 천사들의 무리가 구세주의 탄생을 알리기 위해 목자들에게 나타났을 때, "하늘은 하느님의 영광을 이야기하고"[2] 온 땅에 진리의 소리가 이미 퍼져 나갔습니다.[3] 그리고 앞서 가던 별이 박사들을 인도하여 그분을 경배하도록 하였는데,[4] 이것은 참된 왕의 탄생이 동쪽에서부터 서쪽에 이르기까지[5] 빛나게 되기 위해서였습니다. 사실 동방의 나라들이 박사들을 통해 신앙의 내용을 배웠으며, (서쪽의) 로마 제국도 이를 모르고 있지 않았습니다. 포악한 헤로데가 두려워한 나머지 아기 왕을 죽이려 한 것이 오히려 자기도 모르게 이 구원 계획에 도움이 되었습니다. 왜냐하면 잔악한 범행을 계획한 그가 식별되지 않은 그 아기를 박해하기 위해 아무 아기나 미구 살육하자[6] 하늘의 천사들에 의해 알려졌던 그 주권자의 탄생의 소문이 더 유별나게 도처로 퍼져 나갔습니다. 사실 하늘에서의 기이한 증표와 가장 포악한 박해자의 악행이 이 소문을 더욱 신속하게 그리고 더욱 적극적으로 퍼뜨리게 하였습니다.

---

6. 마태 2,16 참조.

Tunc autem etiam Aegypto Salvator inlatus est, ut gens antiquis erroribus dedita, iam ad vicinam salutem per occultam gratiam signaretur, et quae nondum ab animo eiecerat superstitionem, iam hospitio reciperet Veritatem.

2. Merito igitur, dilectissimi, dies iste manifestatione Domini consecratus specialem in toto mundo obtinuit dignitatem, quae in cordibus nostris digno debet splendore clarescere, ut rerum gestarum ordinem non solum credendo, sed etiam intellegendo veneremur. Quantam enim gratiarum actionem debeamus Domino pro inluminatione gentium, probat obcaecatio Iudaeorum. Quid enim tam caecum, quid tam lucis alienum, quam illi sacerdotes et scribae Israhelitarum fuerunt, qui percontantibus magis et Herode quaerente *ubi Christus* secundum Scripturarum testimonium *nasceretur,* hoc responderunt de prophetico eloquio quod indicabat stella de caelo? Quae utique potuerat magos Hierosolimis praetermissis usque ad cunabula pueri, sicut postmodum fecit, sua significatione perducere, nisi ad confutandam Iudaeorum duritiam pertinuisset, ut non solum ductu sideris, sed etiam ipsorum professione innotesceret nativitas Salvatoris. Iam ergo ad eruditionem gentium propheticus sermo transibat, et praenuntiatum antiquis oraculis Christum alienigenarum corda discebant, cum Iudaeorum infidelitas veritatem ore proferret et mendacium corde retineret. Noluerunt enim agnoscere oculis quem de sacris indicaverant libris, ut quem non adorabant in infantiae infirmitate humilem, postea crucifigerent in virtutum sublimitate fulgentem.

---

7. 마태 2,4.
8. 미가 5,2; 마태 2,5-6 참조.
9. 동방의 박사들을 인도하였던 빛나는 별이 그리스도 자신으로 의인화되었다.

구세주께서 에집트로 옮겨가셨을 때 예로부터 전해 오는 오류들에 몰두하고 있던 이 민족은 겉으로 드러나지 않은 은총을 통해 임박한 구원에로 불림을 받았습니다. 이 민족은 아직 진정으로 미신을 버리지는 못했지만 이미 진리를 손님으로 모셨던 것입니다.

눈먼 유다인들

2. 친애하는 형제 여러분, 주님의 공현으로 축별된 이 날을 온 세상이 특별한 축일로 경축함이 마땅합니다. 이 축일이 우리의 마음을 알맞은 광채로 비추어 줄 것이며 그래서 우리는 우리 구원을 위해 이루어진 갖가지 사건들을 믿을 뿐만 아니라 깨달아 경배하게 됩니다. 이방인들에게 빛을 주신 주님께 우리는 얼마나 깊이 감사를 드려야 할지요. 이것은 결국 유다인들의 눈멂을 증명하는 것입니다. 사실 이스라엘 백성의 사제들과 율법학자들만큼 눈이 멀어 있었고 빛에서 멀리 떨어져 있었던 사람들이 어디 있겠습니까? 성서의 증언에 따라 "그리스도께서 나실 곳이 어디입니까"라고 박사들이 문의하고, 또 헤로데가 질문하자 그들은 하늘의 별이 가리키고 있던 바로 그 내용을 예언서의 말씀[8]을 통해 대답했습니다. 박사들은 예루살렘을 떠나 그 별이 지시하는 대로 아기가 계신 구유에 다다를 수 있었습니다. 그러나 유다인들은 구세주의 탄생이 별의 표지로서뿐 아니라 그들 자신의 확답을 통해서 이미 밝혀졌음에도 불구하고 완고하게 더욱 고집을 부렸습니다. 그래서 예언의 말씀은 이제 이교인들을 교화하는 쪽으로 넘어갔으며, 이방인들은 옛 예언자들로부터 예고된 그리스도를 진심으로 배워 알게 되었습니다. 믿음이 없었던 유다인들은 입으로는 진리를 말하면서 마음으로는 거짓을 품고 있었던 것입니다. 그들은 자신들이 성서를 들어 (박사들에게) 지적해 주었던 그분을 알려 하지 않았고, 그래서 연약한 모습을 한 겸손한 아기를 경배하지 않았습니다. 후에 그들은 뛰어난 능력을 지니고 빛나던 그분을[9] 십자가에 못박아 죽였습니다.

3. Quae ista, Iudaei, tam inperita in vobis scientia est et tam indocta doctrina? Interrogati *ubi Christus nasceretur,* veraciter et memoriter dicitis quod legistis: *in Bethlehem Iudae. Sic enim scriptum est per prophetam: Et tu Bethlehem Iudae, non es minima inter principes Iuda. Ex te enim exiet princeps qui regat populum meum Israhel.* Hunc principem natum, et pastoribus angeli et vobis nuntiavere pastores. Hunc principem natum, longinquae Orientalium gentium nationes in insolito novi sideris splendore didicerunt. Et ne de loco editi regis ambigerent, vestra eruditio prodidit quod stella non docuit. Cur vobis viam quam aliis aperitis obstruitis? Cur in vestra infidelitate resident dubium quod ex vestra fit responsione manifestum? Locum nativitatis de Scripturarum testimonio demonstratis, praesentiam temporis de caeli et terrae adtestatione cognoscitis, et tamen ubi ad persequendum animus Herodis exarsit, ibi ad non credendum vester sensus obduruit. Felicior ergo ignorantia infantium quos persecutor occidit, quam vestra scientia, quos in sua perturbatione consuluit. Vos noluistis eius regnum recipere, cuius oppidum potuistis ostendere. Illi potuerunt pro eo mori, quem nondum poterant confiteri. Ita Christus, ne ullum ei tempus esset absque miraculo, ante usum linguae potestatem Verbi tacitus exerebat, et quasi iam diceret: *Sinite parvulos venire ad me, talium est enim regnum caelorum,* nova gloria coronabat infantes, et de initiis suis parvulorum primordia consecrabat, ut

---

10. 마태 2,5-6; 미가 5,2.
11. 마태 19,14; 루가 18,16.
12. "영광의 관"이란 순교를 의미한다. 강론 31,3 참조.

3. 유다인들이여, 당신들의 지식이 어쩌면 그렇게도 어설프며, 당신들의 가르침이 어쩌면 그렇게도 내용이 없습니까? 그리스도가 어디에 나셔야 하는가라는 질문을 받고 여러분은 마치 성경에서 읽는 바를 암기하듯, "유다 베들레헴입니다. 예언서의 기록을 보면, '유다의 땅 베들레헴아, 너는 결코 유다의 땅에서 가장 작은 고을이 아니다. 내 백성 이스라엘을 다스릴 영도자가 너에게서 나리라'고 되어 있습니다"[10]라고 정확히 대답했습니다. 이 영도자의 탄생을 천사들이 목자들에게 전해 주었고, 또 목자들이 여러분에게 전해 주었습니다. 그러나 먼 곳에 있던 동방의 백성들은 특이한 빛을 발하는 새로운 별을 통해 이 영도자의 탄생을 알았습니다. 여러분은 그 별이 알려 주지 않은 것까지 그들에게 깨우쳐 주었고, 그래서 그들은 새로 나신 왕이 계신 곳에 대해 조금도 의심하지 않게 되었습니다. 그런데 여러분은 다른 사람들에게 알려 준 그 길을 왜 스스로 막고 있습니까? 여러분은 성서를 근거로 해서 그분이 나실 곳을 알려 주었고 또 하늘과 땅의 표징을 통해 그때가 이르렀다는 것도 알고 있었습니다. 그런데 헤로데가 그분을 박해하려고 마음을 불태우고 있었을 때도 여러분은 그분을 믿지 않으려고 고집을 부리고 있었습니다. 그러므로 박해자가 살해했던 아기들의 무지는, 당황한 그 박해자가 물어보았던 여러분의 지식보다 오히려 더 다행이었습니다. 여러분은 그분이 나신 마을을 가르쳐 줄 수 있었지만 그분의 나라를 받아들이기를 원치 않았습니다. 아기들은 아직 제대로 신앙고백을 할 수 없었던 분을 위해 죽을 수 있었습니다. 이처럼 그리스도께서는 기적이 없던 때가 그분에게 한 번도 없었을 정도로 혀를 사용할 수 있기도 전에 이미 말씀의 능력을 조용히 행사하셨습니다. 그분은 "어린 아이들이 나에게 오는 것을 막지 말라. 하늘 나라는 이런 어린이와 같은 사람들의 것이다"[11]라고 이미 말씀하고 계시는 듯합니다. 그분은 어린이들에게 새로운 영광의 관[12]을 씌워 주셨으며 출생 초부터 그들을 거룩하게 하셨습니다. 따라서 그 나이에도 순교의 영광을 받을 수 있었

disceretur neminem hominum divini incapacem esse
sacramenti, quando etiam illa aetas gloriae esset apta martyrii.

4. Agnoscamus ergo, dilectissimi, in magis adoratoribus
Christi vocationis nostrae fideique primitias, et exultantibus
animis beatae spei initia celebremus. Exinde enim in aeternam
haereditatem coepimus introire, exinde nobis Christum
loquentia Scripturarum arcana patuerunt, et veritas quam
Iudaeorum obcaecatio non recepit, omnibus nationibus suum
lumen invexit. Honoretur itaque a nobis sacratissimus dies, in
quo salutis nostrae auctor apparuit, et quem magi infantem
venerati sunt in cunabulis, nos omnipotentem adoremus in
caelis. Ac sicut illi de thesauris suis mysticas Domino
munerum species obtulerunt, ita et nos de cordibus nostris
quae Deo sunt digna promamus. Quamvis enim omnium
bonorum sit ipse largitor, etiam nostrae tamen fructum quaerit
industriae. Non enim dormientibus provenit regnum caelorum,
sed in mandatis Dei laborantibus atque vigilantibus, ut si dona
ipsius non irrita fecerimus, per ea quae dedit mereamur
accipere quod promisit. Unde cohortamur dilectionem vestram
ut *abstinentes vos ab omni opere malo,* quae sunt casta et iusta
sectemini. Filii enim lucis *abicere* debent *opera tenebrarum.*
Itaque odia declinate, mendacia vertite, superbiam humilitate

---

13. 여기서 "성사"는 세례성사를 암시한다. 유아 세례는 아우구스띠누스 시대 때
    펠라지우스(Pelagius) 이단자들에 의해 반대되었는데, 교회는 유아 세례를 계속
    견지해 왔고 레오 대종 시대에는 이미 별 문제 없이 시행되고 있었다.
14. 1데살 5,6 참조.
15. 1데살 5,22; 2디모 4,18 참조.

다면, 하느님의 성사를 받을 수 없는 사람이 아무도 없다는 사실을 알아야 할 것입니다.[13]

아기 예수께 드릴 신도들의 선물

4. 친애하는 형제 여러분, 그리스도를 경배하였던 박사들 안에서 우리는 우리가 처음 불림을 받아 신앙을 갖게 되었던 때를 기억하고, 이 복된 희망이 시작된 날을 기쁜 마음으로 경축합시다. 사실 그때부터 우리는 영원한 상속에 들어가기 시작했으며, 그때부터 그리스도에 대해 언급하는 성서의 신비로운 말씀들이 우리에게 밝혀졌으며, 눈먼 유다인들이 받아들이지 않았던 진리가 모든 민족에게 빛을 비추었습니다. 그러므로 우리는 우리 구원의 창시자께서 나타나신 이 지극히 거룩한 날을 경축하고 박사들이 경배했던 구유에 누워 계신 그 아기를 하늘에 계시는 전능하신 분으로 흠숭합시다. 박사들이 예물 상자에서 신비로운 여러 가지 선물들을 꺼내 주님께 드렸던 것처럼 우리도 주님께 드릴 합당한 예물을 우리 마음에서 끄집어냅시다. 비록 그분은 온갖 좋은 것을 다 베풀어 주시는 분이시지만 우리의 열성에서 나온 결실들을 찾고 계십니다. 하느님의 나라는 잠자고 있는 사람들에게 그냥 주어지는 것이 아니라 하느님의 계명 안에서 수고하고 깨어 있는 사람들에게 주어지기 때문입니다.[14] 만일 우리가 하느님의 선물들을 무용하게 만들지 않는다면, 그 선물들을 통해서 우리는 그분께서 약속하신 것을 받기에 합당한 사람들이 될 것입니다. 우리는 여러분에게 사랑을 권고합니다. 그래서 여러분은 악한 모든 일들을 멀리하고[15] 순결한 것과 의로운 것들을 따라 살아가도록 하십시오. 왜냐하면 빛의 자녀들은 어둠의 행실들을 멀리해야 하기 때문입니다.[16] 그러므로 여러분은 증오를 멀리하고 거짓말을 하지 마십시오. 그리고 겸손으로 교만을 몰아내고 관대함으로

---

16. 로마 13,12 참조.

destruite, avaritiam largitate delete. Decet enim ut capiti suo membra conveniant, ut promissarum beatitudinum mereamur esse consortes, per Dominum nostrum.

인색을 없애십시오. 지체들은 자기 머리에 부합하는 것이 마땅합니다. 그리고 우리는 우리 주님을 통해 약속된 행복에 참여하기에 합당한 사람들이 되도록 합시다. (주님은 성부와 성신과 함께 세세에 영원히 살아 계시고 다스리십니다. 아멘.)[17]

---

17. 앞의 강론 31에서처럼 "per Dominum nostrum"으로 끝나는데, 다른 사본들에서 약간의 차이는 있지만 통상적인 끝마침의 정식인 "qui cum Patre et Spiritu Sancto vivit et regnat in saecula saeculorum. Amen"이 첨부되어 있다.

XXXIII
ITEM ALIUS DE EPIPHANIA
(443)

1. Quamvis sciam, dilectissimi, quod sanctitatem vestram hodiernae festivitatis causa non lateat, eamque secundum consuetudinem evangelicus nobis sermo reseraverit, tamen ut nostri nihil desit officii, loqui de eadem quod Dominus donarit audebo, ut in communi gaudio tanto religiosior sit omnium pietas, quanto magis fuerit intellecta sollemnitas.

Providentia misericordiae Dei dispositum habens pereunti mundo in novissimis temporibus subvenire, salvationem omnium gentium praefinivit in Christo, ut quia et cunctas nationes a veri Dei cultu impius dudum error averterat, et ipse peculiaris Dei populus Israhel ab institutis legalibus pene totus exciderat, conclusis omnibus sub peccato, omnium misereretur. Deficiente enim ubique iustitia, et toto mundo in vana et maligna prolapso, nisi iudicium suum potestas divina differret, universitas hominum sententiam damnationis exciperet. Sed in indulgentiam ira translata est, et ut clarior fieret exerendae gratiae magnitudo, tunc placuit abolendis peccatis hominum sacramentum remissionis afferri, quando nemo poterat de suis meritis gloriari.

---

1. 갈라 3,22; 로마 11,32 참조.

강론 제33편
제3 주의 공현 강론
(443년)

구원 경륜

1. 친애하는 형제 여러분, 저는 열심한 여러분이 오늘 축일의 이유를 모르고 있지 않다는 것을 잘 알고 있고, 또 관례에 따라 방금 들은 복음의 말씀이 그 이유를 재확인시켜 주었습니다. 그렇지만 저는 여러분에 대한 저의 의무를 조금도 소홀히 하지 않기 위해 주께서 저에게 영감을 주시는 대로 오늘 축일에 대해 감히 말씀드리고자 합니다. 오늘 축일의 의미를 더 깊이 깨닫게 될수록 그만큼 우리 모두의 신심은 공동체의 기쁨 안에서 더욱 경건하게 될 것입니다.

이 마지막 시대에 와서 자비로운 섭리의 하느님은 멸망해 가는 세상에 도움을 주실 의향으로 그리스도 안에 모든 민족의 구원을 미리 정하셨습니다. 모든 나라가 불경스런 오류에 빠져 참된 하느님께 드릴 예배에서 멀어져 있었으며, 하느님께서 당신 백성으로 삼으신 이스라엘마저 거의 완전히 율법의 계명들에서 떠나 있었기 때문에, 하느님께서는 모든 사람을 죄에 사로잡힌 자들이 되게 하셨지만 결국에는 그 모두에게 자비를 베푸신 것입니다.[1] 어느 곳에서도 의(義)를 찾아볼 수 없었고, 온 세상은 허황된 것과 사악한 것에 빠져 있었습니다. 만일 전능하신 하느님이 당신의 심판을 연기하지 않으셨더라면[2] 인류가 모두 유죄선고를 받았을 것입니다. 그러나 그분의 분노가 관용으로 바뀌었습니다. 아무도 자기 공로에 대해 내세울 수 있는 것이 하나도 없게 되자 하느님께서는 인간의 죄를 없애 주시기 위해 죄사함의 신비를 기꺼이 베풀어 주셨을 때 그분의 풍요로운 은총이 더욱 뚜렷이 드러났습니다.

---

2. 심판의 연기에 대해서는, 강론 23,4; 35,3을 참조하라.

2. Huius autem, dilectissimi, ineffabilis misericordiae manifestatio facta est Herode apud Iudaeos tenente ius regium, ubi legitima successione cessante et pontificum potestate destructa, alienigena obtinuerat principatum, ut veri Regis ortus illius prophetiae probaretur voce quae dixerat: *Non deficiet princeps ex Iuda, neque dux de femoribus eius, donec veniat cui repositum est, et ipse est expectatio gentium.*

De quibus quondam beatissimo patriarchae Abrahae innumerabilis fuerat promissa successio, non carnis semine, sed fidei fecunditate generanda, et ideo stellarum multitudini comparata, ut ab omnium gentium patre non terrena, sed caelestis progenies speraretur. Ad creandam ergo promissam posteritatem, haeredes in sideribus designati ortu novi sideris excitantur, ut in quo caeli fuerat adhibitum testimonium, caeli famularetur obsequium.

Commovet magos habitatores remotioris Orientis stellis ceteris stella fulgentior, et de mirandi luminis claritate viri ad haec spectanda non inscii magnitudinem significationis intellegunt, agente hoc sine dubio in eorum cordibus inspiratione divina, ut eos tantae visionis mysterium non lateret, et quod oculis ostendebatur insolitum, animis non esset obscurum. Denique officium suum cum religione disponunt, et his se instruunt donis, ut adoraturi unum tria se simul

---

3. 헤로데 왕은 원래 유다인이 아니라 이두메아 지방의 이방인 출신이었다. 그는 당시 로마 제국의 삼두 정치가였던 안토니우스의 도움으로 유데아의 왕이 되었다.

4. 창세 49,10.

5. 창세 15,5에서 하느님이 아브라함에게 한 약속을 암시하고 있다: "하늘을 쳐다 보아라. 셀 수 있거든 저 별들을 세어 보아라. 네 자손이 저렇게 많이 불어날 것이다." 하느님께서는 아브라함에게 별들을 통해 후손들을 약속하셨고, 주의 공현에는 별을 통해 약속된 후손들을 주셨다는 뜻이다.

박사들 안에서 만백성을 부르심

2. 친애하는 형제 여러분, 말로 다 표현할 수 없는 이 자비가 드러난 것은 헤로데가 유다인들 위에 왕권을 잡고 있을 때였습니다. 그때 유데아에는 합법적인 왕위 계승이 중단되어 있었고 대사제들의 권한마저 상실되자 한 이방인이 정권을 잡고 있었습니다.[3] 그래서 참된 왕의 탄생은 다음의 예언의 말씀으로 실증되었습니다: "왕의 지팡이가 유다를 떠나지 아니하리라. 지휘봉이 그의 후손에게서 떠나지 아니하리라. 그 자리를 차지할 분이 오시면 만백성이 그분께 복종하리라"[4]고 예언되어 있습니다.

지극히 복된 성조 아브라함에게 헤아릴 수 없이 많은 후손이 약속되었는데 이들은 육신의 씨를 받아 태어난 후손이 아니라 신앙으로 태어날 후손이었습니다. 이 후손들이 수많은 별들과 비교되었듯이, 모든 민족의 아버지에게서 태어날 자손들은 지상에 속하지 않고 천상에 속한 자손들이었습니다. 그러므로 이 약속된 후손들을 일으키기 위해서 하느님은 별로 예표된 상속자들을 새로운 별의 출현을 통해 불러 주셨습니다. 따라서 별을 통해 하늘의 증거가 나타났듯이, 별은 하늘의 도구로 사용된 것입니다.[5]

다른 별들보다 더 밝은 한 별이 먼 동쪽 나라에 살던 박사들의 주의를 끌었습니다. 별들을 관찰할 줄 알았던 그들은[6] 이 놀라운 빛을 가진 별의 의미가 매우 크다는 것을 깨달았던 것입니다. 물론 하느님의 영감이 그들의 마음 안에 작용했기 때문에 그들은 이처럼 큰 환시의 신비를 보게 되었고, 눈으로 관찰한 이 기이한 현상을 통해 그들 마음이 밝아졌습니다. 그들은 즉시 경건한 마음을 가지고 자기들이 해야 할 일을 이행하기로 작정하였습니다. 또한 그들은 같은 한 분을 경배하면서 동시에 세 가지 사실을 믿고 있었다는 것을 보여 주기 위해 이러한 예물

---

6. "박사들"(magi)은 하늘의 별들을 관찰하던 사제 계급의 사람들이었음을 말해 준다. 강론 31,1 (주 2) 참조.

credidisse demonstrent, auro honorantes personam regiam, myrra humanam, ture divinam.

3. Ingrediuntur itaque iudaici regni praecipuam civitatem, et in urbe regia ostendi sibi postulant quem ad regnandum didicerant procreatum. Conturbatur Herodes, timet saluti suae, metuit potestati, requirit a sacerdotibus et doctoribus legis quid de ortu Christi Scriptura praedixerit, in notitiam venit quod fuerat prophetatum, veritas inluminat magos, infidelitas obcaecat magistros, carnalis Israhel non intellegit quod legit, non videt quod ostendit, utitur paginis quarum non credit eloquiis. *Ubi est,* Iudaee, *gloriatio tua?* Ubi de Abraham patre ducta nobilitas? Ecce maior servis minori et alienigenis in sortem tuae haereditatis intrantibus, eius testamenti, quod in sola littera tenes, recitatione famularis.

Intret, intret in patriarcharum familiam gentium plenitudo, et benedictionem in semine Abraham, qua se filii carnis abdicant, filii promissionis accipiant. Adorent in tribus magis omnes populi universitatis auctorem, et non in Iudaea tantum Deus, sed in toto orbe sit notus, ut ubique *in Israhel sit magnum nomen eius,* quoniam hanc electi generis dignitatem sicut infidelitas in suis posteris convincit esse degenerem, ita fides omnibus facit esse communem.

---

7. 라띤어 본문에 "auro honorantes personam regiam, myrra humanam, ture divinam"으로 되어 있는데, 문법상 "personam regiam"과 "personam humanam"과 "personam divinam"으로 볼 수 있으며, 그래서 그리스도 안에 세 가지 "persona"가 있는 것처럼 보인다. 그렇다면 레오 대종은 그리스도 안에 세 가지 위격(persona)이 있다고 주장하는 것인가? 강론 28,4에서는 그리스도 안에 두 개의 본성(natura)이 하나의 위격(persona) 안에 결합되어 있음을 분명히 밝히고 있으며, 또 역사적으로 네스토리우스 이단을 거슬러 그리스도의 유일한 위격을 주장했다는 것은 주지의 사실이다. 따라서 여기서 "persona"는 "마치"(tamquam 혹은 ut)의 의미로 사용된 것이다. 여기의 내용은 앞의 강론 31,1 끝 부분에 나오는 내용과 거의 비슷하다.

8. 로마 3,27.

9. 창세 25,23 참조.

들을 준비하였습니다. 즉, 황금으로는 왕이신 그분을, 몰약으로는 인간이신 그분을, 유향으로는 하느님이신 그분을 경배한 것입니다.[7]

영적 이스라엘

3. 그러므로 그들은 유다 왕국의 수도에 들어가, 통치하기 위해 태어나신 분으로 알고 찾아온 그 아기를 보여 달라고 청하였습니다. 이에 당황한 헤로데는 자신의 신변에 두려움을 느꼈고 자기 권력에 위협을 느꼈습니다. 그래서 성서가 그리스도의 탄생에 대해 무엇을 예언하고 있는지를 사제들과 율법학자들에게 물어보았습니다. 그래서 예언된 바가 밝혀졌습니다. 진리가 박사들의 마음을 비추었던 반면 불신앙이 율법학자들의 눈을 가렸습니다. 육적인 이스라엘은 스스로 읽은 것을 깨닫지 못하고 스스로 제시하는 것을 보지 못합니다. 그들은 성서를 이용하지만 거기에 적혀 있는 말들을 믿지 않습니다. 유다여, "네가 자랑할 것이 어디 있는가?"[8] 성조 아브라함으로부터 물려받은 품위가 어디 있는가? 보라, 장자인 너는 동생을 섬기고 있구나![9] 너는 오직 문자화된 유산 증서를 내세우고 있으면서도 오히려 네가 받을 상속의 몫을 차지하러 들어오는 이방인들을 섬기고 있구나.[10]

수많은 민족들이 성조들의 집 안으로 들어오고 또 들어오고 있습니다. 육(肉)의 자식들이 배척했던 그 축복을 약속의 자식들이 아브라함의 후손 안에서 받고 있습니다. 모든 민족이 세 박사 안에서 우주의 창조주께 기도하고 있습니다. 하느님은 유데아뿐 아니라 온 세상에 널리 알려졌으며, "그분의 이름이 이스라엘 안 어디에서나 크게 떨치게 되었습니다".[11] 선택된 백성으로서의 품위가 후손들에 와서 추락된 것은 그들의 불신앙 때문이라는 것이 드러났듯이 신앙은 모든 이로 하여금 그 품위를 공유하게 해줍니다.

---

10. 로마 9,8.
11. 시편 75,2.

4. Adorato autem Domino, magi, et omni devotione completa, secundum admonitionem somnii non eodem quo venerant itinere revertuntur. Oportebat enim ut iam in Christo credentes non per antiquae conversationis semitas ambularent, sed novam ingressi viam a relictis erroribus abstinerent, tum ut etiam Herodis vacuarentur insidiae, qui in Dominum Iesum impietatem doli per simulationem disponebat officii. Unde quia spes istius erat soluta commenti, in maiorem furorem iracundia regis ardescit. Nam recolens tempus quod indicaverant magi, in omnes Bethlehem pueros rabiem crudelitatis effundit, et caede generali universae civitatis illius in aeternam gloriam transituram trucidat infantiam, aestimans fore ut, nullo illic parvulo non occiso, occideretur et Christus.

At ille, qui sanguinem suum pro mundi redemptione fundendum in aliam differret aetatem, Aegypto se parentum ministerio subvectus intulerat, repetens scilicet Hebraeae gentis antiqua cunabula, et principatum veri Ioseph maioris providentiae potestate disponens, ut illam diriorem omni inedia famem qua Aegyptiorum mentes veritatis inopia laborabant, veniens de caelo panis vitae et cibus rationis auferret, nec sine illa regione pararetur singularis hostiae sacramentum, in qua primum occisione agni salutiferum crucis signum et pascha Domini fuerat praeformatum.

---

12. 마태 2,12 참조.
13. 마태 2,7.16 참조.
14. 에집트로 팔려 갔던 야곱의 아들 요셉이 파라오의 꿈을 해몽해 주어 높은 지위에 오르게 되었다(창세 41,1 이하 참조). 이로써 야곱 일가가 에집트에 정착하게 되었는데, 여기서 "참된 요셉"은 아기 예수를 말한다.
15. 요한 6,50 참조.
16. 야곱의 아들이었던 요셉의 꿈 해몽으로 인한 사전 준비로 7년간에 걸쳐 있었던 흉년의 기근이 해결되었는데, 참된 요셉이신 아기 예수께서 이곳의 영적 굶주림을 해결해 주었다는 뜻이다.

에집트에로 피난

4. 박사들은 주님을 흠숭하고 예배를 모두 끝마친 다음, 꿈에서 받은 지시에 따라 왔던 길과는 다른 길로 되돌아갔습니다.[12] 그리스도를 믿게 된 그들은 더 이상 옛 생활의 길을 따라 걷지 않고 새로운 길에 들어서서 이미 포기한 오류들을 멀리했습니다. 또한 그들은, 경배를 가장하여 주 예수를 거슬러 사악한 흉계를 꾸미고 있던 헤로데의 질투심을 무산시켜야 했습니다. 그런데 흉계를 꾸미고 있던 왕은 자기의 흉계가 무산되자 화가 나서 더 큰 분노를 터뜨렸습니다. 왕은 박사들이 가르쳐 주었던 때를 기억해 내어[13] 베들레헴의 모든 사내아이들을 거슬러 잔악한 광기를 터뜨렸고 그 고을의 모든 아기들을 예외 없이 살해하였습니다. 그렇지만 그 아기들은 이를 통해 영원한 영광에로 들어가게 되었습니다. 왕은 그곳의 어떤 아기도 살려 두지 않으면 그리스도도 살해될 것이라고 믿었던 것입니다.

그러나 세상의 구원을 위해 다른 나이에 피를 흘리시기로 미루신 그분은 부모의 도움을 받아 에집트로 피난하셨습니다. 이로써 히브리 백성의 옛 요람이 다시 세워졌고 참된 요셉의 주권이 더 큰 섭리의 힘으로 실현되었습니다.[14] 하늘에서 내려온 생명의 빵이시며[15] 영혼의 양식인 그분은 어떠한 굶주림보다 더 심한 굶주림, 즉 진리의 결핍으로 인해 고통받고 있는 에집트인들의 영혼의 굶주림을 없애 주셨습니다.[16] 그 고장이 없었더라면 유일한 희생의 신비가 마련되지 않았을 것입니다. 사실 그곳에서 어린양의 희생을 통해[17] 십자가의 구원적인 표지와 주님의 빠스카가 처음으로 예표되었습니다.[18]

---

17. 출애 12,3 이하 참조.
18. 마태 26,17 이하; 마르 14,12 이하; 루가 22,7 이하 참조. 여기서 구약의 출애굽 때의 빠스카 희생양이 신약의 빠스카 양이신 그리스도의 구원 신비를 예표하고 있음을 말한다.

5. His igitur, dilectissimi, divinae gratiae mysteriis eruditi, diem primitiarum nostrarum et inchoationem vocationis gentium rationabili gaudio celebremus, gratias agentes misericordi Deo, *qui dignos nos fecit,* sicut ait beatus Apostolus, *in partem sortis sanctorum in lumine, qui eripuit nos de potestate tenebrarum et transtulit in regnum Filii dilectionis suae,* quoniam, sicut prophetavit Esaias, *gentium populus, qui sedebat in tenebris, lucem vidit magnam, et qui habitabant in regione umbrae mortis, lux orta est eis.* De quibus idem dicit ad Dominum: *Gentes quae te non noverunt, invocabunt te, et populi qui te nesciunt, ad te confugient.* Hunc diem Abraham vidit et gavisus est, cum benedicendos fidei suae filios in semine suo, quod est Christus, agnovit, et omnium se futurum gentium patrem credendo prospexit, *dans gloriam Deo et plenissime sciens quoniam quod promisit potens est et facere.* Hunc diem David canebat in psalmis dicens: *Omnes gentes quas fecisti, venient et adorabunt coram te, Domine, et honorificabunt nomen tuum.* Et illud: *Notum fecit Dominus salutare suum, ante conspectum gentium revelavit iustitiam suam.*

Quod utique exinde fieri novimus, ex quo tres magos, de longinquitate suae regionis excitos, ad cognoscendum et adorandum Regem caeli et terrae stella perduxit. Cuius utique famulatus ad formam nos sui hortatur obsequii, ut huic gratiae, quae omnes invitat ad Christum, quantum possumus, serviamus. Quicumque enim in Ecclesia pie vivit et caste, qui ea

---

19. "Diem primitiarum nostrarum": 우리의 선구자인 세 박사를 통해 우리가 아기 예수께 우리의 첫 예물을 드렸음을 뜻한다.
20. 골로 1,12-13.
21. 이사 9,2; 마태 4,16.
22. 이사 55,5.
23. 요한 8,56.
24. 창세 22,18.
25. 로마 4,18 참조.

자비로우신 하느님께 감사

5. 친애하는 형제 여러분, 그러므로 하느님의 은총의 신비들을 배워 깨닫게 된 우리는 우리가 첫 예물을 바친 날,[19] 모든 민족이 불림을 받기 시작한 이 날을 영적인 기쁨을 갖고 경축하고 자비로우신 하느님께 감사드립시다. 복된 사도께서 말씀하셨듯이, "하느님은 성도들이 광명의 나라에서 받을 상속에 참여할 자격을 우리에게 주셨으며, 우리를 흑암의 권세에서 건져 내시어 당신의 사랑하시는 아들의 나라로 옮겨 주셨습니다."[20] 또 이사야가 예언한 바대로, "어둠 속에 앉아 있던 백성이 큰 빛을 볼 것이며, 죽음의 어둠의 땅에 살던 사람들에게 빛이 솟아오를 것입니다".[21] 또 같은 예언자가 주님께, "당신을 모르던 민족들이 당신을 부르겠고 당신을 알지 못하던 백성들이 당신께로 모여 오리라"[22]고 말씀하셨습니다. 아브라함은 "이 날을 보고 기뻐하였습니다".[23] 그는 신앙의 자녀들이 그의 후손인 그리스도 안에서 축복을 받게 된 것을 알게 되었고,[24] 또 앞으로 계속해서 믿는 모든 민족의 아버지가 될 것을 예견하였을 때,[25] "하느님께 영광을 드리고 약속하신 것을 능히 이루어 주시리라 확신했던"[26] 것입니다. 다윗은 시편에서 이 날을 두고 "주여, 주께서 창조하신 모든 백성이 오리이다. 당신 앞에 엎드려 당신 이름을 찬양하리이다"[27]라고 노래하였고, 또다시 "주께서 구원하심을 드러내 보이시고 그 정의를 백성들 앞에서 밝히셨도다"[28]라고 노래했습니다.

별이 저 먼 지방에 있던 세 박사들을 움직여 하늘과 땅의 왕을 알아보고 경배하러 오도록 인도했던 바로 그 날부터 이 사실이 이루어졌다는 것을 우리는 알고 있습니다. 그 별의 모범적인 봉사는 우리도 그분께 경배를 드리도록 권유하고 있습니다. 그래서 만민을 그리스도께로 초대하는 이 은총에 우리도 할 수 있는 데까지 봉사합시다. 교회 안에

---

26. 로마 4,20-21.
27. 시편 85,9.
28. 시편 97,2.

quae sursum sunt sapit, *non quae super terram,* caelestis quodammodo instar est luminis, et dum ipse sanctae vitae servat nitorem, multis viam ad Dominum quasi stella demonstrat.

In quo studio, dilectissimi, omnes vobis invicem prodesse debetis, ut in regno Dei, ad quod recta fide et bonis operibus pervenitur, sicut lucis filii splendeatis, per Christum Dominum nostrum.

서 경건하고 순결하게 사는 사람은 누구나 "지상에 있는 것에 맛들이지 않고 천상에 있는 것에 맛들이며",²⁹ 하늘의 별처럼 빛나게 될 것입니다. 또 거룩한 생명의 빛을 간직하고 있는 동안 그는 마치 그 별처럼 주님께로 가는 길을 많은 사람들에게 보여 줄 것입니다.

친애하는 형제 여러분, 여러분 모두는 이러한 노력을 하면서 서로에게 유익이 되어야 합니다. 그러면 여러분은 올바른 믿음과 선행을 통해 갈 수 있는 하느님의 나라에서 빛의 자녀로서³⁰ 우리 주 그리스도를 통해 빛나게 될 것입니다. (그분은 성부와 성신과 함께 세세에 영원히 살아 계시며 다스리십니다. 아멘.)³¹

---

29. 골로 3,2.
30. 에페 5,2; 1데살 5,5 참조.
31. 다른 사본에서는 "qui cum patre et spiritu sancto vivit et regnat in saecula saeculorum. Amen"으로 끝나고 있다.

XXXIV
ITEM ALIUS DE EPIPHANIA
(444)

1. Iustum et rationabile, dilectissimi, verae pietatis obsequium est, in diebus qui divinae misericordiae opera protestantur, toto corde gaudere et honorifice ea quae ad salutem nostram gesta sunt celebrare, vocante nos ad hanc devotionem ipsa recurrentium temporum lege, quae nobis post illum diem in quo coaeternus Patri Filius Dei natus ex Virgine est, brevi intervallo Epiphaniae intulit festum, ex apparitione Domini consecratum.

In quo fidei nostrae magnum praesidium providentia divina constituit, ut dum sollemni veneratione colitur adorata in exordiis suis Salvatoris infantia, per ipsa originalia documenta probaretur veri in ipso hominis orta natura. Hoc est enim quod *iustificat impios,* hoc est quod ex peccatoribus facit sanctos, si in uno eodemque Domino Iesu Christo et vera Deitas et vera credatur humanitas, Deitas, qua ante omnia saecula in forma Dei aequilis est Patri, humanitas, qua novissimis diebus in forma servi unitus est homini.

Ad roborandam ergo hanc fidem, quae contra omnes praemuniebatur errores, ex magna factum est divini pietate consilii, ut gens in longinqua Orientalis plagae regione consistens, signum nati pueri qui in Israhel esset regnaturus, acciperet.

---

1. 로마 4,5 참조.

강론 제34편
제4 주의 공현 강론
(444년)

육화의 증명

1. 친애하는 형제 여러분, 자비로우신 하느님의 업적들이 드러난 이 날들에 마음을 다해 기뻐해야 하며, 또 우리 구원을 위해 이룩하신 그 일들을 영광스럽게 경축하는 것이 마땅하고 옳은 일이며 진정한 신앙심에 부합되는 일입니다. 전례 주기의 순서에 따라 이처럼 경건한 예식에 우리를 초대하고 있으니, 성부와 같이 영원하신 하느님의 아들께서 동정녀에게서 태어나신 성탄 축일이 지난 지 얼마 안된 지금 우리는 주님의 공적 드러나심으로 성별된 주의 공현 축일을 맞이하게 되었습니다.

섭리의 하느님은 이 축일에 우리의 믿음을 위한 튼튼한 도움을 뒷받침해 주셨습니다. 사실 우리가 장엄한 예식을 통해, 어린아이가 되신 구세주께서 이미 탄생 초부터 흠숭을 받으셨다는 사실과 또 그분의 탄생에 즈음하여 일어났던 일련의 사건들을 상기시켜 볼 때, 그분 안에 인간 본성이 참으로 태어났다는 사실이 증명되었습니다. 만일 같은 한 분이신 주 예수 그리스도 안에 참다운 신성과 참다운 인성을 믿는다면 이 믿음은 사악한 자들을 의화시키며,¹ 이 믿음은 죄인들을 성도로 만들어 줍니다. 그 신성은 그분이 태초로부터 하느님의 본질 안에서 성부와 동등한 분이 되게 하는 신성이며, 그 인성은 그분께서 이 마지막 시대에 와서 종의 형상 안에서 인간과 일치되게 한 인성입니다.

자애로우신 하느님은 모든 오류를 거슬러 우리를 미리 무장시켜 주셨고, 이 믿음을 공고히하기 위해서 당신 섭리로 놀라운 일을 행하셨습니다. 동쪽 먼 나라에 살고 있던 사람들이 이스라엘을 다스리기 위해 태어나신 한 아기에 대한 징표를 받았습니다. 사실 다른 별들보다 더

Nova etenim claritas apud magos stellae inlustrioris apparuit, et intuentium animos ita admiratione sui splendoris implevit, ut nequaquam sibi crederent neglegendum, quod tanto nuntiabatur indicio. Praeerat autem, sicut res docuit, huic miraculo gratia Dei, et cum Christi nativitatem nec ipsa adhuc Bethlehem tota didicisset, iam illam credituris gentibus inferebat, et quod nondum poterat humano eloquio disseri, caelo faciebat evangelizante cognosci.

2. Quamvis autem divinae dignationis esset hoc munus, ut cognoscibilis gentibus fieret nativitas Salvatoris, ad intellegendum tamen miraculum signi potuerunt magi etiam de antiquis Balaam praenuntiationibus commoneri, scientes olim esse praedictum et celebri memoria diffamatum: *Orietur stella ex Iacob et exurget homo ex Israhel, et dominabitur gentium.*

Tres itaque viri, fulgore insoliti sideris divinitus incitati, praevium micantis luminis cursum sequuntur, existimantes se significatum puerum Hierosolimis in civitate regia reperturos. Sed cum eos haec opinio fefellisset, per Iudaeorum scribas atque doctores, quod sacra de ortu Christi praenuntiaverat Scriptura, didicerunt, ut gemino testimonio confirmati, ardentiore fide expeterent quem et stellae claritas et prophetiae manifestabat auctoritas. Prolato autem divino oraculo per responsa pontificum, et declarata Spiritus voce, qua dicit: *Et tu, Bethlehem Iudae, non es minima inter principes Iuda, ex te enim exiet dux qui regat populum meum Israhel,* quam facile et quam consequens fuit ut Hebraeorum proceres crederent quod

---

2. 민수 24,17.
3. 마태 2,6.

밝게 빛나는 새로운 광채를 지닌 별이 박사들에게 나타났던 것입니다. 이 별을 관찰하던 그들은 그 찬란함에 경탄한 나머지 이처럼 큰 징표를 통해 알려 주신 것을 절대로 소홀히해서는 안되겠다고 생각하게 되었습니다. 그런데 사실이 말해주듯이, 이 기적에 앞서 하느님의 은총이 그들에게 작용했습니다. 단지 온 베들레헴이 그리스도의 탄생에 대한 소식을 듣지 못하였을 때, 탄생의 소식은 장차 믿게 될 이방인들에게 이미 알려졌던 것입니다. 인간의 언어로는 아직 설명될 수 없었던 일을 하늘의 선포를 통해 알게 해주었습니다.

박사들과 헤로데와 유다인들

2. 구세주의 탄생이 이교 백성들에게 알려지기 위해서 인자하신 하느님의 은총의 선물이 있었지만, 신비로운 징표를 알아듣기 위해서 박사들은 발람의 옛 예언에서 가르침을 받을 수 있었습니다. 그들은 "야곱에게서 한 별이 솟아오르리라. 이스라엘에게서 한 사람이 나와 민족들을 다스리리라"[2]고 이미 오래 전에 예언되었고 입에서 입으로 널리 전해져 내려오던 이 예언을 알고 있었습니다.

그러므로 하느님으로부터 오는 기이한 별빛에 이끌린 세 사람은 앞서 가는 찬란한 빛을 따라 길을 가면 지시된 아기를 예루살렘 도성에서 찾아 만나게 되리라고 생각했습니다. 그들의 이러한 추측은 빗나갔지만 그들은 성서에서 그리스도의 탄생에 대해 예언된 내용을 유대 학자들과 서사들로부터 알게 되었습니다. 이중(二重)의 증거에 힘을 얻은 그들은 찬란한 별빛과 예언서의 보증된 말씀을 통해 명백해진 분을 열렬한 믿음을 갖고 찾아나섰습니다. 사제들의 대답을 통해 하느님의 약속이 공표되었으며, 또 성령의 말씀이 이렇게 선포하고 있습니다: "유다의 땅 베들레헴아, 너는 결코 유다의 고을 중에 가장 작은 고을이 아니다. 내 백성 이스라엘을 다스릴 왕이 너에게서 나오리라."[3] 히브리인들의 지도자들에게는 자기들이 가르치던 것을 믿는 것이 얼마나 쉽고

docebant. Sed apparet illos carnaliter cum Herode sapuisse, et regnum Christi commune cum huius mundi potestatibus aestimasse, ut et isti temporalem sperarent ducem, et terrenum metueret ille consortem. Superfluo, Herodes, timore turbaris, et frustra in suspectum tibi puerum saevire moliris. Non capit Christum regia tua, nec mundi Dominus potestatis tuae est contentus angustiis. Quem in Iudaea regnare non vis, ubique regnat, et felicius ipse regnares, si eius imperio subdereris. Cur sincero officio non facis quod subdola falsitate promittis? Perge cum magis, et verum regem suppliciter adorando venerare. Sed tu, Iudaicae sequacior caecitatis, non imitaris gentium fidem, corque perversum ad crudeles convertis insidias, nec illum occisure quem metuis, nec illis nociture quos perimis!

3. Deducti igitur, dilectissimi, in Bethlehem magi stellae praecedentis obsequio, *gavisi sunt gaudio magno valde,* sicut evangelista narravit, *et intrantes domum, invenerunt puerum cum Maria matre eius, et procidentes adoraverunt eum, et apertis thesauris suis, obtulerunt ei munera, aurum, tus et myrram.*

O perfectae scientiae mirabilem fidem, quam non terrena sapientia erudivit, sed Spiritus sanctus instituit! Unde enim hi viri, cum proficiscerentur patria, qui nondum viderant Iesum, nec aliquid contuitu eius quod tam ordinate venerarentur

---

4. 마태 2,10-11; 강론 33,2 끝부분 참조.
5. 1고린 2,4-5 참조.

얼마나 논리에 맞는 일이었겠습니까! 그러나 그들은 헤로데와 마찬가지로 현세적인 것만 생각하였으며, 그리스도의 나라를 이 세상의 권력과 동일한 것으로 여겼던 것이 분명합니다. 그래서 유다인들은 시간에 국한된 지도자를 고대하고 있었고, 헤로데는 현세적인 경쟁자를 두려워했던 것입니다. 오, 헤로데야, 너는 터무니없는 두려움으로 번민하고 있고, 너 스스로 공연히 혐의를 둔 아기를 살해할 흉계를 꾸미고 있구나. 네 영토가 그리스도에게는 너무나 작으며, 세상의 주인께서 너의 보잘 것없는 권한에 만족하시지 않으신다. 너는 그분이 유데아에서 통치하실 것을 원하지 않았지만 그분은 어디서나 통치하시는 분이시다. 만일 네가 그분의 권위에 복종했더라면 너는 더 기쁘게 다스릴 수 있었을 것이다. 너는 간교한 거짓을 품고 스스로 약속했던 바를 왜 성실한 마음으로 이행하지 않았는가? 박사들과 함께 참된 왕에게 가서 마음을 다해 흠숭하며 경배드려라. 그런데 너는 눈먼 유다인들을 더 따라가고 있구나. 이방인들의 신앙은 본받지 않고 오히려 비뚤어진 마음을 가지고 잔인한 박해를 꾸미고 있구나! 그러나 너는 네가 두려워하는 그분을 죽이지 못할 것이며, 네가 죽인 아기들을 더 이상 해치지 못할 것이다.

예물들의 상징

3. 친애하는 형제 여러분, 앞서 가던 별의 인도에 따라 박사들이 베들레헴에 다다랐을 때, 복음사가가 전하는 바와같이, "그들은 대단히 기뻐하면서 그 움막에 들어가 어머니 마리아와 함께 있는 아기를 보고 엎드려 경배하였습니다. 그리고 보물 상자를 열어 황금과 유향과 몰약을 예물로 드렸습니다."[4]

오, 완전히 깨달은 믿음은 얼마나 놀랍습니까! 세상의 어떠한 지혜도 이 믿음을 가르쳐 주지 못하고, 오직 성령께서 심어 주신 믿음입니다.[5] 이 사람들이 고향을 떠날 때에 예수님을 한 번도 보지 못하였고 그분에 관해 아는 바가 없었는데도 불구하고 가져갈 예물들의 의미를 잘

adverterant, hanc deferendorum munerum servavere rationem, nisi praeter illam stellae speciem quae corporeum incitavit obtutum, fulgentior veritatis radius eorum corda perdocuit, ut priusquam labores itineris inchoarent, eum sibi significari intellegerent, cui in auro regius honor, in ture divina veneratio, in myrra mortalitatis confessio deberetur? Et haec quidem, quantum ad inluminationem fidei pertinebat, potuerunt illis credita et intellecta sufficere, ut corporali intuitu non inquirerent quod plenissimo visu mentis inspexerant. Sed diligentia sagacis officii usque ad videndum puerum perseverans, futuri temporis populis et nostri saeculi hominibus serviebat, ut sicut omnibus nobis profuit, quod post resurrectionem Domini vestigia vulnerum in carne eius Thomae exploravit manus, ita ad nostram utilitatem proficeret, quod infantiam ipsius magorum probavit aspectus.

Viderunt itaque magi et adoraverunt puerum de tribu Iuda, *de semine David secundum carnem, factum ex muliere, factum sub lege,* quam *non solvere venerat, sed implere.* Viderunt et adoraverunt puerum, quantitate parvum, alienae opis indigum, fandi inpotem, et in nullo ab humanae infantiae generalitate dissimilem. Quia sicut fidelia erant testimonia, quae in eo maiestatem invisibilis divinitatis assererent, ita probatissimum esse debebat Verbum carnem factum, et sempiternam illam essentiam Filii Dei veram hominis suscepisse naturam, ne vel ineffabilium operum secutura miracula, vel excipiendarum

---

6. 요한 20,24-31 참조. 부활 다음날 부활하신 주님께서 제자들에게 나타나셨을 때 마침 토마 사도가 없었다. 토마는 주님의 부활에 대해 증언하는 제자들의 말을 믿지 않고 자신이 주님의 못자국과 옆구리의 상처를 직접 만져 보고서야 믿겠다고 고집하다가 8일 후에 예수께서 나타나셔서 그의 논리적인 사고 방식과 불신앙을 해결해 주셨다. 레오 대종은 이로써 우리 인간 심성에 있을 수 있는 논리적인 불신앙에 시각적인 증거를 주었다고 보고 있다.
7. 갈라 4,4.
8. 마태 5,17.

고려하여 어떻게 이처럼 요령있게 경배드릴 수 있었겠습니까? 단지 그 별의 빛이 그들 육신의 시선을 끌었으며, 진리의 더 찬란한 빛이 그들의 마음을 비추었을 따름입니다. 그런데 고된 여행을 시작하기도 전에 이미 그들은, 황금을 통해 그분의 왕다운 영예가, 유향을 통해 그분의 신성에 대한 경배가, 몰약을 통해 그분의 죽음에 대한 고백이 표시되어 있음을 깨달았던 것입니다. 그들은 믿음의 비추심에 속하였던 이것을 믿고 깨닫는 것으로 만족할 수 있었습니다. 그래서 그들은 깊은 마음의 눈으로 직관했던 것을 육체의 눈을 가지고 찾을 필요가 없었습니다. 그러나 그들이 아기를 만나뵐 때까지 임무를 수행하겠다는 열성과 통찰을 계속 간직하고 있었습니다. 그들은 이로써 미래 세대의 백성들과 우리 세대의 사람들에게 봉사했던 것입니다. 마치 주님의 부활 후에 토마 사도가 그분의 육체에 남아 있던 상흔들을 손으로 만져 보았던 것이[6] 우리 모두를 위해 유익했던 것처럼, 박사들이 주님의 어린 모습을 눈으로 직접 확인했던 것은 우리에게 유익을 주기 위해서였습니다.

그러므로 박사들은 유다 지파에서 나신 아기를 뵙고 경배하였습니다. "그분은 인성으로 말하면 다윗의 후손으로 여자의 몸에서 태어나셨으며 율법의 지배를 받으셨습니다."[7] 그런데 그분은 "그 율법을 없애러 오시지 않고 오히려 완성하러 오셨습니다".[8] 박사들은 아주 작은 아기를 보고 경배했습니다. 그 아기는 다른 사람의 도움을 필요로 하며 아직 말할 수도 없으며 다른 아기들과 조금도 다를 바 없는 그런 아기였습니다. 그분 안에 있는 보이지 않는 신성의 위엄에 대해 확언하는 증언들이 믿을 만한 것처럼, "말씀이 사람이 되셨으며"[9] 또 하느님의 아들의 영원한 본성이 참된 인간 본성을 취하셨다는 것은 가장 확실한 사실이 틀림없습니다. 이것은, 그후 그분께서 행하신 놀라운 기적들과 그리고 그분께서 겪으셔야 했던 수난의 고통 사이의 뚜렷한 차이점으

---

9. 요한 1,14.

supplicia passionum, sacramentum fidei ex rerum diversitate turbarent, cum iustificari omnino non possent, nisi qui Dominum Iesum et verum Deum et verum hominem credidissent.

4. Huic singulari fidei, dilectissimi, et praedicatae per omnia saecula veritati diabolica Manichaeorum resistit impietas, qui sibi ad interficiendas deceptorum animas nefandi dogmatis ferale commentum de sacrilegis et fabulosis mendaciis texuerunt, et per has insanarum opinionum ruinas eo usque praecipites proruerunt, ut sibi falsi corporis fingerent Christum, qui nihil in se solidum, nihil verum oculis hominum actibusque praebuerit, sed simulatae carnis vacuam imaginem demonstrarit. Indignum enim videri volunt, ut credatur Deus Dei Filius femineis se inservisse visceribus, et maiestatem suam huic contumeliae subdidisse, ut naturae carnis inmixtus, in vero humanae substantiae corpore nasceretur, cum totum hoc opus non iniuria sit ipsius, sed potentia, nec credenda pollutio, sed gloriosa dignatio.

Si enim lux ista visibilis nullis inmunditiis quibus fuerit superfusa violatur, nec radiorum solis nitorem quem corpoream creaturam esse non dubium est, loca ulla sordentia vel caenosa contaminant, quid illius sempiternae et incorporeae lucis essentiam potuit qualibet sui qualitate polluere, quae se ei, quam ad imaginem suam condidit, sociando creaturae purificationem praestitit, maculam non recepit, et sic sanavit vulnera infirmitatis, ut nulla pateretur damna virtutis?

---

10. 마니케오 이단자들의 주장에 대해, 강론 24,4 참조.
11. 자연적인 빛과 참된 빛이신 그리스도와 비교하면서 비춤을 받은 대상에 의해 그 빛이 손상되거나 더럽혀지지 않음을 말한다.

로 인해 우리 믿음의 신비가 흔들리지 않도록 하기 위해서 필요합니다. 사실 주 예수를 참된 하느님이며 참된 인간으로 믿지 않는다면 이 모든 것이 도저히 정당화될 수 없는 것입니다.

마니케오 이단

4. 친애하는 형제 여러분, 마니케오 파의 악마적인 이단은 이 유일한 신앙, 모든 세기를 통해 예언된 진리를 반대하고 있습니다. 그들은 사람들의 영혼들을 농락하고 죽이기 위해 모독적이고 불합리한 거짓말에서 나온 유해한 학설을 꾸며냅니다. 그들은 이처럼 파괴적인 허황된 주장들을 통해 그리스도께서 진짜 육신이 아니라 가짜 육신을 입으셨으며, 사람들의 눈을 속이기 위해 또 사람들과 교류를 위해 진짜 육체가 아니라 가짜 육체에 불과한 빈 환상만 보여 주었다고 주장하는 데까지 이르렀습니다.[10] 사실 그들의 주장에 따르면, 하느님이시며 하느님의 아들이신 그분께서 한 여자의 몸 속에 내려오셨다는 것과 그리고 육신의 본성과 일치되어 실제 인간의 가짜 육신 안에 태어나실 정도로 그분의 엄위를 치욕적으로 낮추셨다는 것은 부당한 일이라고 말합니다. 그렇지만 이 모든 일은 그분에게 모욕이 되는 것이 아니라 오히려 능력의 결과입니다. 따라서 우리는 그분께서 비하하심을 통해 더럽힘을 당하셨다고 믿고 있지 않으며 오히려 비하를 영광스런 행위로 믿고 있습니다.

눈에 보이는 빛이 내리쬐는 그 대상의 불결함에 의해 조금도 손상되지 않으며, 또 분명히 창조된 물체에 불과한 태양빛의 밝기가 더럽거나 추잡한 곳을 비춘다 해서 더럽혀지지 않는다면, 하물며 영원하며 비육체적인 빛의 본질이 무엇에 의해 근본적으로 더럽혀질 수 있단 말입니까?[11] 그리고 그분께서 당신의 모상대로 창조한 것과 결합하심으로써 그 피조물을 정화시켰지만 이로써 더러움을 조금도 입지 않으셨습니다. 마찬가지로 그분은 연약한 인간 본성의 상처들을 치유하셨지만 이로써 그분의 능력이 조금도 상실되지 않았습니다.

Quod divinae pietatis magnum et ineffabile sacramentum, quia omnibus sanctarum Scripturarum est testificationibus nuntiatum, isti de quibus loquimur, adversarii veritatis, *legem per Moysen datam* et inspirata divinitus prophetarum oracula respuerunt, ipsasque evangelicas et apostolicas paginas, quaedam auferendo et quaedam inserendo violarunt, confingentes sibi sub apostolorum nominibus et verbis ipsius Salvatoris multa volumina falsitatis, quibus erroris sui commenta munirent, et decipiendorum mentibus mortiferum virus infunderent. Videbant enim sibi universa obsistere, omnia reclamare, et non solum novo, sed etiam veteri Testamento sacrilegae impietatis suae dementiam confutari. Et tamen in furiosis mendaciis persistentes, Ecclesiam Dei deceptionibus suis perturbare non desinunt, hoc miseris quos inlaqueare potuerint persuadentes, ut negent a Domino Iesu Christo humanam naturam vere esse susceptam, negent eum vere pro mundi salute crucifixum, negent de eius latere lancea vulnerato sanguinem redemptionis et aquam fluxisse baptismatis, negent eum sepultum ac die tertio suscitatum, negent eum in conspectu discipulorum ad consedendum in dextera Patris super omnes caelorum altitudines elevatum, et ut tota apostolici symboli veritate sublata, nullus metus terreat impios, nulla spes incitet sanctos, negent a Christo vivos et mortuos iudicandos, et quos tantorum sacramentorm virtute privarint, doceant in sole et luna colere Christum, et sub nomine Spiritus sancti ipsum talium impietatum magistrum adorare Manichaeum.

---

12. 요한 1,17 참조.
13. 앞의 강론 22,6 참조.
14. 마니케오 이단의 시조인 마니는 그리스도교와 파르시교(조로아스터교의 일파)를 융화시켜 빠라끌레또(성령)가 오시면 그리스도의 시대가 끝난다고 가르쳤다.

자비로우신 하느님의 크고 놀라운 이 신비는 성서의 모든 증언들을
통해 선포되었습니다. 그런데 지금 우리가 거론하고 있는 이단자들은
진리의 반대자들로서 모세를 통해 전해 내려오는 율법[12]과 하느님으로
부터 영감을 받아 말한 예언자들의 말씀을 거부하고 있으며, 또 복음서
와 사도들의 서간들에 어떤 것을 삭제하거나 어떤 것을 첨부시킴으로
써 변조시키고 있습니다. 또 그들은 사도들의 이름으로 또는 구세주의
말씀이라 내세우면서 거짓투성이인 수많은 책들을 조작해 내고 있으며,
이런 책들을 가지고 자기들이 조작한 오류를 옹호하며 이에 현혹된 사
람들의 정신에 치명적인 독을 투입하고 있습니다. 그들은 모든 이가 자
기들을 적대하고 있으며, 모든 것이 자기들과 모순되며, 구약성서뿐 아
니라 신약성서도 자기들의 독성적이고 믿음 없는 어리석음을 반박하고
있다고 여기고 있습니다. 그러면서도 그들은 부조리한 거짓말을 계속하
면서 하느님의 교회를 자기들의 속임수로 혼란시키는 일을 그만두지
않습니다. 그들은 올가미를 씌울 수 있는 가련한 사람들을 현혹시켜 그
들로 하여금 주 예수 그리스도께서 인간 본성을 참으로 취하셨다는 사
실을 부인하도록 합니다. 또 그분이 세상 구원을 위하여 참으로 십자가
에 못박히셨음을 부인하도록 하고, 창에 찔린 그분의 옆구리에서 구원
의 피와 세례의 물이 흘러나왔음을 부인하도록 하고, 그분이 묻히신 지
사흘 만에 다시 살아나셨음을 부인하도록 하고, 또 그분께서 성부 오른
편에 좌정하시기 위해 제자들이 보는 앞에서 하늘 높은 곳으로 승천하
셨음을 부인하도록 합니다. 또 그들은 사도신경에 나오는 모든 진리를
제거시켜 버렸기 때문에 산 이와 죽은 이들이 그리스도로부터 심판을
받게 되리라는 것을 부인하도록 함으로써 죄인들은 아무런 두려움도
갖지 않게 하고 성도들은 아무런 희망도 기대하지 못하게 합니다. 또
그들은 그처럼 큰 신비들의 축복의 효과를 박탈시켜 버린 사람들에게
태양과 달 안에서 그리스도를 공경하도록 가르치며,[13] 성령의 이름하에
이처럼 많이 조작해 낸 마니케오를 흠숭하도록 가르칩니다.[14]

제4 주의 공현 강론

5. Ad *confirmanda* igitur, dilectissimi, *corda nostra* in fide et *veritate,* prosit omnibus hodierna festivitas, et ex testimonio manifestatae Salvatoris infantiae confessio catholica muniatur, et naturae nostrae carnem in Christo negantium anathemetur impietas, de qua nos beatus Iohannes apostolus non dubio sermone praemonuit dicens: *Omnis spiritus qui confitetur Christum Iesum in carne venisse, ex Deo est, et omnis spiritus qui soluit Iesum, ex Deo non est, et hic est antichristus.* Nihil ergo cum huiusmodi hominibus commune sit cuiquam christiano, nulla cum talibus habeatur societas, nullumque consortium. Prosit universae Ecclesiae quod multi ipsorum, Domino reserante, detecti sunt, et in quibus sacrilegiis viverent, eorumdem confessione patefactum est. Neminem fallant discretionibus ciborum, sordibus vestium, vultuumque palloribus. Non sunt casta ieiunia, quae non de ratione veniunt continentiae sed de arte fallaciae. Hactenus nocuerint incautis, hactenus inluserint inperitis, post haec nullius excusabilis erit lapsus, nec iam simplex habendus est, sed valde nequam atque perversus, qui deinceps repertus fuerit nefando obstrictus errore.

Ecclesiasticum sane et divinitus institutum non solum non inhibemus, sed etiam incitamus affectum, ut etiam pro talibus

---

15. 야고 5,8 참조.
16. "Anathemetur": 교회로부터 공식적으로 파문되었음을 말한다. 특히 그리스도론적 여러 이단들을 염두에 두고 있다.
17. 1요한 4,2-3.
18. 그 당시 공식적으로 파문받은 자들은 신도들과 일체의 교류가 금지되었으며 전례 행사 특히 성찬 전례에 참여할 수 없었다.
19. 단식, 남루한 옷 등은 마니케오 이단자들이 하던 수덕 방법으로 그 동기가 육신을 경시하는 이유 때문이었는데, 후에 가서는 가식적인 형식으로 변질되었음을 말한다. 강론 24,6 참조.

5. 친애하는 형제 여러분, 그러므로 오늘 이 축일은 믿음과 진리 안에서 우리의 마음을 굳건히하기 위해서[15] 우리 모두에게 유익합니다. 가톨릭 교회의 믿음의 내용은 어린아기로 태어나신 구세주께서 공적으로 드러나신 그 증거를 통해 확고히되었습니다. 그리고 그리스도 안에 우리 인간 본성과 같은 육신이 있음을 부인하는 자들의 이단은 단죄받았습니다.[16] 이에 대해 복되신 사도 요한은 명확한 어조로 이렇게 경고하셨습니다: "예수 그리스도께서 사람의 몸으로 오셨다는 것을 인정하는 사람은 모두 하느님으로부터 성령을 받은 사람이고, 예수께서 그런 분이시라는 것을 인정하지 않는 사람은 모두 하느님으로부터 성령을 받지 않은 사람입니다. 이런 사람은 그리스도의 적대자입니다."[17] 그러므로 모든 그리스도 신자들은 이런 자들과 함께해서는 안되며 어떠한 교류나 어떠한 교제도 가져서는 안됩니다.[18] 그들 가운데 많은 이들의 정체가 주님의 자비의 은총으로 밝혀졌으며, 또한 그들 자신이 공언하는 내용을 통해 그들이 독성죄 속에 살고 있다는 사실이 드러난 것은 교회 전체를 위해 유익한 일입니다. 음식을 줄이는 일이나 남루한 옷을 입는 일이나 겉으로 창백한 얼굴 모습을 하는 것으로써 아무도 속일 수는 없습니다. 절제의 동기에서가 아니라 속임수의 방법으로 하는 단식은 순수하지 못한 것입니다. 그들은 지금까지 이런 수법으로 부주의한 사람들을 해치며 식견이 없는 사람들을 속여 왔습니다.[19] 그러나 이제부터는 자기가 오류에 떨어지는 탓을 다른 사람에게 돌릴 수 없습니다.[20] 이제부터 금지된 오류의 추종자로 정체가 드러난 사람을 우리는 더 이상 무해한 사람으로 보지 말고 오히려 부당하고 패악한 사람으로 여겨야 합니다.

물론 우리는 하느님의 계명과 교회의 계율에만 의존하지 않으며 그런 사람들을 위해 우리와 함께 주님께 간구하도록 여러분의 사랑을 호

---

20. 교회에서 이를 이미 공식적으로 단죄하였으므로 무지한 사람이라도 다른 사람에게 그 탓을 돌릴 수 없음을 말한다.

nobiscum Domino supplicetis, quoniam et nos deceptarum animarum ruinas cum fletu et maerore miseramur, exsequentes apostolicae pietatis exemplum, ut cum *infirmantibus infirmemur,* et cum *flentibus defleamus.* Speramus enim exorandam misericordiam Dei multis lacrimis et legitima satisfactione lapsorum, quia dum in hoc corpore vivitur, nullius est desperanda reparatio et omnium est optanda correctio, auxiliante Domino, qui *erigit elisos, solvit compeditos, inluminat caecos,* cui est honor et gloria in saecula saeculorum. Amen.

소합니다. 우리 역시 눈물과 애통한 마음으로 멸망에 떨어진 타락한 영혼들을 불쌍히 여기고 있으며,[21] 사도께서 보여 주신 자비의 모범에 따라, "허약한 사람들과 함께 같이 아파하고",[22] "우는 사람들과 함께 같이 울 수 있도록" 합시다. 우리는 많은 눈물로써 그리고 죄인들 편에서의 합당한 속죄를 통하여 하느님의 자비를 얻게 되기를 기대해 봅시다. 왜냐하면 이 육신 생명이 있는 동안에는 회개에 대한 희망을 포기할 만한 사람이 아무도 없으며, 주님의 도우심에 힘입어 모든 이가 교정되기를 고대해야 하기 때문입니다. 주님은 억눌린 이를 일으켜 주시고 사로잡힌 이를 풀어 주시고 소경에게 빛을 주시는 분이십니다.[23] 그분께 영예와 영광이 세세에 영원히 있으소서. 아멘.

---

21. 2고린 11,29 참조.
22. 로마 12,15 참조.
23. 시편 145,7-8.

XXXV
ITEM ALIUS DE EPIPHANIA
(445)

1. Hodiernam festivitatem, dilectissimi, apparitio Domini et Salvatoris nostri, sicut nostis, inlustrat, et hic ille est dies quo ad cognoscendum adorandumque Dei Filium tres magos praevia stella perduxit. Cuius facti memoriam merito placuit honore annuo celebrari, ut dum evangelica historia incessabiliter recensetur, semper se intellegentium sensibus inferat salutiferum mysterium per insigne miraculum. Praecesserant quidem multa documenta, quae corpoream nativitatem Domini manifestis indiciis declararent, sive cum beata Maria virgo fecundandam se Spiritu sancto parituramque Dei Filium audivit et credidit, sive cum ad salutationem ipsius in utero Elisabeth nondum natus Iohannes prophetica exultatione commotus est, quasi etiam intra matris viscera iam clamaret: *Ecce Agnus Dei, ecce qui tollit peccata mundi,* vel cum ortum Domini angelo adnuntiante pastores caelestis exercitus sunt claritate circumdati, ut non ambigerent de maiestate pueri quem erant in praesepe visuri, nec putarent quod in sola natura hominis esset editus, cui supernae militiae famularetur occursus.

Sed haec atque alia huiusmodi paucis tunc videntur innotuisse personis, quae vel ad cognationem Mariae virginis, vel ad sancti Ioseph familiam pertinebant. Hoc autem signum,

---

1. 루가 1,26 이하 참조.
2. 루가 1,44 참조.
3. 요한 1,29. 사실 요한의 이 말은 성장한 후에 예수님에 관해 자기 제자들에게 증언한 말인데 레오 대종은 태중에 있는 요한이 한 말로 바꾸어 놓았다.

강론 제35편

제5 주의 공현 강론
(445년)

별의 의미

1. 친애하는 형제 여러분, 여러분이 알다시피 오늘의 축일은 우리 주 구세주께서 공적으로 드러나심에 특별한 의미를 두고 있습니다. 이 날은 세 박사가 앞서 가던 별의 인도를 받아 하느님의 아들을 알아뵙고 그분을 경배하기 위해 찾아온 날입니다. 이 사실을 기념하여 매년 성대하게 경축하는 것이 합당하고 경사스런 일입니다. 이에 해당되는 복음의 독서를 다시 들을 때마다 이 놀라운 기적을 통해 계시된 구원의 신비가 이를 깨닫는 사람들의 마음에 항상 새로이 실현됩니다. 이에 앞서 주님께서 인간으로 태어나실 것을 명백히 지적하는 사건들이 많이 있습니다. 예를 들면, 복되신 동정녀 마리아께서 성신에 의해 잉태하여 아기를 낳게 되리라는 전갈을 듣고 믿었던 일,¹ 그리고 마리아의 인사를 듣고 엘리사벳의 태중에서 아직 태어나지도 않은 요한이 어머니의 뱃속에서 이미 예언의 영을 받아 기뻐 용약하며² "보라, 천주의 어린양 세상의 죄를 없애시는 분이십니다"³라고 외친 일, 그리고 천사가 주님의 탄생을 전하였을 때 천상 군대의 빛에 감싸였던 목자들이⁴ 구유에서 본 그 아기의 엄위에 대해 의심하지 않았으며 또 천상 군대의 무리가 섬기고 있는 그분께서 인간 본성만 가지고 태어나셨다고 생각하지 않았던 일 등입니다.

그러나 이런 사건들과 그외 이와 비슷한 다른 사건들은 동정녀 마리아의 친지들 또는 거룩한 요셉의 가족에게 속하는 극소수의 사람들에게만 알려진 듯합니다. 한편 먼 지방에 살고 있던 박사들을 실제로 움

---
4. 루가 2,8 이하 참조.

quod magos in longinquo positos et efficaciter movit et ad Dominum Iesum perseveranter adtraxit, illius sine dubio gratiae sacramentum et illius fuit vocationis exordium, qua non in Iudaea tantum, sed etiam in toto mundo Christi erat evangelium praedicandum, ut per illam stellam quae magorum visui splenduit, Israhelitarum vero oculis non refulsit, et inluminatio significata sit gentium et caecitas Iudaeorum.

2. Permanet igitur, dilectissimi, sicut evidenter apparet, mysticorum forma gestorum, et quod imagine inchoabatur, veritate completur. Radiat e caelo stella per gratiam, et tres magi coruscatione evangelici fulgoris acciti in omnibus cotidie nationibus ad adorandam potentiam summi Regis adcurrunt. Herodes quoque in diabolo fremit, et auferri sibi iniquitatis suae regnum in his qui ad Christum transeunt ingemiscit. Unde si parvulos interficiat, Iesum sibi videtur occidere, quod utique sine cessatione molitur, dum primordiis renatorum Spiritum sanctum eripere et quamdam tenerae fidei infantiam temptat extinguere. Iudaei vero, qui extra regnum Christi esse voluerunt, adhuc quodammodo sub Herodis sunt principatu, et dominante sibi Salvatoris inimico, alienigenae serviunt potestati, quasi nesciant prophetatum dicente Iacob: *Non deficiet princeps ex Iuda et dux de femoribus eius, donec veniat cui reposita sunt, et ipse est expectatio gentium.* Sed nondum intellegunt quod negare non possunt, et mente non capiunt quod Scripturarum narratione noverunt, quoniam

---

5. 창세 49,10.

직여서 주님이신 아기 예수께 꾸준히 인도했던 하늘의 이 표지는 틀림없이 은총의 거룩한 표징이었으며, 그리스도의 복음이 유데아에서뿐 아니라 전 세계에 선포되기 시작한 부르심의 시작이었습니다. 이스라엘 사람들의 눈에는 빛나지 않았지만 박사들의 눈에는 찬란히 빛났던 그 별은 이방인들을 비추었던 반면 유다인들은 이에 눈멀어 있었다는 사실을 상징적으로 증명해 줍니다.

교회 안에서의 그리스도의 실제적인 공현

2. 친애하는 형제 여러분, 이 신비로운 사건들의 상징적인 의미가 명백한 것은 물론 모든 시대에 계속되고 있습니다. 상징으로 시작되었던 것이 실제로 이루어집니다. 하느님의 은총에 의해 별이 하늘에서 빛났으며, 기쁜 소식을 전하는 이 빛의 광채를 받았던 세 박사들처럼 오늘날에도 권능을 지니신 최상의 왕께 흠숭을 드리기 위해 모든 나라에서 수많은 사람들이 계속 몰려오고 있습니다. 오늘날에도 헤로데는 악마 안에서 이를 갈고 있으며, 그리스도께 몰려드는 사람들 때문에 악의 자기 왕국이 망해 가고 있다고 통곡하고 있습니다. 그래서 그는 어린아이들을 살육하면 예수님도 죽일 수 있다고 여깁니다. 또 그는 새로 갓 태어난 사람들로부터 성령을 빼앗아 가고 아직 연약한 믿음의 어린 싹을 근절시킬 목적으로 끊임없이 이런 일을 계속합니다. 그런데 그리스도의 왕국 밖에 머물러 있기를 원하였던 유다인들은 오늘날에도 어느 정도 헤로데의 폭정하에 있습니다. 사실 그들은 구세주의 원수로부터 지배받고 있었으며, 야곱을 통해 다음과 같이 예언된 바를 모른 채 이방인의 권력을 섬기고 있었습니다: "왕홀이 유다에게서 떠나지 아니하리라. 지휘봉이 다리 사이에서 떠나지 아니하리라. 참으로 그 자리를 차지할 분이 와서 만백성이 그에게 순종하게 되리라."[5] 그런데 거부할 수 없는 사실을 그들만 모르고 있으며, 자기들이 성서의 말씀을 통해 배워 알고 있는 바를 마음에 간직하지 못합니다. 왜냐하면 진리가 어리석은 랍비

insanis magistris veritas scandalum est, et caecis doctoribus fit caligo quod lumen est. Respondent itaque interrogati quod in Bethlehem nascitur Christus, et scientiam suam qua alios instruunt, non sequuntur. Perdiderunt successionem regum, placationem hostiarum, locum supplicationum, ordinem sacerdotum, et cum omnia sibi clausa, omnia experiantur esse finita, non vident ea in Christum esse translata. Uunde quod illi tres viri, universarum gentium personam gerentes, adorato Domino sunt adepti, hoc in populis suis per fidem quae iustificat impios totus mundus adsequitur, et haereditatem Dei ante saecula praeparatam accipiunt adoptivi, et perdunt qui videbantur esse legitimi.

Resipisce tandem, Iudaee, resipisce, et ad Redemptorem etiam tuum deposita infidelitate convertere. Noli sceleris tui inmanitate terreri, *non iustos* Christus *sed peccatores vocat,* nec impietatem tuam repellit, qui pro te cum crucifixus esset oravit. Inmitem crudelium patrum tuorum solve sententiam, neque te eorum maledicto patiaris obstringi, qui clamantes de Christo: *Sanguis eius super nos et super filios nostros,* facinus in te sui criminis transfuderunt. Redite ad misericordem, utimini clementia remittentis. Saevitia enim vestrae iniquitatis conversa est in causam salutis. Vivit quem perire voluistis. Confitemini negatum, adorate venditum, ut vobis bonitas illius prosit, cui vestra malignitas nocere non potuit.

---

6. 마태 2,4 이하 참조.
7. 당시 유다인들은 로마 제국의 치하에 식민지 생활을 하면서 정치적인 실권을 잃어버렸을 뿐 아니라 하느님의 뜻과는 먼 율법주의에 빠져 있었음을 말한다.
8. 마태 9,13.
9. 루가 23,34 참조.
10. 마태 27,25.

들 때문에 걸림돌이 되고, 빛이 눈먼 율법학자들 때문에 어둠이 되었기 때문입니다. 질문을 받은 그들은 그리스도께서 베들레헴에 태어나실 것이라고 대답하였지만,[6] 다른 사람들에게 알려 준 바로 그 지식에서 스스로 아무런 결실도 얻어내지 못했습니다. 그래서 그들은 왕위 계승권도, 화해의 제사도, 예배 장소도, 사제권도 모두 잃어버렸습니다.[7] 그들에게 모든 것이 단절되었고, 모든 것이 끝장났다는 것을 실감하게 되었을 때에도, 그들은 이 모든 것이 그리스도에게 이전되었다는 사실을 깨닫지 못하였습니다. 모든 이교 민족들을 대표하는 세 박사들이 주님께 흠숭을 드림으로써 얻게 되었던 것을 온 세상의 민족들은 죄인들을 의화시키는 믿음을 통해서 분배받게 된 것입니다. 그래서 양자(養子)들은 오래 전부터 마련되어 온 주님의 유산을 받게 된 반면 적자(敵子)로 여겨지던 자들은 이를 잃게 되었습니다.

유다 백성이여, 회개하십시오, 회개하십시오. 그리고 불신앙을 버리고 여러분의 구세주에게로 되돌아오십시오. 여러분의 죄가 아무리 크다 하더라도 낙담하지 마십시오. 그리스도께서는 "의인들을 부르시려는 것이 아니라 죄인들을 부르러 오셨습니다".[8] 십자가에 못박히셨을 때 여러분을 위해 기도하신 분께서[9] 여러분의 불충 때문에 여러분을 배척하시지는 않습니다. 그분은 잔악한 여러분의 조상들에게 내려졌던 판결을 풀어 주시고, 그리스도를 거슬러 "그 사람의 피에 대한 책임은 우리와 우리 자손들이 지겠습니다"[10]라고 외침으로써 자기들의 죄의 짐을 여러분에게 전가시켰던 그들의 저주에 여러분이 얽매이지 않게 해주십니다. 자비로우신 그분께로 되돌아오십시오. 용서해 주시려는 분의 인자하심에 의탁하십시오. 사실 여러분의 극심한 죄악이 구원을 가져왔습니다. 여러분이 없애 버리려 했던 그분이 살아 계십니다. 여러분이 거부했던 그분을 선포하고 여러분이 팔아 넘겼던 그분을 흠숭하십시오. 그래서 사악한 여러분이 해칠 수 없었던 그 선하신 분께서 여러분을 도와 주시도록 간구하십시오.

3. Quod ergo ad veram, dilectissimi, pertinet caritatem, quam etiam inimicis nostris ex dominica eruditione debemus, et optandum nobis est et studendum ut hic populus, qui ab illa spiritali patrum nobilitate defecit, ramis suae arboris inseratur. Multum enim nos Deo benivolentia ista commendat, quia ideo delictum illorum nobis misericordiae locum fecit, ut eos ad aemulationem salutis recipiendae fides nostra revocaret. Nam vitam piorum non solum sibi, sed etiam aliis esse utilem decet, ut quod apud eos agi non potest verbis, obtineatur exemplis.

Considerantes itaque, dilectissimi, ineffabilem erga nos divinorum munerum largitatem, cooperatores simus gratiae Dei operantis in nobis. Non enim dormientibus provenit regnum caelorum, nec otio desidiaque torpentibus beatitudo aeternitatis ingeritur, sed quia, sicut ait Apostolus, *si conpatimur et conglorificabimur,* illa nobis currenda est via quam ipse Dominus se esse testatus est, qui nobis nullis operum meritis suffragantibus, et sacramento consuluit et exemplo, ut in adoptionem vocatos per illud proveheret ad salutem, per hoc inbueret ad laborem.

Hic autem labor, dilectissimi, piis filiis et bonis servis non solum nec asper nec onerosus, sed etiam suavis et levis est, dicente Domino: *Venite ad me, omnes qui laboratis et onerati estis, et ego vos reficiam. Tollite iugum meum super vos, et*

---

11. 로마 11,23 참조.
12. 마태 5,44 참조.
13. 1데살 5,6.
14. 로마 8,17.
15. 요한 14,6 참조.
16. 여기서 "sacramentum"은 그분의 신비로운 육화(肉化)를 뜻한다.

선교 정신과 은총에의 협력

3. 친애하는 형제 여러분, 여러분은 자기 조상들의 영적인 품위를 잃어버린 이 백성이 본래의 나뭇가지에 다시 접목될 수 있도록 열성을 다해 노력해야 합니다.[11] 주님의 가르침에 따라 사실 우리는 우리의 원수들까지 진정으로 사랑해야[12] 하는 의무를 지고 있습니다. 이러한 사랑의 마음씨는 하느님 앞에 우리를 더욱 가납된 자로 만들어 줍니다. 그분은 그들의 이러한 죄악 때문에 오히려 우리에게 자비를 베풀어 주시는 계기로 삼으셨는데, 이것은 우리의 믿음을 통해 그들도 구원을 얻는 데 우리와 함께 경쟁하도록 하기 위해서였습니다. 한편 열심한 사람의 생활은 자기 자신뿐 아니라 다른 이웃사람을 위해서도 매우 유익합니다. 사실 그들에게 말로써 이룰 수 없는 것은 모범을 통해서 이루도록 해야 합니다.

친애하는 형제 여러분, 우리에게 베풀어 주신 하느님의 그 엄청난 선물들을 생각하면서 우리 안에서 역사하는 그분 은총의 협력자들이 되도록 합시다. 하늘 나라는 잠자고 있는 사람들에게 주어지는 것이 아니며,[13] 영원한 행복은 한가함과 태만으로 늘어져 있는 사람들에게 그냥 내려지는 것이 아닙니다. 사도께서 말씀하셨듯이, "우리가 그분과 함께 고난을 받고 영광도 그분과 함께 받는다면",[14] 우리는 주님께서 친히 당신 자신을 가리켜 말씀하신 그 길을 따라 달려가야 하기 때문입니다.[15] 행위에 대해 내세울 만한 공적이 하나도 없는 우리에게 주님은 성사[16]와 모범을 주셨습니다. 즉, 성사를 통하여 하느님의 자녀로 불러 주신 우리를 구원에로 고양시켜 주셨고, 모범을 통해서는 더욱 힘써 노력할 것을 가르쳐 주셨습니다.

친애하는 형제 여러분, 그런데 열심한 자녀와 착한 종들에게는 이 노고가 어렵거나 힘든 것이 아니라 오히려 편하고 가볍습니다. 주께서 이렇게 말씀하십니다: "고생하며 무거운 짐을 진 사람은 다 나에게로 오너라. 내가 너희를 편히 쉬게 하리라. 나는 마음이 온유하고 겸손하니

discite a me quia mitis sum et humilis corde, et invenietis requiem animabus vestris. Iugum enim meum suave est, et onus meum leve est. Nihil ergo, dilectissimi, arduum est humilibus, nihil asperum mitibus, et facile omnia praecepta veniunt in effectum, quando et gratia praetendit auxilium, et oboedientia mollit imperium. Intonant enim cotidie auribus nostris eloquia Dei, et omnis homo quid divinae iustitiae placeat scire convincitur. Sed quia iudicium illud quo *unusquisque recipiet prout gessit, sive bonum, sive malum,* iudicaturi patientia et bonitate differtur, inpunitatem sibi iniquitatis infidelium corda promittunt, et putant humanorum actuum qualitates ad divinae providentiae non pertinere censuram, quasi non evidentissimis plerumque suppliciis male gesta plectantur, aut non saepe se caelestium comminationum terror ostendat, quibus utique et fides monetur, et infidelitas increpatur.

4. Inter haec autem permanet super omnes benignitas Dei et nulli misericordiam suam denegat, cum indiscrete universis bona multa largitur eosuqe quos merito subderet poenis, mavult invitare beneficiis. Dilatio enim vindictae dat locum paenitentiae. Nec dici potest nulla ibi esse ultio, ubi nulla conversio est, quia mens dura et ingrata iam sibi ipsa supplicium est, et in conscientia sua patitur quidquid Dei bonitate differtur. Non ita igitur delinquentes peccata delectent, ut illos in suis actibus vitae huius finis inveniat,

---

17. 마태 11,28-30.
18. 2고린 5,10.
19. 마태 5,45 참조.

내 멍에를 메고 나에게 배워라. 그러면 너희의 영혼이 안식을 얻을 것이다. 내 멍에는 편하고 내 짐은 가볍다."[17] 친애하는 형제 여러분, 따라서 겸손한 사람들에게는 어려울 것이 하나도 없으며, 온유한 사람들에게는 힘들 것이 하나도 없습니다. 그리고 하느님의 은총이 도와 주고 순명을 통해 명령을 수월하게 이행하도록 하여 줄 때, 모든 계명을 쉽게 실천에 옮길 것입니다. 하느님의 말씀이 매일 우리 귀에 울려오고 있으니, 모든 사람은 하느님의 의(義)에 부합된 것이 무엇인지 명백히 알고 있습니다. 그러나 "모든 이가 각자 행한 대로 상이나 벌을 받게 될 심판"[18]이 재판관의 인내와 관용으로 인해 연기되었기 때문에 불신자들은 악행에 대해 벌받지 않으리라는 약속이나 받은 듯 착각하고 있으며, 또 섭리의 하느님께서 판결하실 때 인간 행위의 죄질에 개의치 않는다고 생각하고 있습니다. 악한 행위들이 가장 명백한 형벌로 종종 처벌받고 있지 않습니까? 또 하늘의 무서운 경고가 종종 사람들을 두렵게 하고 있지 않습니까? 사실 신앙인들이 이에 용기를 얻고 불신자들은 무서워 떱니다.

진정한 통회와 천상 것에 대한 열망

4. 이러한 벌들 가운데서도 인자하신 하느님은 항상 모든 이들 위에 항상 계십니다. 그분은 어느 누구에게도 당신 자비를 거부하시지 않으시고 각 사람에게 수많은 선물을 차별 없이 베풀어 주시며,[19] 마땅히 벌을 받아야 할 사람들까지도 은혜를 베푸시어 당신께로 불러 주시려 합니다. 따라서 심판을 연기하신 이유는 우리에게 회개할 기회를 주시기 위해서입니다. 그러나 조금도 회개하지 않는 자들에게 아무런 벌이 없으리라고 말할 수 없습니다. 왜냐하면 완고하고 은혜를 모르는 사람은 스스로 고통을 당하고 있으며, 하느님의 관대하심으로 인해 연기된 심판에 대해 양심의 고통을 받고 있기 때문입니다. 그러므로 그러한 삶을 끝마친 죄인들은 자기가 저지른 죄들을 맞이하게 될 것이니, 죄짓기를

quoniam in inferno nulla correctio est, nec datur remedium satisfactionis, ubi iam non superest actio voluntatis, dicente propheta David: *Quoniam non est in morte qui memor sit tui, in inferno autem quis confitebitur tibi?*

Fugiantur noxiae voluptates, inimica gaudia et desideria iamiamque peritura. Quis fructus est, quaeve utilitas, ea indesinenter cupere, quae etiamsi non deserant, deserenda sunt? Amor rerum deficientium ad incorruptibilia transferatur, et ad sublimia vocatus animus caelestibus delectetur. Confirmate amicitias cum sanctis angelis, intrate in civitatem Dei, cuius nobis spondetur habitatio, et patriarchis, prophetis, apostolis martyribusque sociamini. Unde illi gaudent, inde gaudete. Horum divitias concupiscite, et per bonam aemulationem ad ipsorum ambite suffragia. Cum quibus enim nobis fuerit consortium devotionis, erit et communio dignitatis.

Dum itaque tempus nobis ad mandata Domini exsequenda conceditur, *glorificate Deum in corpore vestro, et lucete,* dilectissimi, *sicut luminaria in hoc mundo.* Sint lucernae mentium vestrarum semper ardentes, et nihil resideat vestris in cordibus tenebrosum, quoniam sicut ait Apostolus, *fuistis aliquando tenebrae, nunc autem lux in Domino.* Impleantur in vobis quae in trium magorum imagine praecesserunt, et *sic luceat lumen vestrum coram hominibus, ut videntes opera vestra bona, magnificent Patrem vestrum qui in caelis est.*

---

20. 레오 대종은 여기서 지옥의 영원성을 분명히 말하며, 회개의 가능성, 의지의 사용, 교정의 가능성이 지옥에서는 일체 없음을 말한다.
21. 시편 6,6.
22. 1고린 6,20.
23. 필립 2,15.
24. 에페 5,8.
25. 마태 5,16.

일삼지 말아야 합니다. 왜냐하면 지옥에서는 자신을 교정할 수 없으며, 의지의 행위를 더 이상 할 수 없는 곳에서는 속죄를 통한 치유의 기회가 주어지지 않기 때문입니다.[20] 사실 예언자 다윗이, "죽은 뒤면 당신을 기억도 못하오니, 지옥에서 그 누가 당신을 기리오리까?"[21]라고 말하였습니다.

그러므로 우리를 즉시 멸망시킬 수 있는 해로운 정욕과 유해한 쾌락이나 원욕을 피해야 합니다. 우리에게서 쉽사리 떠나지 않는다 하더라도 우리가 마땅히 끊어 버려야 할 것들을 끊임없이 갈구한다면 어떤 결과를 초래할 것이며 도대체 무슨 유익이 있겠습니까? 사라져 버릴 것들에 대한 애착을 영원히 남을 선들에 대한 사랑으로 바꾸어야 합니다. 그리고 숭고한 것에로 불림을 받은 영혼은 천상의 것들을 좋아해야 합니다. 여러분은 거룩한 천사들과 굳건한 우정을 맺으며 우리에게 거처가 약속되어 있는 하느님의 나라에 들어가도록 하십시오. 그리고 여러분은 성조들과 예언자들과 사도들과 순교자들과 한 무리가 되십시오. 그들의 기쁨이 여러분의 기쁨이 되도록 하십시오. 여러분은 그들이 소유하고 있는 부를 갈망하며, 선한 경쟁심을 갖고 그분들의 전구를 얻도록 힘쓰십시오. 우리가 열심을 다해 그들과 일치될 때 그들의 품위에도 동참하게 될 것입니다.

그러므로 주님의 계명을 실천할 수 있도록 우리에게 허용된 시간 동안 "여러분의 몸으로 하느님의 영광을 드러내십시오".[22] 친애하는 여러분, "이 세상 안에 별들처럼 빛나십시오".[23] "여러분이 전에는 어둠의 세계에 살았지만 지금은 주님 안에서 빛이 되었습니다"[24]라고 사도께서 말씀하신 것처럼, 여러분의 정신의 빛이 항상 불타오르고 여러분 마음 속에 어떠한 어둠도 자리잡지 않도록 하십시오. 세 박사 안에서 표상으로 예시되었던 것들이 여러분 안에서 이루어졌습니다. "여러분도 이와 같이 여러분의 빛을 사람들 앞에 비추어 그들이 여러분의 착한 행실을 보고 하늘에 계신 아버지를 찬양하게 하십시오."[25] 주님의 이름이 나쁜

Sicut enim magnum peccatum est, cum inter gentes propter malos christianos nomen Domini blasphematur, ita magnum pietatis est meritum, cum eidem in sancta servorum suorum conversatione benedicitur, cui est gloria in saecula saeculorum. Amen.

그리스도 신도들 때문에 이교인들 사이에 비방을 받게 될 때 큰 죄가 되는 것처럼, 그분께서 당신 종들의 거룩한 생활로 인해 찬양받게 될 때 우리 신심의 큰 공로가 될 것입니다. 그분께 영광이 세세에 영원히 있으소서. 아멘.

XXXVI
ITEM ALIUS DE EPIPHANIA
(451)

1. Dies, dilectissimi, quo primum gentibus Salvator mundi Christus apparuit, sacro nobis honore venerandus est, et illa hodie cordibus nostris concipienda sunt gaudia, quae in trium magorum fuere pectoribus, quando Regem caeli et terrae signo et ductu novi sideris incitati, quem crediderant promissum, adoravere conspicuum.

Neque enim ita ille emensus est dies, ut virtus operis quae tunc est revelata transierit, nihilque ad nos nisi rei gestae fama pervenerit, quam fides susciperet et memoria celebraret, cum multiplicato munere Dei etiam nostra cotidie experiantur tempora, quidquid illa habuere primordia. Quamvis ergo narratio evangelicae lectionis illos proprie recenseat dies in quibus tres viri, quos nec prophetica praedicatio docuerat, nec testificatio legis instruxerat, ad cognoscendum Deum a remotissima Orientis parte venerunt, hoc idem tamen et manifestius nunc et copiosius fieri in omnium vocatorum inluminatione perspicimus, quoniam impletur prophetia Esaiae dicentis: *Revelavit Dominus brachium suum sanctum in conspectu omnium gentium, et videbunt omnes gentes terrae salutem quae a Domino nostro est, et iterum: Quibus non est adnuntiatum de eo, videbunt, et qui non audierunt intellegent.*

---

1. 레오 대종은 여기서 그리스도의 활동과 신비가 교회 안에 항상 현존한다는 것을 명백히 밝히고 있다. 부활하신 주님께서 세상 끝날 때까지 제자들과 함께 계시겠다는 말씀은 교회의 성사와 특히 성체성사 안에 역사하심을 뜻하며, 과거에 행하신 일이 현재와 미래에도 계속된다는 것이다.
2. 이사 52,10.

강론 제36편
제6 주의 공현 강론
(451년)

신도들 안에 내려지는 공현의 은총

1. 친애하는 형제 여러분, 세상의 구세주이신 그리스도께서 이방인들에게 처음으로 나타나신 이 날을 거룩한 전례로 마땅히 경축해야 합니다. 오늘 우리는, 세 박사들이 새로운 별의 표시에 따라 인도되어 약속된 분으로 믿었던 천지의 왕을 만나뵙고 경배하였을 때 그들 마음에 충만했던 그 기쁨을 우리 마음 안에 고이 간직해야 합니다.

그때 계시되었던 하느님 구원 사업의 효험이 이제는 끝나버렸다거나, 또는 이것을 단지 신앙으로 받아들이고 기념 행사로 지나쳐 버려야 할 과거사의 이야기밖에는 우리에게 별 의미가 없다고 생각한다면, 저 날의 의미를 충분히 살리지 못하는 것입니다. 오히려 하느님은 더 많은 은총을 우리에게 베푸시고, 저 시작의 날에 일어났던 일을 우리 시대에도 매일 체험하게 해주십니다. 오늘 복음 독서의 대목은, 예언자들의 예언도 몰랐고 율법서의 증언도 듣지 못했던 세 박사가 하느님을 만나뵙기 위해 저 먼 동방에서 찾아왔던 그때의 날들을 우리에게 생생히 재현시켜 줍니다. 그런데 우리는 이런 사건이 오늘날도 신앙에 불림을 받은 모든 사람들을 비추는 데 있어 더욱 분명히 그리고 더욱 자주 재현되고 있다는 사실을 보고 있습니다.[1] 그래서 이사야를 통해 말씀하신 다음 예언이 이루어졌습니다: "주께서 만민 앞에서 당신의 거룩한 팔을 들어올리시니 세상의 모든 백성이 우리 주님으로부터 오는 구원을 보게 되리라",[2] 또 "그분의 소문을 들어 보지도 못한 사람들이 그분을 볼 것이며, 한 번도 들은 적이 없는 사람들이 그분을 알게 될 것이다".[3]

---

3. 이사 52,15; 로마 15,21.

Unde cum homines mundanae sapientiae deditos et a Iesu Christi confessione longinquos, de profundo sui erroris educi et ad cognitionem veri luminis cernimus advocari, divinae sine dubio gratiae splendor operatur, et quidquid in tenebrosis cordibus novae lucis apparet, de eiusdem stellae radiis micat, ut mentes quas suo fulgore contigerit, et miraculo moveat et ad Dominum adorandum praeeundo perducat. Si autem sollicito intellectu velimus aspicere, quomodo etiam triplex illa species munerum ab omnibus qui ad Christum gressu fidei veniunt offeratur, nonne in cordibus recte credentium eadem celebratur oblatio? Aurum enim de thesauro animi sui promit, qui Christum regem universitatis agnoscit; myrram offert, qui unigenitum Dei credit veram sibi hominis unisse naturam; et quodam eum ture veneratur, qui in nullo ipsum paternae maiestatis inparem confitetur.

2. His comparationibus, dilectissimi, prudenter inspectis, invenimus etiam Herodis non deesse personam, cuius ipse diabolus, sicut tunc fuit occultus incentor, ita nunc quoque est indefessus imitator. Cruciatur enim vocatione omnium gentium et cotidiana potestatis suae destructione torquetur, dolens ubique se deseri, et verum Regem in locis omnibus adorari. Parat fraudes, fingit consensiones, erumpit in caedes, et ut reliquiis eorum quos adhuc fallit utatur, invidia uritur in

---

4. 레오 대종은 여기서, 헤로데가 세 박사에게 자기도 유데아의 왕으로 태어나신 아기를 경배하러 가겠다고 거짓 약속한 사실을 암시하는데, 악마도 이처럼 동조자로 가장하여 신도들을 해칠 계략을 꾸미고 있음을 말한다.

지금까지 세속적인 지혜에 몰두하고 예수 그리스도께 대한 신앙과는 멀리 동떨어져 있던 사람들이 이제는 오류의 심연에서 벗어나 참된 빛을 깨닫기 위해 불림받았다는 사실을 보게 될 때, 우리는 하느님의 은총의 빛이 이들에게 역사하고 계심을 확신합니다. 어둠 속에 살고 있는 사람들의 마음을 비추는 새로운 빛은 모두 바로 그 은총의 별의 광채입니다. 이 빛은 자기 광채로 사람들의 마음을 비추어 기적으로써 그들을 움직이며, 그들을 앞장서 가면서 인도하여 주님을 흠숭하도록 합니다. 만일 우리가 세 박사들이 어떻게 믿음의 발걸음으로 그리스도께 와서 세 가지 서로 다른 예물을 드렸는지를 주의깊게 살펴본다면 우리도 마음속에 진정한 믿음을 가지고 그와같은 봉헌을 하게 되지 않겠습니까? 사실 그리스도를 우주의 왕으로 고백하는 사람은 자기 영혼의 보물 상자에서 황금을 끄집어냅니다. 그리고 하느님의 독생 성자께서 참다운 인간 본성과 결합하신 사실을 믿는 사람은 몰약을 바칠 것입니다. 그리고 그분께서 성부의 엄위와 조금도 다를 바 없는 엄위를 갖고 계시다는 사실을 고백하는 사람은 유향을 가지고 경배할 것입니다.

악마의 방해

2. 친애하는 형제 여러분, 우리가 이러한 대조를 주의깊게 관찰하다 보면, 거기에는 헤로데의 역할이 없지 않다는 사실을 발견하게 될 것입니다. 그의 악마가 그 당시에 그의 행위를 몰래 선동하였듯이, 지금도 그치지 않고 그와같은 짓을 자행하고 있습니다. 모든 이교 백성이 불림받았다는 사실이 악마에게는 견딜 수 없는 고통이며, 자신의 영향력이 매일 상실되어 가는 것을 보고 울분을 터뜨리고 있습니다. 또 그는 어느 곳에서나 사람들이 자기를 떠나고 있으며, 반면 모든 곳에서 참된 왕께 예배를 바치고 있는 것을 보고 통탄하고 있습니다. 그래서 악마는 (헤로데처럼) 간계(奸計)를 꾸미며, 동조자로 가장하고,[4] 살육을 자행합니다. 그리고 그의 올가미에 아직 걸려들고 있는 나머지 사람들을 써먹

Iudaeis, simulatione insidiatur in haereticis, saevitia accenditur in paganis. Videt enim insuperabilem esse potentiam Regis aeterni, cuius mors vim ipsius mortis extinxerit, et ideo totam nocendi artem in eos qui vero regi famulantur armavit, alios per inflationem scientiae legalis obdurans, alios per falsae fidei commenta depravans, alios vero in furorem persecutionis instigans.

Sed hanc Herodis istius rabiem ille vincit et destruit, qui etiam parvulos martyrii gloria coronavit, et fidelibus suis tam invictam indidit caritatem, ut Apostoli verbis audeant dicere: *Quis nos separabit a caritate Christi? tribulatio? an angustia? an persecutio? an fames? an nuditas? an periculum? an gladius? sicut scriptum est: Quia propter te mortificamur tota die, aestimati sumus sicut oves occisionis. Sed in his omnibus superamus propter eum qui dilexit nos.*

3. Hanc fortitudinem, dilectissimi, non illis tantum temporibus necessariam fuisse credimus, quibus reges mundi et omnes saeculi potestates cruenta impietate in Dei populum saeviebant, cum ad maximam pertinere gloriam suam ducerent, si christianum de terris nomen auferrent, nescientes Ecclesiam Dei per furorem suae crudelitatis augeri, quoniam in suppliciis et mortibus beatorum martyrum, qui putabantur minui numero, multiplicabantur exemplo.

---

5. 1고린 15,54-55; 히브 2,14 참조.
6. 로마 8,35-37.
7. "그리스도인들의 피는 새로운 신도들의 씨가 된다"(semen est sanguis christianorum)라고 말한 떼르뚤리아누스의 말이 연상된다(호교론 50,13).

기 위해 악마는 유다인들 안에 질투심의 불을 놓으며, 이단자들 안에서 위장의 가면을 쓰고 함정을 파 놓으며, 이교도들 안에 잔인한 마음을 불타게 합니다. 그는 영원한 왕의 능력을 도저히 능가할 수 없다는 것과, 또 그분의 죽음이 죽음 자체의 세력을 소멸시킨다는 사실을 깨달았습니다.[5] 이때문에 그는 참된 왕을 섬기는 사람들을 해칠 온갖 묘책을 다 동원합니다. 어떤 이들에게는 율법의 지식에 대한 교만으로 고집을 부리게 하고, 다른 이들에게는 그릇된 믿음의 교설을 조작하여 사람들을 타락시키고, 그외 다른 이들에게는 광적인 박해를 선동합니다.

그러나 어린아이들까지도 순교의 영광으로 꾸며 주신 분께서 이 (새로운) 헤로데의 광란을 이기시고 분쇄하실 것이며, 당신의 신도들에게 패배하지 않을 사랑을 부어 주실 것입니다. 그래서 신도들은 사도의 말씀을 빌어 이렇게 감히 말할 수 있습니다: "누가 우리를 그리스도의 사랑에서 떼어놓을 수 있겠습니까? 환난입니까? 역경입니까? 박해입니까? 굶주림입니까? 헐벗음입니까? 혹은 위험이나 칼입니까? 우리의 처지는, '우리는 종일토록 당신을 위하여 죽어갑니다. 도살당할 양처럼 천대받습니다'라는 성서의 말씀대로입니다. 그러나 우리는 우리를 사랑하시는 그분의 도움으로 이 모든 것을 이겨내고도 남습니다."[6]

박해의 유익과 평화의 위험

3. 친애하는 형제 여러분, 세속의 왕들과 권력자들이 그리스도 신자들의 이름을 이 땅에서 근절시키기만 하면 자기들의 영광이 절정에 이를 것이다 생각한 나머지 하느님의 백성을 거슬러 잔혹한 박해를 자행했던 그 시대에 이러한 용기가 우리에게 필요했다고 확신합니다. 그런데 그들은 자기들의 포악한 박해로 인해 하느님의 교회가 오히려 더 성장한다는 사실을 모르고 있었습니다. 사실 그들은 복된 순교자들을 고문하고 죽임으로써 신도들의 수가 감소될 줄로 여겼지만 오히려 순교자들의 모범으로 증가되었던 것입니다.[7]

Denique tantum fidei nostrae contulit inpugnatio persequentium, ut nihil magis ornet regium principatum, quam quod domini mundi membra sunt Christi, nec tam gloriantur quod in imperio geniti, quam gaudent quod in baptismate sunt renati. Sed quia tempestas priorum turbinum conquievit, et dudum cessantibus praeliis quaedam videtur arridere tranquillitas, vigilanter cavenda sunt illa discrimina quae de otio ipsius pacis oriuntur. Adversarius enim, qui in apertis persecutionibus inefficax fuit, tecta nocendi arte desaevit, ut quos non perculit impetu adflictionis, lapsu deiciat voluptatis. Videns itaque sibi resistere principum fidem, et unius Deitatis inseparabilem Trinitatem non segnius in palatiis quam in ecclesiis adorari, interdictam dolet christiani sanguinis fusionem, et quorum obtinere non potest mortem, impetit mores. Terrorem proscriptionum in avaritiae mutat incendium, et quos damnis non fregit, cupiditate corrumpit. Malignitas enim longo usu propriae inbuta nequitiae non deposuit odium, sed vertit ingenium quo sibi mentes fidelium blandius subdat. Inflammat concupiscentiis, quos non potest vexare tormentis, serit discordias, accendit iras, incitat linguas, et ne ab inlicitis dolis cautiora corda se revocent, consummandorum scelerum ingerit facultates, quia illi totius fraudis hic fructus est, ut qui immolatione pecudum et turis incensione non colitur, quibuslibet ei criminibus serviatur.

---

8. 박해는 콘스탄티누스 대제의 밀라노 칙령(313)에 의해 끝났고, 그후 교회는 제국으로부터 보호받는 처지로 바뀌었다. 레오 대종은 안이한 교회 생활로 인해 생길 수 있는 여러 가지 위험에 대해 염려하고 있다.

끝으로, 박해자들의 도전은 우리 믿음에 큰 도움이 되었습니다. 세상의 통치자들이 그리스도의 지체들이 되었다는 사실보다 그들의 왕권을 더 찬란하게 꾸며 주는 것은 없습니다.[8] 그들은 제국에 태어났음을 자랑하기보다는 오히려 세례를 통해 새로 태어난 사실을 더 기뻐합니다. 그런데 돌풍을 일으켰던 지난날의 폭풍우도 가라앉았고, 싸움도 오래 전에 끝나 어느 정도 평온이 미소하는 듯한 지금 우리는 느긋한 평화를 만끽하는 데서 생겨나는 위험들을 경계해야 합니다. 공개적인 박해로 실효를 거두지 못한 적대자는, 고통의 공격으로 쓰러뜨릴 수 없었던 사람들을 쾌락의 굴레에 옭아매기 위해 은밀히 해칠 계략을 꾸미려고 광분하고 있습니다. 그는 신앙을 갖게 된 통치자들이 자기에게 저항하고 있으며, 삼위일체이신 하느님께서 궁궐에서뿐 아니라 교회들 안에서 열렬히 흠숭받고 계신 것을 보면서 더 이상 그리스도인들의 피를 흘리게 할 수 없음을 애통해하고 있습니다. 이제는 목숨을 좌우할 수 없게 된 사람들의 품행을 공격의 대상으로 삼고 있습니다. 그래서 그는 박해의 공포 대신에 불붙는 탐욕으로 전략을 바꾸었습니다. 그가 (재산의) 손실로 굴복시키지 못했던 사람들을 이제는 탐욕으로 타락시킵니다. 오래 전부터 간계를 써먹는 데 이력이 난 이 사악한 자는 적개심을 포기하지 않고 감언이설로 신도들의 마음을 자기에게 굴종시키기 위해 전략을 바꾼 것입니다. 고문의 고통을 통해서도 해칠 수 없었던 사람들에게 그는 정욕의 불을 지릅니다. 불화를 조장하고 분노의 불을 놓으며 허를 선동합니다. 그렇지만 조심성있는 사람들은 그의 유혹에 걸려들지 않기 때문에 그는 꼭 넘어갈 죄악들만 골라 사용합니다. 더 이상 짐승의 희생 제사와 분향 제사로 예배를 받지 못하고 있는 그는, 사람들이 어떤 종류의 죄악으로든지 자기를 섬기게 되도록 이렇듯이 많은 속임수의 계책을 만들어 내는 것입니다.[9]

---

9. 갑작스럽게 신자가 된 사람들 사이에 미신 행위가 잔존해 있음을 암시한다.

4. Habet igitur, dilectissimi, pax nostra pericula sua, et frustra de fidei libertate securi sunt qui vitiorum desideriis non resistunt. Cor hominum de operum ostenditur qualitate, et formas mentium species detegit actionum. Nam sunt quidam, sicut ait Apostolus, qui *Deum profitentur se scire, factis autem negant.* Vere enim reatus negationis incurritur, quando bonum quod in sono vocis auditur, in conscientia non habetur. Fragilitas quidem conditionis humanae facile in delicta prolabitur, et quia nullum sine delectatione peccatum est, cito adquiescitur deceptoriae voluptati. Sed a carnalibus desideriis recurratur ad spiritale praesidium, et mens habens notitiam Domini sui, a consiliis se malesuadi hostis avertat. Prosit illi patientia Dei, nec ideo delinquendi pertinacia nutriatur, quia vindicta differtur. Non sit peccator de impunitate securus, quia si tempus paenitentiae amiserit, locum indulgentiae non habebit, dicente propheta: *Quia non est in morte qui memor sit tui, in inferno autem quis confitebitur tibi?* Qui autem sibi correctionis reparationem experitur esse difficilem, confugiat ad auxiliantis clementiam Dei et vincula malae consuetudinis ab illo poscat abrumpi, *qui allevat omnes qui corruunt, et erigit omnes elisos.* Non erit vacua confitentis oratio, quoniam misericors Deus *voluntatem timentium se faciet,* et dabit quod

---

10. 디도 1,16.
11. 시편 6,6.
12. 시편 114,13.

통회와 기도

4. 친애하는 형제 여러분, 그러므로 우리가 살고 있는 평화의 시대에 이러한 위험들이 내재하고 있습니다. 악습을 조장하는 경향들에 저항하지 않는 사람들이 신앙의 자유에 대해 마냥 안심하고 있는 것은 헛된 일입니다. 사람들의 마음은 그 행위의 성질에서 밝혀지며, 그들 영혼의 형태는 행위의 성격에서 드러납니다. 그런데 사도께서 말씀하신 바와같이, "하느님을 안다고 말은 하지만 행동으로는 하느님을 부인하는"[10] 사람들이 있습니다. 말로는 떠들어 댄 그 선(善)을 자기 양심 안에 간직하고 있지 못할 때 이러한 부인(否認)의 잘못에 참으로 빠지는 것입니다. 나약한 인간 본성은 쉽게 죄악에 떨어지며, 그리고 어떠한 죄악에도 감미로움이 없지 않기 때문에 그릇된 쾌락에 즉시 빠져들게 마련입니다. 그러나 육신의 원욕이 일어날 때 영의 보루로 피신해야 합니다. 자기 하느님께 대한 생각을 하면서 죄를 조장하는 원수의 꾐에서부터 되돌아서야 합니다. 하느님의 인내가 그런 사람에게 유익합니다. 그러나 하느님의 심판이 연기되었다고 해서 죄짓는 일을 계속 고집해서는 안됩니다. 또 죄인이 지금 벌받지 않는다고 해서 안심해서도 안됩니다. 회개할 수 있는 시간이 지나가 버리면 그에게는 더 이상 관용의 여지가 없을 것이기 때문입니다. 이에 대해 예언자께서 "죽은 뒤면 당신을 기억도 못하오니, 지옥에서 그 누가 당신을 기리오리까?"[11]라고 말씀하셨습니다. 자신을 고쳐 바르게 사는 데 어려움을 느끼는 사람은 도움을 베풀어 주시는 인자하신 하느님께 의지해야 하며, "넘어지는 누구라도 붙드시고 억눌린 사람이면 일으켜 주시는"[12] 분에게 나쁜 습성의 사슬을 끊어 주시도록 간청해야 합니다. 신뢰심을 가지고 하는 사람의 기도는 무익하지 않습니다. 왜냐하면 자비로우신 하느님은 "당신을 두려워하는 사람의 원의를 이루어 주시기"[13] 때문입니다. 우리에게 기도할 수

---

13. 시편 114,18.

petitur, qui dedit unde peteretur. Per Dominum nostrum Iesum Christum, viventem et regnantem cum Patre et Spiritu sancto in saecula saeculorum. Amen.

있는 은총을 주신 분께서 우리가 청한 것을 주실 것입니다. 성부와 성신과 함께 세세에 영원히 살아 계시고 다스리시는 우리 주 예수 그리스도를 통하여 (비나이다). 아멘.

XXXVII
ITEM ALIUS DE EPIPHANIA
(452)

1. Memoria rerum ab humani generis Salvatore gestarum, magnam nobis, dilectissimi, confert utilitatem, si quae veneramur credita, suscipiamus imitanda. In dispensationibus enim sacramentorum Christi et virtutes sunt gratiae et incitamenta doctrinae, ut quem confitemur fidei spiritu, operum quoque sequamur exemplo. Nam etiam ipsa primordia, quae Dei Filius per matrem virginem nascendo suscepit, ad provectum nos pietatis instituunt. Simul enim apparet cordibus rectis in una eademque persona et humana humilitas[2] et divina maiestas. Quem cunae testantur infantem, caelum et caelestia[1] suum loquuntur auctorem. Puer corporis parvi, Dominus et Rector est mundi, et genetricis gremio continetur qui nullo fine concluditur. Sed in his nostrorum vulnerum curatio et nostrae deiectionis erectio est, quia nisi in unum tanta diversitas[3] conveniret, reconciliari Deo natura humana non posset.

2. Legem ergo vivendi remedia nobis nostra sanxerunt, et inde data est moribus forma, unde mortuis est inpensa

---

1. "하늘과 하늘의 무리"(caelum et caelestia)는 세 박사의 길을 인도하던 하늘의 별과, 그리스도의 탄생을 목자들에게 알려 주었던 천사와 함께 나타났던 천사들의 무리를 말하는 듯하다.
2. 하느님이신 구세주의 비하(卑下), 즉 인간이 되심을 뜻하며 바로 이 비하하심을 통해 인류가 구원될 수 있었음을 말한다.
3. "상이한 것들"(diversitas)은 그리스도의 신성과 인성을 뜻한다.

강론 제37편
제7 주의 공현 강론
(452년)

그리스도의 신비 안에 성사와 모범

1. 친애하는 형제 여러분, 우리가 믿음을 갖고 공경하는 것을 본받아야 할 것으로 받아들인다면, 인류의 구세주께서 이루신 일들을 기념하는 것은 우리에게 크나큰 유익이 될 것입니다. 그리스도께서 이루어 주신 여러 가지 구원의 신비들은 우리에게 은총을 주는 효험이 되며, 또 우리가 믿음의 정신으로 고백하는 분을 우리 생활의 모범으로 삼아 따르도록 가르쳐 주는 자극이 되기도 합니다. 사실 하느님의 아드님께서 동정녀이신 어머니로부터 태어나심으로써 어린시절을 시작하신 것은 우리가 어떻게 믿음을 키워 나가야 하는지를 가르쳐 줍니다. 왜냐하면 같은 한 분 안에 인간의 비천함과 하느님의 엄위가 동시에 나타나 있기 때문입니다. 하늘과 하늘의 모든 무리가[1] 포대기에 싸여 계신 그 아기를 자기들의 창조주라 말하고 있습니다. 조그마한 몸의 아기가 바로 주님이시고 세상의 주권자이십니다. 어떠한 한계에도 구속받지 않으시는 분께서 어머니의 모태에 갇혀 계십니다. 이러한 일들을 통해서 우리의 상처들이 치유되었고, 심연에 떨어져 있던 우리는 다시 올려졌습니다.[2] 이처럼 상이한 것들이[3] 하나로 일치되지 않았더라면 인간 본성은 하느님과 화해될 수 없었을 것이기 때문입니다.

그리스도의 유년기 안에 있었던 십자가와 겸손

2. 우리를 치유한 처방들은 우리가 살아야 할 규범이 되었습니다. 그리고 죄로 죽은 이들에게[4] 구원의 약이 되신 그분께서 우리 생활 태도

---
4. 에페 2,5 참조.

medicina. Nec inmerito, cum tres magos ad adorandum Iesum novi sideris claritas deduxisset, non eum imperantem daemonibus, non mortuos suscitantem, nec caecis visum, aut claudis gressum, aut mutis eloquium reformantem, vel in aliqua divinarum virtutum actione viderunt, sed puerum silentem, quietum, et sub matris sollicitudine constitutum, in quo nullum quidem appareret de potestate signum, sed magnum praeberetur de humilitate miraculum. Ipsa itaque species sacrae infantiae, cui se Deus Dei Filius aptarat, praedicationem auribus intimandam oculis ingerebat, ut quod adhuc vocis non praeferebat sonus, visionis iam doceret effectus. Tota enim victoria Salvatoris, quae et diabolum superavit et mundum, humilitate coepta, humilitate confecta est. Dispositos dies sub persecutione inchoavit, et sub persecutione finivit, nec puero tolerantia passionis, nec passuro defuit mansuetudo puerilis, quia Unigenitus Dei sub una maiestatis suae inclinatione suscepit ut et homo vellet nasci et ab hominibus posset occidi.

3. Si igitur omnipotens Deus causam nostram nimie malam humilitatis privilegio bonam fecit, et ideo destruxit mortem et mortis auctorem, quia omnia quae persecutores intulere non rennuit, sed oboediens Patri crudelitatem saevientium mitissima lenitate toleravit, quantum nos humiles, quantum

---

5. 마태 8,28 이하; 마르 5,1 이하; 루가 8,27 이하 참조.
6. 마태 9,23 이하; 루가 7,11 이하; 요한 11,11 이하 참조.
7. 마태 9,27 이하; 12,22; 21,14; 마르 8,22 이하; 10,46 이하; 루가 7,21; 18,35 이하; 요한 9,1 이하 참조.
8. 마태 9,2 이하; 11,5; 15,30-31; 21,14; 루가 7,22 참조.
9. 마태 9,32-33; 15,30-31; 마르 7,32 이하; 루가 11,14 참조.
10. 예수님의 여러 가르침 가운데 특히 산상수훈의 말씀을 염두에 두고 있는 듯하다.

를 위한 모범이 되셨습니다. 그러므로 이런 일들은 그냥 이루어진 일들이 아닙니다. 세 박사들이 새로운 별빛의 인도에 따라 예수님을 경배하러 왔을 때 그들은 그분께서 마귀들에게 명령하신 일,⁵ 죽은 이들을 부활시키신 일,⁶ 소경들의 눈을 뜨게 하신 일,⁷ 절름발이들을 걷게 하신 일,⁸ 벙어리들에게 다시 말을 하게 하신 일,⁹ 또 신적 능력을 가지고 기적들을 행하시는 일 등을 보지 못하였고, 단지 어머니의 보호하에 내맡겨진 채 조용하고 평온히 쉬고 있는 한 아기를 보았을 따름이었습니다. 그 아기 안에는 아무런 권능의 표지도 보이지 않았고 오히려 매우 놀라운 겸손의 모습만 보였을 따름입니다. 하느님이시며 동시에 하느님의 아들이신 분께서 친히 취하신 거룩한 아기의 모습 자체는 우리가 후에 귀로 듣게 될 말씀을 이미 눈에 심어 준 셈입니다.¹⁰ 그래서 아무도 아직 발설해 보지 못한 것을 시각적인 효험을 통해 가르쳐 주었습니다. 사실 악마와 세상을 이기신 구세주의 모든 승리는[11] 겸손으로써 시작되었고 겸손으로써 완성되었습니다. 그분은 친히 예정하신 당신의 날들을 박해하에서 시작하셨고 박해하에서 끝마치셨습니다. 어린 그분에게 수난의 고통이 없지 않았으며, 이런 고통을 받으시면서도 어린이다운 양순함을 잃지 않으셨습니다. 하느님의 독생 성자께서 당신 엄위를 낮추셔서 인간으로 태어나시기를 원하셨으며, 이로써 사람들로부터 죽임을 당하실 수 있게 된 것입니다.

어린 그리스도를 본받음

3. 전능하신 하느님께서 독보적인 겸손을 통해 우리의 너무나도 비참한 처지를 좋은 처지로 바꾸어 주셨습니다. 또 그분은 박해자들의 모든 가해를 피하시지 않으시고 오히려 성부께 순명하시면서 포악한 자들의 잔악함을 가장 양순한 온화함으로 참아 받으심으로써 죽음과 그 죽음

---

[11]. 요한 16,33 참조.

oportet esse patientes, qui si quid laboris incidimus, numquam nisi nostro merito sustinemus! *Quis enim gloriabitur castum se habere cor, aut mundum se esse a peccato?* Et dicente beato Iohanne: *Si dixerimus quia peccatum non habemus, nos ipsos seducimus, et veritas in nobis non est,* quis invenietur ita inmunis a culpa, ut in eo non habeat vel iustitia quod arguat, vel misericordia quod remittat?

Unde tota, dilectissimi, christianae sapientiae disciplina, non in abundantia verbi, non in astutia disputandi, neque in appetitu laudis et gloriae, sed in vera et voluntaria humilitate consistit, quam Dominus Iesus Christus ab utero matris usque ad supplicium crucis pro omni fortitudine et elegit et docuit. Nam cum discipuli eius inter se, ut ait evangelista, disquirerent *quis eorum maior esset in regno caelorum, vocavit parvulum et statuit eum in medio eorum et dixit: Amen dico vobis, nisi conversi fueritis et efficiamini sicut parvuli, non intrabitis in regnum caelorum. Quicumque ergo humiliaverit se sicut puer iste, hic maior erit in regno caelorum.* Amat Christus infantiam, quam primam et animo suscepit et corpore. Amat Christus infantiam, humilitatis magistram, innocentiae regulam, mansuetudinis formam. Amat Christus infantiam, ad quam maiorum dirigit mores, ad quam senum reducit aetates, et eos ad suum inclinat exemplum, quos ad regnum sublimat aeternum.

---

12. 히브 2,14 참조.
13. 잠언 20,9.
14. 1요한 1,8.
15. 마태 18,1-4.

의 창시자를 쳐이기셨습니다.¹² 우리가 당하는 고통은 우리 모두의 탓으로 인해 마땅히 당하는 것이라면, 훨씬 더 겸손해야 하고 훨씬 더 인내해야 되지 않겠습니까! "누가 '나는 순결한 마음을 가지고 있다' 또는 '죄가 없이 깨끗하다'고 자랑할 사람이겠습니까?"¹³ 또 복되신 요한은 "만일 우리가 죄없는 사람이라고 말한다면 우리는 자신을 속이는 것이고 우리 안에 진실이 없습니다"¹⁴라고 말씀하십니다. 그렇다면 자기 자신 안에 정의가 비난할 만한 것이 하나도 없다고 하거나, 자비가 용서해 주어야 할 것이 하나도 없을 만큼 무죄한 자로 자처할 사람이 어디 있겠습니까?

친애하는 형제 여러분, 그러므로 그리스도적 지혜의 모든 가르침은 세속적인 능변이나 논쟁 기술에 있는 것이 아니며, 또 영광을 추구하는 데 있는 것이 아니라 오히려 자발적인 진정한 겸손 안에 있는 것입니다. 주 예수 그리스도께서는 어머니의 모태에서부터 십자가의 수난에 이르기까지 당신의 모든 능력 대신에 이 겸손을 택하셨고 가르치셨습니다. 복음사가가 전하는 바대로, 그분의 제자들이 "'하늘 나라에서는 누가 가장 위대한가'라고 서로 따지고 있을 때, 그분은 어린이 하나를 불러 그들 가운데 세우시고 '나는 분명히 말한다. 너희가 회개하여 어린이와 같이 되지 않으면 결코 하늘 나라에 들어가지 못할 것이다. 그러므로 자신을 낮추어 이 어린이와 같이 되는 사람은 누구나 하늘 나라에서 가장 위대한 사람이 될 것이다'라고 대답하셨습니다."¹⁵ 그리스도께서는 당신이 먼저 영혼과 육신으로 받아들이셨던 어린아이의 모습을 사랑하십니다. 그리스도는 겸손의 스승이며 무죄함의 거울이며 양순함의 표본이 되는 어린이의 모습을 사랑하십니다. 그리스도는 어린이의 모습을 사랑하십니다. 그분은 어른들의 생활 태도를 이 모습에로 인도하시며, 연로한 사람들이 이 어린이의 모습에로 되돌아가도록 촉구하십니다. 그리고 그분께서 영원한 나라로 올려 주실 사람들을 당신 모범에 따라 낮추십니다.

4. Ut autem plene valeamus agnoscere quomodo adprehendi possit tam mira conversio, et in puerilem gradum qua nobis mutatione redeundum sit, doceat nos beatus Paulus et dicat: *Nolite pueri effici sensibus, sed malitia parvuli estote.* Non ergo ad ludicra infantiae et ad inperfecta nobis primordia revertendum est, sed aliquid quod etiam graves annos deceat, inde sumendum est: velox commotionum transitus, citus ad pacem recursus, nulla memoria offensionis, nulla cupiditas dignitatis, amor sociae communionis, aequalitas naturalis. Magnum enim bonum est nocere non nosse et ad maligna non sapere, quia inferre ac referre iniuriam, mundi huius prudentia est, nemini autem malum pro malo reddere, christianae est aequanimitatis infantia.

Ad hanc vos, dilectissimi, similitudinem parvulorum mysterium hodiernae festivitatis invitat, et hanc vobis humilitatis formam adoratus a magis puer Salvator insinuat, qui ut imitatoribus suis quid gloriae pararet ostenderet, ortus sui tempore editos martyrio consecravit, ut intra Bethlehem, ubi Christus natus est, geniti, per communionem aetatis consortes fierent passionis. Ametur ergo humilitas, et omnis a fidelibus vitetur elatio. Alter alterum sibi praeferat, et *nemo quod suum est quaerat, sed quod alterius,* ut cum in omnibus abundaverit affectus benivolentiae, in nullo inveniatur virus

---

16. 1고린 14,20.
17. 로마 12,17 참조.
18. 1고린 10,24.

4. 그러나 우리는 이처럼 놀라운 회개에 어떻게 이를 수 있으며, 어떻게 변화되어 어린이처럼 될 수 있는지를 알 수 없기 때문에, 이에 대해 복되신 바울로는, "생각하는 데는 어린아이가 되지 말고 악한 일에는 어린아이가 되십시오"[16]라고 우리에게 가르쳐 주십시오. 따라서 어린아이들의 장난이나 우리의 어린시절의 미숙한 모습으로 되돌아가라는 말이 아니라 성숙한 나이에 어울리는 것을 어린이의 심성에서 배워 얻도록 하라는 뜻입니다. 즉, 그들은 화를 빨리 가라앉히고 속히 화해를 청하며, 모욕을 오래 기억해 두지 않으며, 높은 자리를 탐하지 않습니다. 또 동료들 사이에 우정을 나누며 자연적인 평등을 누립니다. 또 남을 해칠 줄 모르고 사악한 것을 모르는 것은 그들의 크나큰 선(善)입니다. 불의를 행하고 이에 대해 보복하는 것은 이 세상의 지혜입니다. 그러나 아무에게도 악을 악으로 갚지 않는 것은[17] 그리스도적 관대함의 어린이다운 특성입니다.

친애하는 형제 여러분, 오늘 축일의 신비는 어린이들의 이러한 모습을 닮도록 여러분을 초대하고 있습니다. 박사들로부터 흠숭받으신 아기 구세주께서는 이러한 겸손의 모범을 여러분에게 제시하십니다. 그분은 당신을 본받는 사람들을 위해 어떤 영광을 마련하셨는지 보여 주시기 위해 당신이 태어나신 때에 태어난 어린이들을 순교로써 축성하셨습니다. 그리스도께서 태어나신 베들레헴에 같이 태어났으며 그분과 동년배들인 이 어린이들은 그분의 수난에도 동참하게 된 것입니다. 그러므로 신도들은 겸손을 사랑하고 모든 교만을 피해야 합니다. 서로 이웃을 자기보다 더 중히 여기며, "누구든지 자신의 이익을 추구하지 말고 남의 이익을 도모해야 합니다".[18] 그래서 모든 이 안에 선의의 사랑이 가득 차게 될 때, 어느 누구에게서도 시기심의 독[19]이 더이상 나타나지 않게

---

19. "시기심의 독"(virus invidiae): 인간 자신의 문제이지만, 배후에는 악마의 조정이 암시되어 있다. 레오 대종의 강론 여러 곳에서 "악마"와 "독"을 연결시키고 있다.

invidiae, quoniam *qui se exaltat humiliabitur, et qui se humiliat exaltabitur.*

될 것입니다. 왜냐하면 "누구든지 자기를 높이는 사람은 낮아지고 자기를 낮추는 사람은 높아질 것이기"[20] 때문입니다. (우리 주 예수 그리스도께서 친히 이를 증명해 보이셨습니다. 그분은 성부와 성신과 함께 세세에 영원히 살아 계시고 다스리십니다. 아멘.)[21]

---

20. 루가 14,11.
21. 다른 강론들과는 달리 급작스럽게 끝나는 듯한 인상을 주는데, 다른 사본에서는 "eodem ipso testante domino Jesu Christo qui cum patre et spiritu sancto vivit et regnat per omnia saecula saeculorum. Amen"으로 끝맺고 있다.

XXXVIII
ITEM ALIUS DE EPIPHANIA
(453)

1. Causam, dilectissimi, et rationem sollemnitatis hodiernae saepe vobis et evangelica narratio et observantiae consuetudo patefecit, nec necesse est ita nunc quae inter Salvatoris nostri humana primordia sunt gesta replicari, ut de splendore novi sideris, de magis magorumque muneribus, de saevitia Herodis et de interfectione infantium disseramus, cum sicut nostis, et in stellae fulgore Dei gratia, et in tribus viris vocatio gentium, et in rege impio crudelitas paganorum, et in occisione infantium cunctorum martyrum forma praecesserit.

Sed quia in sacratissimo die reddendum expectationi vestrae est sacerdotalis sermonis officium, nitamur, ut possumus adiuvante Spiritu Dei, eo per intellegentiae semitas pervenire, ut cognoscamus sacramentum praesentis festi ad omnium fidelium tempora pertinere, nec ullo modo habeatur insolitum, quod in dispensationum ordine adoratur antiquum.

2. Quamvis ergo omnis anima christiana nihil indignum debeat de Filii Dei maiestate sentire, et transcensis incipientis fidei rudimentis oporteat unumquemque ad sublimiora

---

1. 마태 2,1-12 참조.
2. "전통적인 축제"(observantiae consuetudo): 매년 전례 축일로 지내 왔으므로 이 축일의 내용을 잘 알고 있을 것이라는 뜻이다.

강론 제38편
제8 주의 공현 강론
(453년)

주의 공현의 지속적인 은총

1. 친애하는 형제 여러분, 오늘 축일의 동기와 깊은 의미는 복음서에 나오는 이야기와[1] 전통적인 축제를 통해 잘 알려진 사실입니다.[2] 따라서 우리 구세주께서 인간으로 태어나셨을 때에 일어났던 일들에 대해 또다시 상기시켜 드릴 필요가 없을 것입니다. 그래서 우리는 새로운 별에 대해, 박사들과 그들의 예물들에 대해 그리고 헤로데의 잔인함과 유아들의 학살에 대해서 또다시 말씀드릴 필요가 없을 것 같습니다. 여러분이 잘 알다시피 그 찬란한 별을 통해 하느님의 은총이, 또 세 박사들을 통해 이방인들에 대한 부르심이, 또 그 불경스런 왕을 통해 이교도들의 잔인한 박해가 그리고 베들레헴의 어린이들의 학살을 통해 모든 순교자들이 예표되었던 것입니다.

그렇지만 여러분의 기대에 부응하기 위해 우리는 이 거룩한 날에 사제로서의 설교의 의무를 이행해야 하겠습니다. 하느님의 성령의 도우심에 힘입어 우리는 오늘 축일의 신비가 각 시대의 모든 신도들에게 미친다는 사실을 확실히 깨닫게 되는 인식의 길에 이를 수 있도록 다같이 노력해 봅시다. 그리고 오늘 경축하는 사건이 구세사의 순서로 보아 과거에 일어났던 일이라고 해서 지나가 버린 예외적인 사건으로만 여겨서는 결코 안됩니다.

육화에 대한 믿음

2. 모든 그리스도 신자들은 하느님의 아들의 엄위에 부당한 어떤 것도 생각하지 말아야 합니다. 각자는 입문할 때의 초보적인 신앙을 넘어서서 더 높은 차원의 신앙으로 심화시켜야 합니다. 그런데 인간의 약한

proficere, necesse est tamen infirmitatem mentis humanae, dum verum hominem accipit Christum, de ipsa naturae nostrae communione trepidare, et per initia vel incrementa corporea ad agnitionem unius cum Patre deitatis difficulter accedere. Sed ubi inter caligantes cogitationes radius supernae lucis refulserit, cunctantes fidei moras splendor veritatis abrumpat, ut cor liberum et a visibilibus absolutum lumen intellegentiae tamquam ducem stellam sequatur, quia sicut Apostolus ait, *Dominus Iesus Christus in gloria est Dei Patris,* ut quem venerabatur in cunis humiliter iacentem, ipsum sine diffidentia adoret cum Patre regnantem.

Haec autem manifestatio, dilectissimi, quae haesitantium nebulas dissolvit animarum, et ita facit innotescere Dei Filium, ut de hoc quod idem est etiam hominis filius, nihil patiantur obstaculi, ad praesentis festi pertinet dignitatem, et vera est infantia Salvatoris declaratio Deitatis, quando carnis sensus ab humanis ad divina transfertur, ut quos deprimunt experimenta infirmitatum, erigant signa virtutum, quia tali auxilio et natura nostra indigebat et causa, ut reparare humanum genus nec sine maiestate posset humilitas, nec sine humilitate maiestas.

3. Iam vero cum in singulorum fidelium profectibus divinorum elucet custodia mandatorum impleturque quod dictum est: *Sic luceat lux vestra coram hominibus, ut videant opera vestra bona et magnificent Patrem vestrum qui in caelis*

---

3. 필립 2,11.
4. 마태 5,16.

이해력으로는 그리스도께서 참으로 인간이 되심으로써 우리 인간 본성과 일치되셨다는 사실을 받아들이는 데 미심쩍은 의문을 품게 마련입니다. 또 그분의 탄생과 소년기의 신체적 발육을 생각해 볼 때 그분께서 성부와 함께 하나의 신성을 지니고 계시다는 인식에 이르기가 어려운 것도 사실입니다. 그러나 천상 빛의 광채가 세속의 어두운 생각들 사이로 비치게 되면, 진리의 광채가 신앙에 방해되는 모든 것을 없애 줄 것이며, 우리의 마음은 가시적인 것들에 얽매이지 않고 해방되어, 앞서 인도하는 별을 따라가듯, 깨달음의 빛을 따라가게 될 것입니다. 사도께서 말씀하신 것처럼, "주 예수 그리스도는 하느님 아버지의 영광 안에 계시는 분이십니다".³ 따라서 우리는 구유에 보잘것없는 모습으로 누워 계시면서 경배받으신 그분께서 성부와 함께 다스리시는 분으로 조금도 의심하지 말고 믿어 흠숭해야 합니다.

친애하는 형제 여러분, 의심하는 사람들의 마음에서부터 안개를 제거해 주는 이 공적 현시에 오늘 축일의 탁월한 의미가 있습니다. 이 현시는 그분이 하느님의 아들이심을 깨닫게 해주며, 또한 그분이 동시에 사람의 아들이시라는 사실이 우리의 믿음에 아무런 장애가 되지 않습니다. 우리의 육적인 생각이 인간적인 것에서부터 신적인 것에로 바뀌어질 때, 구세주의 어린 모습 안에 있는 참다운 신성이 우리에게 드러날 것입니다. 그때에 우리는 그분의 연약한 모습으로 낮추어졌던 것들을 능력의 표시로 높이 보게 될 것입니다. 우리의 본성과 사실 자체는 이러한 도움을 필요로 하고 있습니다. 왜냐하면 엄위 없는 비하나 비하 없는 엄위는 모두 인류를 구원할 수 없기 때문입니다.

은총의 필요성

3. 신자 각자가 하느님의 계명을 완전히 지킴으로써 빛나게 되며, 이로써 "너희도 이와같이 너희의 빛을 사람들 앞에 비추어 그들이 너희의 착한 행실을 보고 하늘에 계신 너희 아버지를 찬양하게 하여라"⁴ 하

est, quis illic non praesentem intellegat Deitatem, ubi veram videt apparere virtutem, quae utique sine Deo nulla est, nec proprietatem obtinet deitatis nisi spiritu sui vegetetur auctoris? Dicente enim discipulis suis Domino: *Sine me nihil potestis facere,* dubium non est hominem bona agentem ex Deo habere et effectum operis et initium voluntatis. Unde et Apostolus copiosissimus fidelium cohortator, *Cum timore,* inquit, *et tremore vestram salutem operamini, Deus est enim qui operatur in vobis et velle et operari pro bona voluntate.*

Et haec sanctis causa est tremendi atque metuendi ne ipsis operibus pietatis elati deserantur ope gratiae et remaneant in infirmitate naturae. Qui autem experiri cupit an in ipso Deus habitet, de quo dicitur: *Mirabilis Deus in sanctis suis,* sincero examine cordis sui interiora discutiat et sagaciter quaerat qua humilitate repugnet superbiae, qua benivolentia obluctetur invidiae, quam non capiatur adulantium linguis, quamque bonis delectetur alienis, an pro malo non cupiat malum reddere malitque inultas oblivisci iniurias, quam imaginem et similitudinem sui Conditoris amittere, qui omnes ad cognitio-

---

5. 요한 15,5.
6. 필립 2,12-13. 레오 대종은 이 성서 인용구를 통해서 세미펠라지아니즘 (semipelagianismus) 이단을 직접적으로 반박하고 있다. 5세기 초에 수도자였던 펠라지우스는 인간이 구원에 필요한 선행을 하기 위해서 하느님의 은총이 필요 없고 자기 스스로의 힘으로 할 수 있다고 주장하였는데, 아우구스띠누스 성인은 이에 대항해 하느님의 은총의 필요성을 강조하였다. 그후 펠라지우스의 후계자들은, 인간이 선행을 하기 위해 하느님의 은총이 필요하나, 그 선한 의지를 갖기 시작하는 것은 하느님의 도움 없이 인간 스스로 할 수 있다는 소위 세미 펠라지아니즘 이단을 주장하였다. 이 이단은 529년에 있었던 오랑즈 공의회에서 단죄받음으로써 끝났다.
7. 시편 67,36. 시편 인용구에서 "in sanctis suis"는 원래 "당신 성소들 안에서"란 뜻이 있는데, 여기서 레오 대종은 "당신 성도들 안에서"란 의미로 사용하고 있으며, 이것은 라띤어 문법상 아무런 문제가 없다. 신비체 신학에 따라 인간은 하느님이 거처하는 성소이다.
8. 로마 12,17 참조.

신 말씀을 이행하기만 한다면 진정한 덕행이 드러나는 그곳에서 하느님의 현존을 깨닫지 않을 사람이 어디 있겠습니까? 하느님 없이는 이것이 불가능합니다. 또 창조주의 영이 심어 주시지 않으면 하느님의 특성을 얻지 못합니다. 주께서 당신 제자들에게 "나를 떠나서는 너희가 아무것도 할 수 없다"[5]고 말씀하셨기 때문에, 선한 행위를 하는 사람이 그 행위를 완수할 힘은 물론 그 선한 원의를 갖기 시작하는 것까지도 하느님으로부터 받게 된다는 사실은 의심할 여지가 없습니다. 이때문에 신자들을 권유하는 데 가장 능란하셨던 사도께서 이렇게 말씀하십니다: "두렵고 떨리는 마음으로 여러분 자신의 구원을 위해서 힘쓰십시오. 여러분 안에 선한 뜻을 원하게 하고 실천하도록 역사하시는 분은 하느님이시기 때문입니다."[6]

이 말씀은 성도들에게 두려움과 떨림의 이유가 되니, 어떤 선한 행위를 행했다고 해서 교만해진 나머지 은총의 도움을 저버리고 나약한 본성에 계속 머물러 있어서는 안된다는 뜻입니다. "하느님은 당신 성소들 안에서 찬미받으십니다"[7]라는 말씀에 따라 하느님이 자기 안에 거처하시는지 알아보려는 사람은 자기 마음의 내면을 진지하게 성찰해 보아야 합니다. 또한 그는 어떠한 겸손으로 교만을 억누르며, 어떠한 선의로 질투심을 몰아내고 있는지, 또는 아부하는 말에 온통 사로잡혀 있지나 않은지, 또 다른 사람의 선을 보고 기뻐하고 있는지를 지혜롭게 살펴보아야 합니다. 또 악을 악으로 갚기를[8] 원하고 있지는 않은지 또는 받은 모욕을 되갚지 않고 오히려 잊어버리기를 더 원하는지, 자기의 창조주의 모상과 닮음[9]을 잃어버리고 있지는 않은지 살펴보아야 합니다. 주님은 모든 사람에게 보편적인 은혜를 베푸시어 당신을 알아 모시도록 자극하시며, "옳은 사람에게나 옳지 못한 사람에게나 똑같이 비를

---

9. "imaginem et similitudinem": "imago"는 창조주의 모상을 받은 영혼의 존재론적 측면을 말하고, "similitudo"에 대해서 교부들은, 인간이 덕행을 통해 하느님을 닮아 간다는 윤리적인 측면을 강조하였다.

nem sui generalibus incitans donis, *pluit super iustos et iniustos, et solem suum oriri facit super bonos et malos.*

4. Ac ne in multis laboret sollicitae discretionis inspectio, ipsam matrem virtutum omnium caritatem in secretis suae mentis inquirat, et si eam dilectionem Dei et proximi toto intento corde reppererit, ita ut etiam inimicis suis eadem velit tribui quae sibi optat inpendi, quisquis huiusmodi est, Deum et rectorem et habitatorem sui esse non dubitet, quem tanto magnificentius recipit, quanto magis non in se sed in Domino gloriatur, quoniam quibus dicitur: *Regnum Dei intra vos est,* nihil non illius aguntur Spiritu, cuius reguntur imperio.

Scientes igitur, dilectissimi, quod *caritas Deus est, qui operatur omnia in omnibus,* sectamini caritatem, ita ut in unum castae dilectionis affectum universorum fidelium corda concurrant. Transeuntia nos et vana non occupent. Constanti desiderio ad ea quae semper sunt mansura tendamus. Sacramentum enim praesentis festi oportet in nobis esse perpetuum, quod utique sine fine celebrabitur, si in omnibus actibus nostris Dominus Iesus Christus appareat, qui vivit et regnat cum Patre et cum Spiritu sancto in saecula saeuculorum. Amen.

내려 주시고 선한 사람에게나 악한 사람에게나 똑같이 당신의 해를 떠 오르게 하십니다".[10]

모든 덕의 어머니인 애덕

4. 그러나 많은 점에 있어 이처럼 세심한 성찰의 노고를 하지 않으려면, 모든 덕의 어머니인 애덕이 마음속 깊이 내재하고 있는지 살펴보아야 합니다. 그리고 만일 마음을 다해 하느님과 이웃을 열렬히 사랑하면서 자기에게 베풀어지기를 바라는 것을 자기 원수들에게까지 직접 베풀기를 원할 정도의 사람이라면, 이런 사람은 누구나 다 하느님께서 자기 안에 역사하시고 거처하신다는 사실을 의심할 여지가 없습니다. 우리가 자신을 자랑하지 않고 오히려 주님을 자랑하면[11] 그만큼 하느님께 훌륭한 거처를 마련해 드리는 것입니다. "하느님 나라는 너희 가운데 있다"[12]는 말씀은 이런 사람들을 두고 한 말이며, 하느님의 계명에 따라 사는 사람들에게는 그분의 성령 없이 행해진 일이 하나도 없습니다.

친애하는 형제 여러분, "모든 사람 안에서 모든 일을 이루어 주시는 하느님은 사랑이십니다"[13]는 사실을 깨달아 사랑을 뒤따라 가십시오. 그래서 모든 신도들의 마음이 순결한 사랑에 대한 열정으로 일치되도록 하십시오. 지나가 버릴 것과 헛된 것에 우리의 마음을 빼앗겨서는 안됩니다. 영원히 지속될 것을 열성을 다해 갈구하십시다. 오늘 축일의 신비로운 효험이 우리 안에 영원히 지속될 필요가 있습니다. 주 예수 그리스도께서 우리의 모든 행위를 통해 드러날 때에 우리는 그 신비로운 은총을 중단 없이 기리는 것이 될 것입니다. 성자는 성부와 성신과 함께 세세에 영원히 살아 계시고 다스리십니다. 아멘.

---

10. 마태 5,45.
11. 1고린 1,31; 2고린 10,17 참조.
12. 루가 17,21.
13. 1요한 4,16.

성서 인용 색인

창세	1,1-5	120	시편	26,1	106
	1,14-15	120		33,6	121
	1,16-18	120		42,3	88
	1,26	70 120 126		49,1	172
	2,1	123		67,36	250
	2,7	70		75,2	186
	2,7-22	154		76,11	114
	3,15	39 66		84,12	71
	3,19	48 70 94 134		85,9	191
	3,23-24	48		93,12	84
	12,3	66		97,2	144 191
	15,5	184		106,8	68
	18,18	66		109,1	126 134 142
	21,2	154		109,1	94
	22,18	66 100 190		114,13	232
	25,23	186		114,18	233
	25,25	154		131,11	68
	26,4	66		145,7-8	209
	41,1	188	잠언	9,1	84 152
	49,10	184 212		20,9	240
출애	12,3 이하	189	지혜	1,13	86
	15,6	134	이사	1,2-3	102
민수	24,17	196		4,2	128
1사무	1,11-20	154		7,14	55 68 144
2사무	7,12	68		9,2	88 144 190
2마카	7,28	50		11,1	68
욥기	1,8	118		45,8	71
	14,4	128		52,10	224
	14,4-5	32		52,15	225
	31,26-28	119		53,1	134
시편	2,7-8	147		53,8	54 138 148
	6,6	220 232		55,5	147 190
	10,2	78	예레	23,5	128
	18,2	172	미가	5,2	174 176
	18,5	172	하바	2,4	79

마태	
1,1	144
1,1-16	160
1,22-23	55
1,23	68 144
2,1-12	164 172 246
2,4	174
2,4 이하	214
2,5-6	174 176
2,6	196
2,7	188
2,8	166
2,10-11	198
2,11	165
2,12	188
2,12-15	168
2,16	168 173 188
4,10	118
4,16	88 144
5,16	104 220 248
5,17	200
5,44	216
5,45	218 253
6,10	104
6,21	109
7,14	82
8,28 이하	238
9,2 이하	238
9,13	214
9,23 이하	238
9,27 이하	238
9,32-33	238
11,5	238
11,29	171
11,28-29	65
11,28-30	218
12,22	238
12,29	48
15,30-31	238
18,1-4	240
19,14	176

마태	
21,14	238
22,43-44	126 142
22,45	142
26,17 이하	189
27,25	214
28,20	156
마르 3,27	48
5,1 이하	238
7,32 이하	238
8,22 이하	238
10,46 이하	238
14,12 이하	189
루가 1,24	154
1,26 이하	210
1,35	42 92 140 155
1,41	154
1,44	210
2,8	211
2,9-20	156
2,10-11	140
2,12	46
2,14	34 98 100 140
2,21-24	46
2,40.52	46
3,23-38	163
7,11 이하	238
7,21	238
7,22	238
8,27 이하	238
11,14	238
11,21-22	48
14,11	245
17,21	253
18,16	176
18,35 이하	238
21,19	171
22,7 이하	189
23,34	214
요한 1,1	86
1,1-3	110

| 요한 | 1,3 ······················ 32 57 |
| 1,9 ···················· 82 120 |
| 1,13 ················· 106 114 |
| 1,14 ····· 54 71 110 112 138 |
| 200 144 152 |
| 1,17 ························ 204 |
| 1,29 ························ 210 |
| 5,25-27 ·················· 158 |
| 6,38 ························ 106 |
| 6,50 ························ 188 |
| 8,56 ························ 190 |
| 9,1 이하 ················· 238 |
| 10,17-18 ················· 166 |
| 10,30 ················· 56 112 |
| 11,11 이하 ················ 238 |
| 12,47 ······················ 166 |
| 14,6 ·················· 95 216 |
| 14,9 ························· 88 |
| 14,27a ···················· 106 |
| 14,27b ···················· 107 |
| 14,28 ················ 56 112 |
| 15,5 ······················· 250 |
| 16,33 ······················ 239 |
| 17,3 ························· 81 |
| 18,36 ······················ 166 |
| 20,24-31 ·················· 200 |
| 사도 | 2,30 ························· 68 |
| 4,12 ······················· 163 |
| 로마 | 1,3 ························· 144 |
| 1,17 ···················· 48 79 |
| 3,27 ······················· 186 |
| 4,5 ························· 194 |
| 4,18 ······················· 190 |
| 4,20-21 ·············· 100 190 |
| 4,25 ······················· 158 |
| 5,1 ···················· 101 104 |
| 5,12-18 ···················· 68 |
| 5,12-21 ················ 60 68 |
| 5,14 ························· 92 |
| 6,3-4 ························ 98 |

로마 6,4 ······················· 37
8,3 ···················· 84 147
8,14 ······················ 109
8,15 ················· 48 147
8,17 ············ 95 147 216
8,29 ······················ 106
8,35-37 ··················· 228
9,8 ······················· 187
9,13 ······················ 154
10,18 ····················· 172
11,23 ····················· 216
11,32 ····················· 182
12,15 ····················· 209
12,17 ················ 242 250
13,12 ····················· 179
15,21 ····················· 225
1고린 1,21 ······················ 90
1,23 ························ 86
1,24 ························ 34
1,31 ······················ 253
2,4 ························· 84
2,4-5 ······················ 198
2,12 ·················· 84 100
3,9 ························· 62
6,15 ················ 37 65 98
6,17 ······················ 156
6,19 ··················· 37 65
6,20 ··············· 37 65 220
10,24 ····················· 242
11,1 ························ 95
12,12 ······················· 98
14,20 ················· 168 242
15,20 ····················· 133
15,22 ··················· 92 93
15,35-58 ···················· 68
15,47-48 ···················· 71
15,48 ······················· 71
15,48-49 ··················· 114
15,54-55 ··················· 228
2고린 3,12 ······················ 50

2고린	4,18	123	골로	3,10	98
	5,10	218	1데살	5,5	193
	10,17	253		5,6	178 216
	11,14	115		5,22	178
	11,29	209	1디모	1,19	148
갈라	1,8	78		2,5	34 164
	3,11	48 79		6,12	77
	3,16	160	2디모	4,18	178
	3,22	182	디도	1,16	232
	4,4	56 90 92 200	히브	2,14	228 240
에페	1,5	154		10,38	48 79
	1,14	66		11,11	154
	2,4-5	37		11,6	78
	2,5	237		12,1	37
	2,10	37	야고	5,8	206
	2,14	106	1베드	1,4	92
	2,18	106		2,9	77 102
	2,19-22	62		2,11	168
	4,5-6	78	1요한	1,1	97
	4,22	37		1,8	240
	5,2	193		3,8	115
	5,8	220		4,2-3	206
필립	2,6	124		4,4	104
	2,6-7	32 112		4,16	253
	2,7	84 124 166		5,19	104
	2,8	92	묵시	12,1	39
	2,10-11	142			
	2,11	248			
	2,12-13	250			
	2,15	220			
	4,4	172			
골로	1,13	37			
	1,18	133			
	1,23	50 77			
	2,8-10	137 152			
	2,10	152			
	2,14	46			
	3,2	171 193			
	3,3-4	123			
	3,8	37			